2023
OITAVA EDIÇÃO

ADOLFO **NISHIYAMA**
BRUNA **VIEIRA**
TERESA **MELO**

APRENDA COM OS AUTORES MAIS EXPERIENTES EM OAB

COMO PASSAR

OAB
SEGUNDA FASE

PRÁTICA CONSTITUCIONAL

WANDER GARCIA
COORDENADOR DA COLEÇÃO

ANA PAULA DOMPIERI
COCOORDENADORA DA COLEÇÃO

EDITORA FOCO

Dados Internacionais de Catalogação na Publicação (CIP) de acordo com ISBD

N724c Nishiyama, Adolfo

Como passar na OAB 2ª fase: prática constitucional / Adolfo Nishiyama, Bruna Vieira, Teresa Melo ; coordenado por Wander Garcia, Ana Paula Dompieri. - 8. ed. - Indaiatuba, SP : Editora Foco, 2023.

256 p. ; 16cm x 23cm.

Inclui bibliografia e índice.

ISBN: 978-65-5515-687-4

1. Direito. 2. Direito constitucional. 3. Prática constitucional. I. Vieira, Bruna. II. Melo, Teresa. III. Garcia, Wander. IV. Dompieri, Ana Paula. V. Título.

2021-3921   CDD 342   CDU 342

Elaborado por Vagner Rodolfo da Silva - CRB-8/9410

Índices para Catálogo Sistemático:

1. Direito constitucional 342
2. Direito constitucional 342

OITAVA EDIÇÃO

ADOLFO **NISHIYAMA**
BRUNA **VIEIRA**
TERESA **MELO**

APRENDA COM OS AUTORES MAIS EXPERIENTES EM OAB

COMO PASSAR

OAB
SEGUNDA FASE

PRÁTICA CONSTITUCIONAL

WANDER GARCIA
COORDENADOR DA COLEÇÃO

ANA PAULA DOMPIERI
COCOORDENADORA DA COLEÇÃO

2023 © Editora Foco

Coordenadores: Wander Garcia e Ana Paula Dompieri
Autores: Adolfo Nishiyama, Bruna Vieira e Teresa Melo
Editor: Roberta Densa
Diretor Acadêmico: Leonardo Pereira
Assistente editorial: Paula Morishita
Revisora Sênior: Georgia Dias
Revisora: Simone Dias
Diagramação: Ladislau Lima
Capa: Leonardo Hermano
Impressão e acabamento: FORMA CERTA

DIREITOS AUTORAIS: É proibida a reprodução parcial ou total desta publicação, por qualquer forma ou meio, sem a prévia autorização da Editora Foco, com exceção do teor das questões de concursos públicos que, por serem atos oficiais, não são protegidas como Direitos Autorais, na forma do Artigo 8º, IV, da Lei 9.610/1998. Referida vedação se estende às características gráficas da obra e sua editoração. A punição para a violação dos Direitos Autorais é crime previsto no Artigo 184 do Código Penal e as sanções civis às violações dos Direitos Autorais estão previstas nos Artigos 101 a 110 da Lei 9.610/1998.

NOTAS DA EDITORA:

Atualizações do Conteúdo: A presente obra é vendida como está, atualizada até a data do seu fechamento, informação que consta na página II do livro. Havendo a publicação de legislação de suma relevância, a editora, de forma discricionária, se empenhará em disponibilizar atualização futura. Os comentários das questões são de responsabilidade dos autores.

Bônus ou *Capítulo On-line*: Excepcionalmente, algumas obras da editora trazem conteúdo extra no *on-line*, que é parte integrante do livro, cujo acesso será disponibilizado durante a vigência da edição da obra.

Erratas: A Editora se compromete a disponibilizar no site www.editorafoco.com.br, na seção Atualizações, eventuais erratas por razões de erros técnicos ou de conteúdo. Solicitamos, outrossim, que o leitor faça a gentileza de colaborar com a perfeição da obra, comunicando eventual erro encontrado por meio de mensagem para contato@editorafoco. com.br. O acesso será disponibilizado durante a vigência da edição da obra.

Impresso no Brasil (12.2022)   Data de Fechamento (12.2022)

2023
Todos os direitos reservados à
Editora Foco Jurídico Ltda.
Avenida Itororó, 348 – Sala 05 – Cidade Nova
CEP 13334-050 – Indaiatuba – SP

E-mail: contato@editorafoco.com.br
www.editorafoco.com.br

APRESENTAÇÃO

Caro leitor,

Com intuito de atualização e treinamento do bacharel em direito para a realização da prova de segunda fase da **OAB**, a Editora Foco, por meio de seus autores, preparou essa nova edição da obra **Como passar na OAB 2ª fase: PRÁTICA CONSTITUCIONAL**, trazendo algumas importantes novidades.

O manual contém tanto as peças práticas, como as questões cobradas nas provas de segunda fase, nas áreas de Direito Constitucional. Além disso, todo o conteúdo se encontra em consonância com a mais nova legislação em vigor, proporcionando segurança ao candidato quanto à sua preparação em relação à legislação ora vigente.

É com grande satisfação, que lhes apresentamos essa importante obra, fundamental para aprovação na segunda fase do Exame de Ordem, na área de Direito Constitucional.

Sucesso!

Adolfo Nishiyama, Bruna Vieira e Teresa Melo

Acesse JÁ os conteúdos ON-LINE

ATUALIZAÇÃO em PDF
para complementar seus estudos*

Acesse o link:
www.editorafoco.com.br/atualizacao

CAPÍTULOS ON-LINE

Acesse o link:
www.editorafoco.com.br/atualizacao

* As atualizações em PDF e Vídeo serão disponibilizadas sempre que houver necessidade, em caso de nova lei ou decisão jurisprudencial relevante, durante o ano da edição do livro.
* Acesso disponível durante a vigência desta edição.

SUMÁRIO

APRESENTAÇÃO .... **V**

ORIENTAÇÕES AO EXAMINANDO .... **XI**

1. PROVIMENTOS CFOAB 144/2011, 156/2013, 174/2016 E 212/2022: O NOVO EXAME DE ORDEM XI
2. PONTOS A SEREM DESTACADOS NO EDITAL DO EXAME.......................... XV
   - 2.1. Materiais/procedimentos permitidos e proibidos XV
   - 2.2. Legislação nova e legislação revogada... XVI
   - 2.3. Critérios de correção XVI
3. DICAS DE COMO ESTUDAR...XVIII
   - 3.1. Tenha calma XVIII
   - 3.2. Tenha em mãos todos os instrumentos de estudo e treinamento.....XVIII
   - 3.3. 1º Passo – Leitura dos enunciados das provas anteriores XIX
   - 3.4. 2º Passo – Reconhecimento das leis XIX
   - 3.5. 3º Passo – Estudo holístico dos exercícios práticos (questões discursivas)............ XIX
   - 3.6. 4º Passo – Estudo holístico das peças práticas (peças prático-profissionais) XX
   - 3.7. 5º Passo – Verificar o que faltou... XXI
   - 3.8. Dicas finais para resolver os problemas XXI
   - 3.9. Dicas finais para o dia da prova XXI

EXERCÍCIOS PRÁTICOS **1**

1. TEORIA GERAL DA CONSTITUIÇÃO 1
2. DIREITOS FUNDAMENTAIS..2
   - 2.1. Direitos e garantias individuais 2
   - 2.2. Remédios constitucionais... 8
   - 2.3. Nacionalidade...13
   - 2.4. Direitos políticos 14
3. ORGANIZAÇÃO DO ESTADO 24
   - 3.1. Repartição de competência...24
   - 3.2. Entes federativos 31
   - 3.3. Intervenção 36

ADOLFO NISHIYAMA • BRUNA VIEIRA • TERESA MELO

3.4. Administração pública 37
4. ORGANIZAÇÃO DOS PODERES 39
    4.1. Poder legislativo 39
    4.2. Poder Executivo 55
    4.3. Poder Judiciário 58
5. CONTROLE DE CONSTITUCIONALIDADE 64
    5.1. Controle concentrado 64
    5.2. Controle difuso 71
    5.3. Controle estadual 73
6. DEFESA DO ESTADO, TRIBUTAÇÃO E ORÇAMENTO, ORDEM ECONÔMICA E FINANCEIRA ... 75
7. ORDEM SOCIAL 75
8. DISPOSIÇÕES CONSTITUCIONAIS GERAIS 76

PEÇAS PRÁTICO-PROFISSIONAIS 79

1. INTRODUÇÃO 79
2. PEÇAS PRÁTICO-PROFISSIONAIS COBRADAS PELA FGV NOS ÚLTIMOS EXAMES 83
3. ELABORAÇÃO DE PEÇAS PRÁTICO-PROFISSIONAIS 84
    3.1. Reclamação constitucional 84
    3.2. Mandado de Segurança Individual 91
    3.3. Mandado de Segurança Coletivo 111
    3.4. Mandado de Injunção 121
    3.5. Mandado de Injunção Coletivo 128
    3.6. *Habeas Data* 132
    3.7. Ação Popular 138
    3.8. Ação Direta de Inconstitucionalidade – ADI 156
    3.9. Ação Declaratória de Constitucionalidade – ADC 174
    3.10. Arguição de Descumprimento de Preceito Fundamental – ADPF 180
    3.11. Ação Direta de Inconstitucionalidade por Omissão – ADO 185
    3.12. Recurso Ordinário Constitucional 189
    3.13. Recursos Especial e Extraordinário 194
    3.14. Ação Civil Pública 203
    3.15. Petição Inicial 212
    3.16. Apelação 221

OUTRAS PEÇAS ESTRUTURA BÁSICA E MODELOS 227

1. EXCEÇÃO DE IMPEDIMENTO 227
    1.1. Estrutura básica 227
    1.2. Modelo – Exceção de impedimento 227
2. EXCEÇÃO DE INCOMPETÊNCIA 228
3. EXCEÇÃO DE SUSPEIÇÃO 228
    3.1. Estrutura básica 228
    3.2. Modelo – Exceção de suspeição 229
4. RECONVENÇÃO 230
    4.1. Estrutura básica 230
    4.2. Modelo – Reconvenção 230
5. IMPUGNAÇÃO AO CUMPRIMENTO DE SENTENÇA 232
    5.1. Estrutura básica 232
    5.2. Modelo – Impugnação ao Cumprimento de Sentença 232
6. PETIÇÃO INICIAL DE EXECUÇÃO CONTRA A FAZENDA PÚBLICA 233
    6.1. Estrutura básica 233
    6.2. Modelo – Petição Inicial de Execução contra a Fazenda Pública 234

SUMÁRIO *ON-LINE*

EXERCÍCIOS PRÁTICOS - *ON-LINE* 1

1. DIREITOS FUNDAMENTAIS 1
2. ORGANIZAÇÃO DO ESTADO 6
3. ORGANIZAÇÃO DOS PODERES 9
4. CONTROLE DE CONSTITUCIONALIDADE 28
5. DEFESA DO ESTADO, TRIBUTAÇÃO E ORÇAMENTO, ORDEM ECONÔMICA E FINANCEIRA ... 58
6. DISPOSIÇÕES CONSTITUCIONAIS GERAIS 59

PEÇAS PRÁTICO-PROFISSIONAIS – ON-LINE 61

1. ELABORAÇÃO DE PEÇAS PRÁTICO-PROFISSIONAIS 61

ORIENTAÇÕES
AO EXAMINANDO

1. Provimentos CFOAB 144/2011, 150/2013, 156/2013, 167/2015, 172/2016, 174/2016 e 212/2022: o Novo Exame de Ordem

O Conselho Federal da Ordem dos Advogados do Brasil (OAB) publicou em novembro de 2013 o Provimento 156/2013, que alterou o Provimento 144/2011, estabelecendo as normas e diretrizes do Exame de Ordem. Confira o texto integral do provimento, com as alterações promovidas pelos provimentos 167/2015, 172/2016, 174/2016 e 212/2022:

O CONSELHO FEDERAL DA ORDEM DOS ADVOGADOS DO BRASIL, no uso das atribuições que lhe são conferidas pelos arts. 8º, § 1º, e 54, V, da Lei n. 8.906, de 4 de julho de 1994 – Estatuto da Advocacia e da OAB, tendo em vista o decidido nos autos da Proposição n. 2011.19.02371-02,

RESOLVE:

CAPÍTULO I

DO EXAME DE ORDEM

Art. 1º O Exame de Ordem é preparado e realizado pelo Conselho Federal da Ordem dos Advogados do Brasil – CFOAB, mediante delegação dos Conselhos Seccionais.

§ 1º A preparação e a realização do Exame de Ordem poderão ser total ou parcialmente terceirizadas, ficando a cargo do CFOAB sua coordenação e fiscalização.

§ 2º Serão realizados 03 (três) Exames de Ordem por ano.

CAPÍTULO II

DA COORDENAÇÃO NACIONAL DE EXAME DE ORDEM

Art. 2º É criada a Coordenação Nacional de Exame de Ordem, competindo-lhe organizar o Exame de Ordem, elaborar-lhe o edital e zelar por sua boa aplicação, acompanhando e supervisionando todas as etapas de sua preparação e realização. (NR. Ver Provimento n. 156/2013)

Art. 2º-A. A Coordenação Nacional de Exame de Ordem será designada pela Diretoria do Conselho Federal e será composta por: (NR. Ver Provimento n. 150/2013)

I – 03 (três) Conselheiros Federais da OAB;

II – 03 (três) Presidentes de Conselhos Seccionais da OAB;

III – 01 (um) membro da Escola Nacional da Advocacia;

IV – 01 (um) membro da Comissão Nacional de Exame de Ordem;

V – 01 (um) membro da Comissão Nacional de Educação Jurídica;

VI – 02 (dois) Presidentes de Comissão de Estágio e Exame de Ordem de Conselhos Seccionais da OAB.

Parágrafo único. A Coordenação Nacional de Exame de Ordem contará com ao menos 02 (dois) membros por região do País e será presidida por um dos seus membros, por designação da Diretoria do Conselho Federal. (NR. Ver Provimento n. 150/2013)

CAPÍTULO III
DA COMISSÃO NACIONAL DE EXAME DE ORDEM, DA COMISSÃO NACIONAL DE EDUCAÇÃO JURÍDICA, DO COLÉGIO DE PRESIDENTES DE COMISSÕES DE ESTÁGIO E EXAME DE ORDEM E DAS COMISSÕES DE ESTÁGIO E EXAME DE ORDEM

Art. 3º À Comissão Nacional de Exame de Ordem e à Comissão Nacional de Educação Jurídica compete atuar como órgãos consultivos e de assessoramento da Diretoria do CFOAB.

Art. 4º Ao Colégio de Presidentes de Comissões de Estágio e Exame de Ordem compete atuar como órgão consultivo e de assessoramento da Coordenação Nacional de Exame de Ordem.

Art. 5º Às Comissões de Estágio e Exame de Ordem dos Conselhos Seccionais compete fiscalizar a aplicação da prova e verificar o preenchimento dos requisitos exigidos dos examinandos quando dos pedidos de inscrição, assim como difundir as diretrizes e defender a necessidade do Exame de Ordem.

CAPÍTULO IV
DOS EXAMINANDOS

Art. 6º A aprovação no Exame de Ordem é requisito necessário para a inscrição nos quadros da OAB como advogado, nos termos do art. 8º, IV, da Lei n.º 8.906/1994.

§ 1º Ficam dispensados do Exame de Ordem os postulantes oriundos da Magistratura e do Ministério Público e os bacharéis alcançados pelo art. 7º da Resolução n. 02/1994, da Diretoria do CFOAB. (NR. Ver Provimento n. 167/2015)

§ 2º Ficam dispensados do Exame de Ordem, igualmente, os advogados públicos aprovados em concurso público de provas e títulos realizado com a efetiva participação da OAB até a data da publicação do Provimento n. 174/2016-CFOAB. (NR. Ver Provimento n. 174/2016)

§ 3º Os advogados enquadrados no § 2º do presente artigo terão o prazo de 06 (seis) meses, contados a partir da data da publicação do Provimento n. 174/2016-CFOAB, para regularização de suas inscrições perante a Ordem dos Advogados do Brasil. (NR. Ver Provimento n. 174/2016)

ORIENTAÇÕES AO EXAMINANDO – OAB 2ª FASE **XIII**

Art. 7º O Exame de Ordem é prestado por bacharel em Direito, ainda que pendente sua colação de grau, formado em instituição regularmente credenciada.

§ 1º É facultado ao bacharel em Direito que detenha cargo ou exerça função incompatível com a advocacia prestar o Exame de Ordem, ainda que vedada a sua inscrição na OAB.

§ 2º Poderá prestar o Exame de Ordem o portador de diploma estrangeiro que tenha sido revalidado na forma prevista no art. 48, § 2º, da Lei n. 9.394, de 20 de dezembro de 1996.

§ 3º Poderão prestar o Exame de Ordem os estudantes de Direito dos últimos dois semestres ou do último ano do curso. (NR. Ver Provimento n. 156/2013)

CAPÍTULO V
DA BANCA EXAMINADORA E DA BANCA RECURSAL

Art. 8º A Banca Examinadora da OAB será designada pelo Coordenador Nacional do Exame de Ordem. (NR. Ver Provimento n. 156/2013)

Parágrafo único. Compete à Banca Examinadora elaborar o Exame de Ordem ou atuar em conjunto com a pessoa jurídica contratada para a preparação, realização e correção das provas, bem como homologar os respectivos gabaritos. (NR. Ver Provimento n. 156/2013)

Art. 9º À Banca Recursal da OAB, designada pelo Coordenador Nacional do Exame de Ordem, compete decidir a respeito de recursos acerca de nulidade de questões, impugnação de gabaritos e pedidos de revisão de notas, em decisões de caráter irrecorrível, na forma do disposto em edital. (NR. Ver Provimento n. 156/2013)

§ 1º É vedada, no mesmo certame, a participação de membro da Banca Examinadora na Banca Recursal.

§ 2º Aos Conselhos Seccionais da OAB são vedadas a correção e a revisão das provas.

§ 3º Apenas o interessado inscrito no certame ou seu advogado regularmente constituído poderá apresentar impugnações e recursos sobre o Exame de Ordem.(NR. Ver Provimento n. 156/2013)

Art. 10. Serão publicados os nomes e nomes sociais daqueles que integram as Bancas Examinadora e Recursal designadas, bem como os dos coordenadores da pessoa jurídica contratada, mediante forma de divulgação definida pela Coordenação Nacional do Exame de Ordem. (NR. Ver Provimento n. 172/2016)

§ 1º A publicação dos nomes referidos neste artigo ocorrerá até 05 (cinco) dias antes da efetiva aplicação das provas da primeira e da segunda fases. (NR. Ver Provimento n. 156/2013)

§ 2º É vedada a participação de professores de cursos preparatórios para Exame de Ordem, bem como de parentes de examinandos, até o quarto grau, na Coordenação Nacional, na Banca Examinadora e na Banca Recursal. (NR. Ver Provimento n. 156/2013)

CAPÍTULO VI
DAS PROVAS

Art. 11. O Exame de Ordem, conforme estabelecido no edital do certame, será composto de 02 (duas) provas:

I – prova objetiva, sem consulta, de caráter eliminatório;

II – prova prático-profissional, permitida, exclusivamente, a consulta a legislação, súmulas, enunciados, orientações jurisprudenciais e precedentes normativos sem qualquer anotação ou comentário, na área de opção do examinando, composta de 02 (duas) partes distintas:

a) redação de peça profissional;

b) questões práticas, sob a forma de situações-problema.

§ 1º A prova objetiva conterá no máximo 80 (oitenta) questões de múltipla escolha, sendo exigido o mínimo de 50% (cinquenta por cento) de acertos para habilitação à prova prático-profissional, vedado o aproveitamento do resultado nos exames seguintes.

§ 2º Será considerado aprovado o examinando que obtiver, na prova prático-profissional, nota igual ou superior a 06 (seis) inteiros, vedado o arredondamento.

§ 3º Ao examinando que não lograr aprovação na prova prático-profissional será facultado computar o resultado obtido na prova objetiva apenas quando se submeter ao Exame de Ordem imediatamente subsequente. O valor da taxa devida, em tal hipótese, será definido em edital, atendendo a essa peculiaridade. (NR. Ver Provimento n. 156/2013)

§ 4º O conteúdo das provas do Exame de Ordem contemplará as disciplinas do Eixo de Formação Profissional, de Direitos Humanos, do Estatuto da Advocacia e da OAB e seu Regulamento Geral e do Código de Ética e Disciplina, podendo contemplar disciplinas do Eixo de Formação Fundamental. (NR. Ver Provimento n. 156/2013)

§ 5º A prova objetiva conterá, no mínimo, 15% (quinze por cento) de questões versando sobre Estatuto da Advocacia e seu Regulamento Geral, Código de Ética e Disciplina, Filosofia do Direito e Direitos Humanos. (NR. Ver Provimento n. 156/2013)

CAPÍTULO VII

DAS DISPOSIÇÕES FINAIS

Art. 12. O examinando prestará o Exame de Ordem perante o Conselho Seccional de sua livre escolha. (NR Ver Provimento 212/2022).

§ 1º Realizada a inscrição no Exame de Ordem, o candidato fará a prova perante o Conselho Seccional escolhido, permanecendo vinculado ao local onde realizada a inscrição para todas as fases do certame. (NR Ver Provimento 212/2022)

§ 2º Mediante requerimento fundamentado e comprovado dirigido à Coordenação Nacional do Exame de Ordem, pode o examinando, em hipóteses excepcionais e caso acolhido o pedido, realizar a segunda fase em localidade distinta daquela onde realizada a primeira. (NR Ver Provimento 212/2022)

Art. 13. A aprovação no Exame de Ordem será declarada pelo CFOAB, cabendo aos Conselhos Seccionais a expedição dos respectivos certificados.

§ 1º O certificado de aprovação possui eficácia por tempo indeterminado e validade em todo o território nacional.

§ 2º O examinando aprovado somente poderá receber seu certificado de aprovação no Conselho Seccional onde prestou o Exame de Ordem, pessoalmente ou por procuração.

§ 3º É vedada a divulgação de nomes e notas de examinados não aprovados.

Art. 14. Fica revogado o Provimento n. 136, de 19 de outubro de 2009, do Conselho Federal da Ordem dos Advogados do Brasil.

Art. 15. Este Provimento entra em vigor na data de sua publicação, revogadas as disposições em contrário.

Ophir Cavalcante Junior, Presidente

Marcus Vinicius Furtado Coêlho, Conselheiro Federal – Relator

2. Pontos a serem destacados no edital do exame

2.1. Materiais/procedimentos permitidos e proibidos

O Edital do Exame Unificado da OAB vem adotando as seguintes regras em relação aos materiais:

Materiais/Procedimentos permitidos

- Legislação não comentada, não anotada e não comparada.
- Códigos, inclusive os organizados que não possuam índices temáticos estruturando roteiros de peças processuais, remissão doutrinária, jurisprudência, informativos dos tribunais ou quaisquer comentários, anotações ou comparações.
- Leis de Introdução dos Códigos.
- Instruções Normativas.
- Índice remissivo.
- Exposição de Motivos.
- Súmulas.
- Enunciados.
- Orientações Jurisprudenciais.
- Regimento Interno.
- Resoluções dos Tribunais.
- Simples utilização de marca-texto, traço ou simples remissão a artigos ou a lei.
- Separação de códigos por clipes e/ou por cores, providenciada pelo próprio examinando, sem nenhum tipo de anotação manuscrita ou impressa nos recursos utilizados para fazer a separação.
- Utilização de separadores de códigos fabricados por editoras ou outras instituições ligadas ao mercado gráfico, desde que com impressão que contenha simples remissão a ramos do Direito ou a leis.

Observação: As remissões a artigo ou lei são permitidas apenas para referenciar assuntos isolados. Quando for verificado pelo fiscal advogado que o examinando se utilizou de tal expediente com o intuito de burlar as regras de consulta previstas neste edital, articulando a estrutura de uma peça jurídica, o material será recolhido, sem prejuízo das demais sanções cabíveis ao examinando.

Materiais/Procedimentos **proibidos**

- Códigos comentados, anotados, comparados ou com organização de índices temáticos estruturando roteiros de peças processuais.
- Jurisprudências.
- Anotações pessoais ou transcrições.
- Cópias reprográficas (xerox).
- Utilização de marca texto, traços, símbolos, post-its ou remissões a artigos ou a lei de forma a estruturar roteiros de peças processuais e/ou anotações pessoais.
- Utilização de notas adesivas manuscritas, em branco ou impressas pelo próprio examinando.
- Utilização de separadores de códigos fabricados por editoras ou outras instituições ligadas ao mercado gráfico em branco.
- Impressos da internet.
- Informativos de Tribunais.
- Livros de Doutrina, revistas, apostilas, calendários e anotações.
- Dicionários ou qualquer outro material de consulta.
- Legislação comentada, anotada ou comparada.
- Súmulas, Enunciados e Orientações Jurisprudenciais comentadas, anotadas ou comparadas.

Os examinandos deverão comparecer no dia de realização da prova prático-profissional já com os textos de consulta com as partes não permitidas devidamente isoladas por grampo ou fita adesiva de modo a impedir sua utilização, sob pena de não poder consultá-los.

O examinando que descumprir as regras quanto à utilização de material proibido terá suas provas anuladas e será automaticamente eliminado do Exame.

Por fim, é importante que o examinando leia sempre o edital publicado, pois tais regras podem sofrer algumas alterações a cada exame.

2.2. Legislação nova e legislação revogada

Segundo o edital do exame, "legislação com entrada em vigor após a data de publicação deste edital, bem como alterações em dispositivos legais e normativos a ele posteriores não serão objeto de avaliação nas provas do Exame de Ordem".

Repare que há dois marcos: a) data da entrada em vigor da lei (não é a data da publicação da lei, mas a data em que esta entra em vigor); b) data da publicação do edital.

Portanto, atente para esse fato quando for estudar.

2.3. Critérios de correção

Quando você estiver redigindo qualquer questão, seja um exercício prático (questão discursiva), seja uma peça prático-profissional (peça), lembre-se de que serão levados em conta, para os dois casos, os seguintes critérios previstos no Edital:

ORIENTAÇÕES AO EXAMINANDO – OAB 2ª FASE **XVII**

a) adequação das respostas ao problema apresentado;
- peça inadequada (inepta, procedimento errado): nota zero;
- resposta incoerente ou ausência de texto: nota zero;

   Obs.: A indicação correta da peça prática é verificada no nomem iuris da peça concomitantemente com o correto e completo fundamento legal usado para justificar tecnicamente a escolha feita.

b) vedação de identificação do candidato;
- o caderno de textos definitivos não poderá ser assinado, rubricado ou conter qualquer palavra ou marca que o identifique em outro local que não o apropriado (capa do caderno), sob pena de ser anulado;

c) a prova deve ser manuscrita, em letra legível, com caneta esferográfica de tinta azul ou preta;
- letra ilegível: nota zero;

d) respeito à extensão máxima;
- na peça profissional, o examinando deverá formular texto com a extensão máxima definida na capa do caderno de textos definitivos / 30 linhas em cada questão;
- fragmento de texto fora do limite: será desconsiderado;

e) respeito à ordem de transcrição das respostas;

f) caso a prova exija assinatura, deve-se usar:

   ADVOGADO...
- Penas para o desrespeito aos itens "e" e "f": nota zero;

g) nas peças/questões, o examinando deve incluir todos dados necessários, sem identificação e com o nome do dado seguido de reticências:
- Ex: Município..., Data..., OAB...;
- Omissão de dados: descontos na pontuação;

Por outro lado, apesar de não previstos textualmente no edital, temos percebido que a examinadora vem adotando, também, os seguintes critérios:

a) objetividade;
- as respostas devem ser claras, com frases e parágrafos curtos, e sempre na ordem direta;

b) organização;
- as respostas devem ter começo, meio e fim; um tema por parágrafo; e divisão em tópicos (na peça processual);

c) coesão textual;
- um parágrafo deve ter ligação com o outro; assim, há de se usar os conectivos (dessa forma, entretanto, assim, todavia...);

   Obs.: porém, quanto às questões da prova prático-profissional que estiverem subdivididas em itens, cada item deverá ser respondido separadamente.

d) correção gramatical;
- troque palavras que você não conheça, por palavras que você conheça;

- leia o texto que você escreveu;

e) quantidade de fundamentos;

- Cite a premissa maior (lei), a premissa menor (fato concreto) e chegue a uma conclusão (subsunção do caso à norma e sua aplicação);

- Traga o maior número de fundamentos pertinentes; há questões que valem 1,25 pontos, sendo 0,25 para cada fundamento trazido; o examinando que fundamenta sua resposta num ponto só acaba por tirar nota 0,25 numa questão desse tipo;

- Tempestade de ideias; criatividade; qualidade + quantidade;

f) indicação do nome do instituto jurídico aplicável e/ou do princípio aplicável;

g) indicação do dispositivo legal aplicável;

- Ex.: para cada fundamento usado pelo examinando, é NECESSÁRIO citar o dispositivo legal em que se encontra esse fundamento, sob pena de perder até 0,5 ponto, a depender do caso;

h) indicação do entendimento doutrinário aplicável;

i) indicação do entendimento jurisprudencial aplicável;

j) indicação das técnicas interpretativas;

- Ex.: interpretação sistemática, teleológica etc.

3. Dicas de como estudar

3.1. Tenha calma

Em primeiro lugar, é preciso ter bastante calma. Quem está para fazer a 2ª fase do Exame de Ordem já está, literalmente, com meio caminho andado.

A diferença é que, agora, você não terá mais que saber uma série de informações sobre as mais de quinze principais disciplinas do Direito cobradas na 1ª fase. Agora você fará uma prova delimitada, na qual aparecem questões sobre um universo muito menor que o da 1ª fase.

Além disso, há a possibilidade de consultar a legislação no momento da prova. Ah, mas antes era possível consultar qualquer livro, você diria. Pois é. Mas isso deixava muitos examinandos perdidos. Primeiro porque não sabiam o que comprar, o que levar e isso gerava estresse, além de um estrago orçamentário. Segundo porque, na hora da prova, eram tantos livros, tantas informações, que não se sabia o que fazer, por onde atacar, o que levava a uma enorme perda de tempo, comprometendo o bom desempenho no exame. E mais, o examinando deixava de fazer o mais importante, que é conhecer e usar a lei. Vi muitas provas em que o examinando só fazia citações doutrinárias, provas essas que, se tivessem feito menção às palavras-chave (aos institutos jurídicos pertinentes) e aos dispositivos legais mencionados no Padrão de Resposta da examinadora, fariam com que o examinando fosse aprovado. Mas a preocupação em arrumar a melhor citação era tão grande que se deixava de lado o mais importante, que é a lei e os consequentes fundamentos jurídicos.

Então, fica a lembrança de que você fará um exame com temas delimitados e com a possibilidade, ainda, de contar com o apoio da lei na formulação de suas respostas, e esses são fatores muito positivos, que devem te dar tranquilidade. Aliás, você já é uma pessoa de valor, um vencedor, pois não anda fácil ser aprovado na 1ª, e você conseguiu isso.

3.2. Tenha em mãos todos os instrumentos de estudo e treinamento

Uma vez acalmado o ânimo, é hora de separar os materiais de estudo e de treinamento.

Você vai precisar dos seguintes materiais:

a) todos os exercícios práticos de provas anteriores do Exame Unificado da OAB (**contidos neste livro**);

b) todas as peças práticas de provas anteriores do Exame Unificado da OAB (**contidas neste livro**);

c) resolução teórica e prática de todos os exercícios e peças mencionadas (**contida neste livro**);

d) explicação teórica e modelo das principais peças processuais (**contidos neste livro**);

e) doutrina de qualidade sobre direito constitucional; nesse sentido recomendamos o livro "Super-Revisão OAB: Doutrina Completa", da Editora Foco (www.editorafoco.com.br); você também pode usar outros livros de apoio, podendo ser um livro que você já tenha da sua área.

f) Vade Mecum de legislação + Informativos recentes com os principais julgamentos dos Tribunais Superiores (contidos no Vade Mecum de Legislação FOCO, que é o Vade Mecum com o melhor conteúdo selecionado impresso do mercado – confira em www.editorafoco.com.br).

3.3. 1º Passo – Leitura dos enunciados das provas anteriores

A primeira providência que deve tomar é ler todos os exercícios e todas as peças já cobradas pelo Exame Unificado da OAB. Nesse primeiro momento não leia as resoluções teóricas dessas questões.

Repito: leia apenas os **enunciados** dos exercícios e das peças práticas. A ideia é que você tenha um "choque de realidade", usando uma linguagem mais forte. Numa linguagem mais adequada, eu diria que você, ao ler os enunciados das questões da 2ª fase, ficará **ambientado com o tipo de prova** e também ficará com as **"antenas" ligadas sobre o tipo de estudo** que fará das peças, da jurisprudência e da doutrina.

3.4. 2º Passo – Reconhecimento das leis

Logo após a leitura dos enunciados das questões das provas anteriores, **separe** o livro de legislação que vai usar e todas as leis que serão necessárias para levar no exame e **faça um bom reconhecimento** desse material.

Quando chegar o dia da prova, você deverá estar bem íntimo desse material. A ideia, aqui, não é ler cada artigo da lei, mas, sim, conhecer as leis materiais e processuais pertinentes, atentando-se para seus capítulos e suas temáticas. Leia o sumário dos códigos. Leia o nome dos capítulos e seções das leis que não estão dentro de um código. Procure saber como é dividida cada lei. Coloque marcações nas principais leis. Dê uma olhada no índice remissivo dos códigos e procure se ambientar com ele.

Os dois primeiros passos devem durar, no máximo, um dia estudo.

3.5. 3º Passo – Estudo holístico dos exercícios práticos (questões discursivas)

Você deve ter reparado que as questões discursivas presentes neste livro estão classificadas por temas de direito material e de direito processual.

E você deve lembrar que é fundamental ter à sua disposição, além das questões que estão neste livro, a jurisprudência aplicável, um bom livro de doutrina e um *Vade Mecum* de legislação, como o indicado por nós.

Muito bem. Agora sua tarefa é fazer cada questão discursiva (não é a *peça prática*; trata-se do *exercício prático*), uma a uma.

Primeiro leia o enunciado da questão e tente fazê-lo sozinho, como se estivesse no dia da prova. Use apenas a legislação. E não se esqueça de utilizar os **índices**!!!

Antes de fazer cada questão, é muito importante coletar todas as informações que você tem sobre o tema e que conseguiu extrair da lei.

Num primeiro momento, seu trabalho vai ser de "tempestade de ideias". Anote no rascunho tudo que for útil para desenvolver a questão, tais como dispositivos legais, princípios, entendimentos doutrinários que conhecer, entendimentos jurisprudenciais, técnicas interpretativas que pode citar etc.

Depois da tempestade de ideias, agrupe os pontos que levantou, para que sejam tratados de forma ordenada, e crie um esqueleto de resposta. Não é para fazer um rascunho da resposta e depois copiá-lo. A ideia é que faça apenas um esqueleto, um esquema para que, quando estiver escrevendo a resposta, você o faça de modo bem organizado e não esqueça ponto algum.

Quando terminar de escrever uma resposta (e somente depois disso), leia a resolução da questão que está no livro e anote no papel onde escreveu sua resposta **o que faltou nela**. Anote os fundamentos que faltaram e também a eventual falta de organização de ideias e eventuais outras falhas que identificar. Nesse momento, tenha autocrítica. A ideia é você cometer cada vez menos erros a cada exercício. Depois de ler a resolução da questão presente neste livro, deverá buscar na legislação cada lei citada em nosso comentário. Leia os dispositivos citados por nós e aproveite também para conferir os dispositivos legais que têm conexão com o assunto.

Em seguida, pegue seu livro de doutrina de referência e leia o capítulo referente àquela temática.

Por fim, você deve ler todas as súmulas e precedentes jurisprudenciais referentes àquela temática.

Faça isso com todas as questões discursivas (*exercícios práticos*). E anote nos livros (neste livro e no livro de doutrina de referência) tudo o que você já tiver lido. Com essa providência você já estará se preparando tanto para os *exercícios práticos* como para a *peça prática*, só não estará estudando os modelos de peça.

Ao final desse terceiro passo seu *raciocínio jurídico* estará bastante apurado, com um bom *treinamento da escrita* e também com um bom conhecimento da *lei*, da *doutrina* e da *jurisprudência*.

3.6. 4º Passo – Estudo holístico das peças práticas (peças prático-profissionais)

Sua tarefa, agora, é resolver todas as peças práticas que já apareceram no Exame Unificado da OAB.

Primeiro leia o enunciado do problema que pede a realização da peça prática e tente fazê-la sozinho, como se estivesse fazendo a prova. Mais uma vez use apenas a legislação. Não se esqueça de fazer a "tempestade de ideias" e o esqueleto.

ORIENTAÇÕES AO EXAMINANDO – OAB 2ª FASE **XXI**

Terminado o exercício, você vai ler a resolução da questão e o modelo da peça trazido no livro e anotará no papel onde escreveu sua resposta o que faltou nela. Anote os fundamentos que faltaram, a eventual falta de organização de ideias, dentre outras falhas que perceber. Lembre-se da importância da autocrítica.

Agora você deve buscar na legislação cada lei citada no comentário trazido neste livro. Leia os dispositivos citados e aproveite, mais uma vez, para ler os dispositivos legais que têm conexão com o assunto.

Em seguida, leia a jurisprudência pertinente e o livro de doutrina de sua confiança, com o objetivo de rememorar os temas que apareceram naquela peça prática, tanto na parte de direito material, como na parte de direito processual.

Faça isso com todas as peças práticas. E continue anotando nos livros tudo o que já tiver lido.

Ao final desse terceiro passo você sairá com o *raciocínio jurídico* ainda mais apurado, com uma melhora substancial na *sua escrita* e também com ótimo conhecimento da *lei*, da *doutrina* e da *jurisprudência*.

3.7. 5º Passo – Verificar o que faltou

Sua tarefa, agora, é verificar o que faltou. Leia os temas doutrinários que ainda não foram lidos, por não terem relação alguma com as questões resolvidas neste livro. Confira também as súmulas e os informativos de jurisprudência que restaram. Se você fizer a marcação do que foi e do que não foi lido, não haverá problema em identificar o que está faltando. Faça a marcação com um lápis. Poder ser um "x" ao lado de cada precedente jurisprudencial lido e, quanto ao livro de doutrina, faça um "x" nos temas que estão no índice do livro. Nos temas mais importantes pode fazer um "x" e um círculo. Isso permitirá que você faça uma leitura dinâmica mais perto da prova, apenas para relembrar esses pontos.

Leia também as demais peças processuais que se encontram no livro e reserve o tempo restante para pesquisa de jurisprudência de anos anteriores e treinamento, muito treinamento. Para isso, reescreva as peças que já fez até chegar ao ponto em que sentir que pegou o jeito.

3.8. Dicas finais para resolver os problemas

Em resumo, recomendamos que você resolva as questões e as peças no dia da prova usando as seguintes técnicas:

a) leia o enunciado pelo menos duas vezes, a primeira para ter ideia do todo e a segunda para anotar os detalhes;

b) anote as informações, perguntas e solicitações feitas no enunciado da questão;

– Ex.: qual é o vício? / fundamente / indique o dispositivo legal;

c) busque a resposta nas leis relacionadas;

d) promova uma tempestade de ideias e ANOTE TUDO o que for relacionado;

– Ex.: leis, princípios, doutrina, jurisprudência, fundamentos, exemplos etc.;

e) agrupe as ideias e crie um esqueleto de resposta, respondendo às perguntas e solicitações feitas;

f) redija;

g) revise o texto, buscando erros gramaticais.

3.9. Dicas finais para o dia da prova

Por fim, lembre-se de que você está na reta final para a sua prova. Falta pouco. Avise aos familiares e amigos que neste último mês de preparação você estará um pouco mais ausente. Peça ajuda nesse sentido. E lembre-se também de que seu esforço será recompensado.

No dia da prova, tome os seguintes cuidados:

a) chegue com muita antecedência;

- o Edital costuma determinar o comparecimento com antecedência mínima de 1 hora e 30 minutos do horário de início;

b) leve mais de uma caneta permitida;

- a caneta deve ser azul ou preta, fabricada em material transparente;

- não será permitido o uso de borracha e corretivo;

c) leve comprovante de inscrição + documento original de identidade, com foto;

d) leve água e chocolate;

e) se ficar nervoso: se você for religioso, faça uma oração antes de iniciar a prova; outra providência muito boa, havendo ou não religiosidade, é você fazer várias respirações profundas, de olhos fechados. Trata-se de uma técnica milenar para acalmar e concentrar. Além disso, antes de ir para a prova, escute suas músicas preferidas, pois isso acalma a dá um ânimo bom.

No mais, tenha bastante foco, disciplina, perseverança e fé!

Tenho certeza de que tudo dará certo.

Wander Garcia
Coordenador da Coleção

EXERCÍCIOS
PRÁTICOS

1. TEORIA GERAL DA CONSTITUIÇÃO

(OAB/ Exame Unificado – 2016.3- 2ª fase) O Presidente da República edita medida provisória estabelecendo novo projeto de ensino para a educação federal no País, que, dentre outros pontos, transfere o centenário Colégio Pedro II do Rio de Janeiro para Brasília, pois só fazia sentido que estivesse situado na cidade do Rio de Janeiro enquanto ela era a capital federal.

Muitas críticas foram veiculadas na imprensa, sendo alegado que a medida provisória contraria o comando contido no Art. 242, § 2º, da CRFB/88. Em resposta, a Advocacia-Geral da União sustentou que não era correta a afirmação, já que o mencionado dispositivo da Constituição só é constitucional do ponto de vista formal, podendo, por isso, ser alterado por medida provisória.

Considerando a situação hipotética apresentada, responda, de forma fundamentada, aos itens a seguir.

A) Segundo a Teoria Constitucional, qual é a diferença entre as denominadas normas materialmente constitucionais e as normas formalmente constitucionais? (Valor: 0,75)

B) O entendimento externado pela Advocacia-Geral da União à imprensa está correto, sendo possível a alteração de norma constitucional formal por medida provisória? (Valor: 0,50)

Obs.: o examinando deve fundamentar suas respostas. A mera citação do dispositivo legal não confere pontuação.

GABARITO COMENTADO

A) O examinando deverá responder que as normas materiais possuem *status* constitucional em razão do seu conteúdo, pois estabelecem normas referentes à estrutura organizacional do Estado, à separação dos Poderes e aos direitos e as garantias fundamentais, enquanto as normas em sentido formal só possuem o caráter de constitucionais porque foram elaboradas com o uso do processo legislativo próprio das normas constitucionais.

B) O examinado deverá responder que o entendimento externado pela Advocacia Geral da União à imprensa está incorreto, pois, independentemente da essência da norma, todo dispositivo que estiver presente no texto constitucional, em razão da rigidez constitucional, só poderá ser alterado pelo processo legislativo solene das emendas constitucionais, tal qual previsto no Art. 60 da CRFB/88.

2. DIREITOS FUNDAMENTAIS

2.1. Direitos e garantias individuais

(OAB/2ª FASE – XXXII) Antônio, na condição de consumidor, celebrou contrato com determinada concessionária de serviço público de telefonia, vinculada à União e sujeita à fiscalização de uma agência reguladora federal. Poucos anos após a celebração, a ele foi informado que a concessionária partilharia, com seus parceiros comerciais, as localidades em que estão situados os números de telefone aos quais Antônio se conecta regularmente. O objetivo era o de contribuir para o delineamento do seu perfil, de modo a facilitar a identificação da propaganda comercial de seu interesse. Acresça-se que tanto a União quanto a agência reguladora federal divulgaram comunicados oficiais informando que não tinham qualquer interesse na discussão a respeito dos referidos atos da concessionária. Insatisfeito com o teor do comunicado recebido, Antônio procurou você, como advogado(a), e solicitou que respondesse aos questionamentos a seguir.

A) A partilha de informações a ser realizada pela concessionária é compatível com a Constituição da República? (Valor: 0,60)

B) Qual é o órgão do Poder Judiciário competente para processar e julgar a demanda que venha a ser ajuizada em face da concessionária? (Valor: 0,65)

Obs.: o(a) examinando(a) deve fundamentar suas respostas. A mera citação ou transcrição do dispositivo legal não confere pontuação.

GABARITO COMENTADO

Não. É assegurado o sigilo de dados e das comunicações telefônicas, ressalvada a existência de ordem judicial, nos termos do Art. 5º, inciso XII, da CRFB/88.

O órgão competente é o Juiz Estadual, já que a União e a agência reguladora federal não serão demandadas por Antônio, nos termos do Art. 109, inciso I, da CRFB/88 ou da Súmula Vinculante 27 do Supremo Tribunal Federal.

Distribuição dos pontos

ITEM	PONTUAÇÃO
A) Não, pois é assegurado o sigilo de dados (0,20) e das comunicações telefônicas (0,15), ressalvada a existência de ordem judicial (0,15) nos termos do Art. 5º, inciso X, ou Art. 5º, inciso XII, ambos da CRFB/88 (0,10).	0,00/0,15/0,20/0,25/0,30/ 0,35/0,040/0,45/0,50/0,60
B) O órgão competente é o Juiz Estadual (0,30), já que a União e a agência reguladora federal não serão demandadas por Antônio (0,25), nos termos do Art. 109, inciso I, da CRFB/88 ou da Súmula Vinculante 27 do STF (0,10).	0,00/0,25/0,30/0,35/ 0,40/0,55/0,65

PRÁTICA CONSTITUCIONAL – 8ª EDIÇÃO • EXERCÍCIOS PRÁTICOS **3**

(OAB/Exame Unificado 2019.3 – 2ª fase) A sociedade empresária X foi autuada pela fiscalização tributária do Estado Alfa sob o argumento de ter apresentado informações falsas por ocasião do lançamento tributário, daí resultando a constituição de um crédito inferior ao devido. O tributo devido, de acordo com a autuação do fiscal responsável, ultrapassava o montante de um milhão de reais.

Ao ser comunicada da autuação, a sociedade empresária tomou conhecimento de que a interposição de recurso administrativo estava condicionada ao prévio depósito do referido montante. Embora tenha recorrido às instâncias superiores contra a exigência de depósito prévio, todas foram uníssonas em mantê-lo.

Por não dispor da referida importância e ter plena consciência de que não fornecera qualquer informação falsa, a sociedade empresária contratou seus serviços.

Sobre o caso narrado, você, como advogado(a), deve responder aos itens a seguir.

A) É compatível com a Constituição da República a exigência de depósito prévio do montante constante da autuação para a interposição do recurso administrativo? (Valor: 0,65)

B) Há alguma medida passível de ser ajuizada, perante Tribunal Superior, para que a administração tributária do Estado Alfa seja compelida a examinar o recurso administrativo independentemente do depósito prévio? (Valor: 0,60)

Obs.: o(a) examinando(a) deve fundamentar suas respostas. A mera citação do dispositivo legal não confere pontuação.

GABARITO COMENTADO

A) Não, por violar a garantia da ampla defesa (Art. 5º, inciso LV, da CRFB/88), sendo a impossibilidade de ser exigido o depósito prévio reconhecida pela Súmula Vinculante 21 do STF.

B) Considerando o exaurimento das instâncias administrativas, é possível o ajuizamento de reclamação perante o Supremo Tribunal Federal, nos termos do Art. 7º, *caput* e § 1º, da Lei nº 11.417/06 **ou** do Art. 103-A, § 3º, da CRFB/88.

Distribuição dos pontos

ITEM	PONTUAÇÃO
A) Não, por violar a garantia da ampla defesa (0,20), segundo o Art. 5º, inciso LV, da CRFB/88 (0,10), sendo a impossibilidade de ser exigido o depósito prévio reconhecida pela Súmula Vinculante 21 do STF (0,35).	0,00/0,20/0,30/0,35/ 0,45/0,55/0,65
B) É possível o ajuizamento de reclamação perante o Supremo Tribunal Federal (0,50), nos termos do Art. 7º, caput e § 1º, da Lei nº 11.417/06 **ou** do Art. 103-A, § 3º, da CRFB/88 (0,10).	0,00/0,50/0,60

(OAB/Exame Unificado 2019.1- 2ª fase) João da Silva, servidor público estadual, respondeu a processo administrativo disciplinar sob a alegação de ter praticado determinada infração no exercício da função. Ao final, foi condenado e sofreu a sanção de advertência. A conduta de João, apesar de eticamente reprovável, somente foi tipificada em lei em momento posterior à sua prática, o que foi considerado irrelevante pela autoridade administrativa competente, pois *"inexistiria norma constitucional vedando a retroação da lei que tipificou a infração administrativa."* Além disso, João não constituiu advogado para sua defesa técnica no processo administrativo.

Considerando a narrativa acima, responda aos questionamentos a seguir.

A) A tese da autoridade administrativa, no sentido de que a retroação da tipificação da infração não é vedada pela Constituição da República, está correta? Justifique. **(Valor: 0,65)**

B) Sob a ótica constitucional, o processo administrativo a que João respondeu sem a representação técnica de advogado é válido? **(Valor: 0,60)**

Obs.: o(a) examinando(a) deve fundamentar as respostas. A mera citação do dispositivo legal não confere pontuação.

GABARITO COMENTADO

A) Não. A ordem constitucional veda a retroação de normas sancionadoras, nos termos do Art. 5º, incisos XXXIX e XL da CRFB/88.

B) Sim. Em que pese o advogado ser indispensável à administração da justiça, nos termos do Art. 133 da CRFB/88, nos termos da Súmula Vinculante 5 do STF, *"a falta de defesa técnica por advogado no processo administrativo disciplinar não ofende a Constituição."*

Distribuição dos pontos

ITEM	PONTUAÇÃO
A) Não. A ordem constitucional veda a retroação de normas sancionadoras (0,55), nos termos do Art. 5º, XXXIX **OU** XL, da CRFB/88 **OU** do Art. 5º., II, da CRFB/88 **OU** do Art. 37, *caput*, da CRFB/88 (0,10)	0,00/0,55/0,65
B) Sim. A falta de defesa técnica por advogado no processo administrativo disciplinar não ofende a Constituição, **nos termos da Súmula Vinculante n. 5/STF** (0,60)	0,00/0,60

(OAB/Exame Unificado 2018.3- 2ª fase) Pedro requereu a determinada Secretaria de Estado que fornecesse a relação dos programas de governo desenvolvidos, nos últimos três anos, em certa área temática relacionada aos direitos sociais, indicando-se, ainda, o montante dos recursos gastos. O Secretário de Estado ao qual foi endereçado o requerimento informou que a área temática indicada não estava vinculada à sua Secretaria, o que era correto, acrescendo que Pedro deveria informar-se melhor e descobrir qual seria o órgão estadual competente para analisar o seu requerimento. Além disso, afirmou que todas as informações financeiras do Estado, especialmente aquelas relacionadas à execução orçamentária, estão cobertas pelo sigilo, não sendo possível que Pedro venha a acessá-las.

Considerando a narrativa acima, responda aos questionamentos a seguir.

PRÁTICA CONSTITUCIONAL – 8ª EDIÇÃO • EXERCÍCIOS PRÁTICOS | **5**

A) Ao informar que Pedro deveria "descobrir" o órgão para o qual endereçaria o seu requerimento, o posicionamento do Secretário de Estado está correto? **(Valor: 0,60)**

B) É correto o entendimento de que as informações financeiras do Estado estão cobertas pelo sigilo, o que impede que Pedro tenha acesso ao montante de recursos gastos com programas de trabalho em certa área temática relacionada aos direitos sociais? **(Valor: 0,65)**

Obs.: o(a) examinando(a) deve fundamentar as respostas. A mera citação do dispositivo legal não confere pontuação.

GABARITO COMENTADO

A) Não. O Secretário de Estado deveria ter informado a Pedro o local onde pode ser obtida a informação desejada, nos termos do Art. 7º, inciso I, da Lei nº 12.527/2011 **OU** O Secretário de Estado deveria ter informado a Pedro que não possui a informação e indicar, se for do seu conhecimento, o órgão ou entidade que a detém, ou ainda remeter o requerimento a quem seja competente, nos termos do Art. 11, parágrafo 1º, III, da Lei nº 12.527/2011.

B) Não. Pedro tem o direito de receber informações de interesse geral, nos termos do Art. 5º, inciso XXXIII, da CRFB/1988 **OU** da Lei nº 12.527/2011, como são aquelas relacionadas à execução orçamentária relativa aos direitos sociais, as quais não são imprescindíveis à segurança da sociedade e do Estado, o que afasta a tese do sigilo.

Distribuição dos pontos

ITEM	PONTUAÇÃO
A) Não. O Secretário de Estado deveria ter informado a Pedro o local onde pode ser obtida a informação desejada (0,50), nos termos do Art. 7º, inciso I, da Lei nº 12.527/2011 **OU** do Art. 5º., XXXIII, da CRFB/88 (0,10)	0,00/0,50/0,60
OU	
O Secretário de Estado deveria ter informado a Pedro que não possui a informação e indicar, se for do seu conhecimento, o órgão ou entidade que a detém, ou ainda remeter o requerimento a quem seja competente (0,50), nos termos do Art. 11, parágrafo 1º, III, da Lei nº 12.527/2011 (0,10).	
B) Não. As informações relacionadas à execução orçamentária na área dos direitos sociais (direitos fundamentais ou direitos humanos) não são imprescindíveis à segurança da sociedade e do Estado, o que afasta a tese do sigilo (0,55), nos termos do Art. 5º, inciso XXXIII, da CRFB/1988 **OU** da Lei nº 12.527/2011 (0,10).	0,00/0,55/0,65

(OAB/Exame Unificado – 2017.2- 2ª fase) Determinado cidadão (jurisdicionado) apresentou reclamação, perante o Conselho Nacional de Justiça (CNJ), em face de juiz do trabalho. Ao apreciar o caso, o CNJ, em sessão presidida pelo Conselheiro Presidente do Supremo Tribunal Federal, conhece da reclamação e instaura Processo Administrativo Disciplinar (PAD). Considerando que os fundamentos da defesa já tinham sido amplamente apresentados pelo juiz do trabalho em suas manifestações públicas, o CNJ, em prol da celeridade processual, afastou a necessidade de nova

6 | ADOLFO NISHIYAMA • BRUNA VIEIRA • TERESA MELO

manifestação do referido agente, tendo decidido pela aposentadoria do magistrado com proventos proporcionais ao tempo de serviço.

Considere a seguinte situação hipotética e responda aos itens a seguir.

A) O cidadão poderia ter se dirigido ao Conselho Nacional de Justiça na forma descrita? (Valor: 0,60)

B) O procedimento do Conselho Nacional de Justiça foi correto? (Valor: 0,65)

Obs.: o(a) examinando(a) deve fundamentar suas respostas. A mera citação ou transcrição do dispositivo legal não confere pontuação.

GABARITO COMENTADO

A) O examinando deverá responder que de acordo com o direito de petição, previsto no Artigo 5º, inciso XXXIV, alínea a, da CRFB/88, "qualquer pessoa é parte legítima para representar ilegalidades perante o CNJ".

B) O examinando deverá responder que não, pois, de acordo com o Art. 5º, inciso LV, da CRFB/88 ("aos litigantes, em processo judicial ou administrativo, e aos acusados em geral são assegurados o contraditório e a ampla defesa, com os meios e recursos a ela inerentes"), a defesa do juiz e, portanto, o seu direito fundamental à defesa, não pode ser prejudicado ou relativizado por conduta não prevista na Constituição da República.

Distribuição dos pontos

ITEM	PONTUAÇÃO
A) Qualquer pessoa é parte legítima para representar ilegalidades perante o CNJ (0,25), de acordo com o direito de petição OU direito de apresentar reclamação (0,25), previsto no Art. 5º, inciso XXXIV, alínea a, da CRFB/88 OU Art. 103-B, §4º, inciso III, da CRFB/88 (0,10).	0,00/0,25/0,35/0,50/0,60
B) Não. Aos litigantes, em processo judicial ou administrativo, e aos acusados em geral são assegurados o contraditório e a ampla defesa, com os meios e os recursos a ela inerentes (0,55), de acordo com o Art. 5º, inciso LV, da CRFB/88 (0,10).	0,00/0,55/0,65

(OAB/ Exame Unificado- 2016.2- 2ª fase) A Associação Antíqua, formada por colecionadores de carros antigos, observando que Mário, um de seus membros, supostamente teria infringido regras do respectivo Estatuto, designou comissão especial para a apuração dos fatos, com estrita observância das regras estatutárias. A Comissão, composta por membros de reconhecida seriedade, ao concluir os trabalhos, resolveu propor a exclusão de Mário do quadro de sócios, o que foi referendado pela Direção da Associação Antíqua.

Questionada por Mário sobre o fato de não ter tido a oportunidade de contraditar os fatos ou apresentar defesa, a Associação apresentou as seguintes alegações: em primeiro lugar, não seria possível a Mário contraditar os fatos ocorridos, já que as provas de sua ocorrência eram incontestáveis; em segundo lugar, os trâmites processuais previstos no Estatuto foram rigorosamente respeitados; em terceiro lugar, tratando-se de uma instituição privada, a Associação Antíqua tinha plena autonomia para a elaboração de suas regras estatutárias, que, no caso, permitiam a exclusão sem oitiva do

PRÁTICA CONSTITUCIONAL – 8ª EDIÇÃO • EXERCÍCIOS PRÁTICOS | **7**

acusado. Por fim, a Associação ainda alegou que Mário, ao nela ingressar, assinara um documento em que reconhecia a impossibilidade de solucionar possíveis litígios com a referida Associação pela via judicial.

Inconformado, Mário o procurou para, como advogado(a), orientá-lo sobre as questões a seguir.

A) O direito à ampla defesa e ao contraditório podem ser alegados quando regras convencionais não os preveem? (Valor: 0,80)

B) É possível que o Estatuto da Associação Antíqua possa estabelecer regra que afaste a apreciação da causa pelo Poder Judiciário? (Valor: 0,45)

Obs.: o examinando deve fundamentar suas respostas. A mera citação do dispositivo legal não confere pontuação.

GABARITO COMENTADO

A) No caso em tela, o direito à ampla defesa e ao contraditório, previsto no Art. 5º, LV, da CRFB, consubstancia preceito de ordem pública e não poderia ser desobedecido, mesmo no âmbito das relações privadas, configurando verdadeiro direito subjetivo de Mário. Afinal, direitos fundamentais dessa natureza devem ser observados tanto pelo Poder Público como pelos particulares. Nessa linha, o sistema jurídico-constitucional brasileiro tem reconhecido a possibilidade de aplicação da teoria da eficácia horizontal dos direitos fundamentais. Em consequência, as violações aos direitos fundamentais não ocorrem somente no âmbito das relações entre o particular e o Estado, mas igualmente nas relações estabelecidas entre pessoas físicas e jurídicas de direito privado. Assim, em casos análogos ao descrito, em que um ente submete uma pessoa ao seu poder decisório, os direitos fundamentais assegurados pela Constituição vinculam, diretamente, não apenas os poderes públicos, como também estão direcionados à proteção dos particulares em face do poder privado.

B) Não. Se o inciso XXXV do Art. 5º da Constituição Federal estabelece que "a lei não excluirá da apreciação do Poder Judiciário lesão ou ameaça a direito", por muito maior razão, diploma normativo sublegal certamente também não poderá fazê-lo. Acrescente--se que o dispositivo em referência tem natureza de direito fundamental, o que aumenta ainda mais sua densidade normativa.

Distribuição dos pontos

ITEM	PONTUAÇÃO
A1) Sim, pois o direito à ampla defesa e ao contraditório, previsto no Art. 5º, LV, da Constituição Federal (0,10), consubstancia preceito de ordem pública OU configura verdadeiro direito subjetivo de Mário (0,30).	0,00/0,30/0,40
A2) Nesta linha, o sistema jurídico-constitucional brasileiro reconhece a aplicabilidade da teoria da eficácia horizontal dos direitos fundamentais, que devem ser observados tanto pelo Poder Público como pelos particulares (0,40).	0,00/0,40
B) Não, por força do princípio da inafastabilidade de jurisdição (0,35), previsto no inciso XXXV do Art. 5º da Constituição Federal (0,10).	0,00 / 0,35 /0,45

2.2. Remédios constitucionais

(OAB/2ª FASE – XXXIV) Joana, cidadã atuante, no uso dos instrumentos de democracia participativa, requereu ao Prefeito do Município Alfa, no exercício do direito de petição, que praticasse os atos necessários à conservação do Centro Cultural do Município, cuja construção remontava ao Império e apresentava diversas infiltrações, correndo risco de desabamento.

Ao receber o requerimento, o Prefeito Municipal o indeferiu de plano, sob o argumento de que as obras de conservação e reforma dos prédios públicos observavam um cronograma, que já fora por ele delineado há poucos meses, detalhando o que será feito nos próximos anos. Como o Chefe do Poder Executivo municipal, ao seu ver, pode decidir, livremente, que bens reformar, ou não, concluiu que o prédio indicado por Joana não seria reformado em sua gestão.

Sobre a hipótese apresentada, responda aos itens a seguir.

A) Nas circunstâncias indicadas, o argumento de que o Prefeito Municipal pode escolher livremente os prédios públicos a serem reformados pode prevalecer? (Valor: 0,60)

B) Qual a ação constitucional passível de ser ajuizada por Joana para que seu objetivo seja alcançado? (Valor: 0,65)

Obs.: o(a) examinando(a) deve fundamentar suas respostas. A mera citação do dispositivo legal não confere pontuação.

GABARITO COMENTADO

A) Não, pois afronta o dever do Município de promover a proteção do patrimônio histórico--cultural local, nos termos do Art. 30, inciso IX, da CRFB/88.

B) Como a omissão do Prefeito Municipal mostra-se lesiva à conservação do patrimônio histórico-cultural, é cabível a *ação popular*, nos termos do Art. 5º, inciso LXXIII, da CRFB/88 **ou** do Art. 1º, § 1º, da Lei nº 4.717/1965.

Distribuição dos pontos

ITEM	PONTUAÇÃO
A. Não, pois afronta o dever do Município promover a proteção do patrimônio histórico-cultural local (0,50), nos termos do Art. 30, inciso IX **ou** Art. 23, inciso I **ou** Art. 23, inciso III **ou** Art. 23, inciso IV da CRFB/88 (0,10).	0,00/0,50/0,60
B. Ação popular (0,40), por ser a omissão do Prefeito lesiva à conservação do patrimônio histórico-cultural (0,15), nos termos do Art. 5º, inciso LXXIII, da CRFB/88 **ou** do Art. 1º, § 1º, da Lei nº 4.717/1965 (0,10).	0,00/0,40/0,50/ 0,55/0,65

(OAB/2ª FASE – XXXIV) A Lei nº 123/18, do Município Alfa, estatuiu padrões de segurança a serem observados pelas concessionárias que exploram o serviço de gás canalizado no território do referido Município, fixando o prazo de 2 anos para o seu pleno cumprimento, sob pena de multa diária.

Findo o referido prazo, a concessionária W recebeu um documento de arrecadação municipal, expedido pelo Secretário Municipal de Fazenda, contendo a multa que deveria pagar por não ter cumprido o disposto na Lei nº 123/18.

PRÁTICA CONSTITUCIONAL – 8ª EDIÇÃO • EXERCÍCIOS PRÁTICOS **9**

Sobre a hipótese apresentada, responda aos itens a seguir.

A) A Lei nº 123/18, do Município Alfa, é compatível com a CRFB/88? **(Valor: 0,60)**

B) Observados os requisitos exigidos, qual é a ação constitucional passível de ser ajuizada pela concessionária W para eximir-se de pagar a multa que lhe fora aplicada? **(Valor: 0,65)**

Obs.: o(a) examinando(a) deve fundamentar suas respostas. A mera citação do dispositivo legal não confere pontuação.

GABARITO COMENTADO

A) Não. A Lei nº 123/18 é formalmente inconstitucional, pois a exploração do serviço local de gás canalizado é de competência do Estado, nos termos do Art. 25, § 2º, da CRFB/88.

B) A ação cabível é o *mandado de segurança*, pois a inconstitucionalidade da Lei nº 123, do Município Alfa, afasta a legalidade do ato do Secretário Municipal de Fazenda, atraindo a incidência do Art. 5º, inciso LXIX, da CRFB/88 **ou** do Art. 1º, caput, da Lei nº 12.016/09.

Distribuição dos pontos

ITEM	PONTUAÇÃO
A. Não, pois a exploração do serviço local de gás canalizado é de competência do Estado (0,50), nos termos do Art. 25, § 2º, da CRFB/88 (0,10).	0,00/0,50/0,60
B. A ação cabível é o mandado de segurança (0,40), em razão da ilegalidade do ato do Secretário Municipal de Fazenda (0,15), com base no Art. 5º, inciso LXIX, da CRFB/88 **ou** do Art. 1º, caput, da Lei nº 12.016/09 (0,10).	0,00/0,40/ 0,50/0,55/0,65

(OAB/Exame Unificado 2019.2 – 2ª fase) Ednaldo, diretor-presidente da autarquia XX do Estado Alfa, celebrou contrato de compra e venda, no qual o referido ente, sem a prévia realização de licitação, alienou a Pedro e a Marcos diversos veículos de sua frota por menos de dez por cento de seu valor de mercado.

Irresignado com o ocorrido, o vereador José decidiu contratar você, como advogado(a), para ajuizar a ação cabível com o objetivo de anular o negócio jurídico e responsabilizar os autores.

A) Qual é a ação judicial, de natureza constitucional, passível de ser proposta por José? Justifique. **(Valor: 0,55)**

B) Quem deve figurar no polo passivo da referida ação? Justifique. **(Valor: 0,70)**

Obs.: o(a) examinando(a) deve fundamentar suas respostas. A mera citação do dispositivo legal não confere pontuação.

GABARITO COMENTADO

A) José, por ser cidadão, qualidade intrínseca à sua condição de vereador, pode ajuizar Ação Popular para anular o ato lesivo ao patrimônio público, nos termos do Art. 5º, inciso LXXIII, da CRFB/88 **OU** do Art. 1º, *caput*, da Lei nº 4.717/65.

B) O polo passivo deve ser ocupado por Ednaldo, que assinou o contrato lesivo ao patrimônio público (Art. 6°, *caput*, da Lei n° 4.717/65); por Pedro e Marcos, que dele se beneficiaram (Art. 6°, *caput*, da Lei n° 4.717/65); e pela autarquia XX do Estado Alfa, por se almejar a anulação de um contrato celebrado por ente da Administração Pública indireta (Art. 6°, § 3°, da Lei n° 4.717/65).

Distribuição dos pontos

ITEM	PONTUAÇÃO
A) José pode ajuizar Ação Popular para anular o ato lesivo ao patrimônio público (0,25), por ser cidadão, qualidade intrínseca à sua condição de vereador (0,20), nos termos do Art. 5°, inciso LXXIII, da CRFB/88 **OU** do Art. 1°, *caput*, da Lei n° 4.717/65 (0,10).	0,00/0,25/0,35/0,45/0,55
B) O polo passivo deve ser ocupado por Ednaldo, que assinou o contrato lesivo ao patrimônio público (0,20); por Pedro e Marcos que dele se beneficiaram (0,20), e pela autarquia XX do Estado Alfa, por se almejar a anulação de um contrato celebrado por esse ente (0,20), segundo o Art. 6°, *caput*, da Lei n° 4.717/65 (0,10).	0,00/0,20/0,30/0,40/ 0,50/0,60/0,70

(OAB/Exame Unificado 2020.1- 2ª fase) Determinado Ministro de Estado editou portaria detalhando as disciplinas que deveriam integrar a grade curricular da Faculdade de Direito X, bem como o conteúdo programático de cada uma delas. Para justificar a medida adotada, informou que ela se justificava pelo baixo desempenho da instituição de ensino na última avaliação realizada pelos técnicos do Ministério.

Sobre a narrativa acima, responda aos itens a seguir.

A) A portaria editada pelo Ministro de Estado é materialmente constitucional? (Valor: 0,50)

B) Caso a Faculdade de Direito X decida insurgir-se contra a referida portaria perante o Poder Judiciário, qual a ação constitucional cabível e o juízo ou Tribunal competente, ciente da desnecessidade de outras provas, pois estritamente documental? (Valor: 0,75)

Obs.: o(a) examinando(a) deve fundamentar suas respostas. A mera citação do dispositivo legal não confere pontuação.

GABARITO COMENTADO

A) Não. A portaria afronta a autonomia didático-científica da Faculdade de Direito X, consagrada no Art. 207, *caput*, da CRFB/88.

A Faculdade de Direito X, em razão da violação do seu direito líquido e certo à definição das disciplinas do currículo e do respectivo conteúdo programático, pode impetrar Mandado de Segurança, como dispõe o Art. 5°, inciso LXIX, da CRFB/88, perante o Superior Tribunal de Justiça, nos termos do Art. 105, inciso I, alínea *b*, da CRFB/88.

PRÁTICA CONSTITUCIONAL – 8ª EDIÇÃO • EXERCÍCIOS PRÁTICOS | **11**

Distribuição dos pontos

ITEM	PONTUAÇÃO
A) Não. A portaria afronta a autonomia didático-científica da Faculdade de Direito XX (0,40), consagrada no Art. 207, *caput*, da CRFB/88 (0,10).	0,00/0,40/0,50
B¹) A Faculdade de Direito X pode impetrar Mandado de Segurança (0,20), em razão da violação do seu direito líquido e certo à definição das disciplinas do currículo e do respectivo conteúdo programático (0,15), como dispõe o Art. 5°, inciso LXIX, da CRFB/88 (0,10).	0,00/0,15/0,20/0,25/ 0,30/0,35/0,45
B²) O Superior Tribunal de Justiça é competente (0,20), nos termos do Art. 105, inciso I, alínea *b*, da CRFB/88 (0,10).	0,00/0,20/0,30

(OAB/Exame Unificado 2018.1- 2ª fase) Pedro, cidadão brasileiro, viu-se impossibilitado de exercer certos direitos e liberdades constitucionais em razão da falta de norma regulamentadora, sendo que o poder de iniciativa legislativa é reservado ao Presidente da República, cabendo ao Congresso Nacional apreciar o respectivo projeto.

Irresignado com a situação, Pedro formula os questionamentos a seguir.

A) Para combater a mora legislativa descrita na situação acima, qual a medida judicial a ser utilizada pelo cidadão? Justifique. **(Valor: 0,50)**

B) Qual é o órgão competente do Poder Judiciário para apreciar a medida judicial? Justifique. **(Valor: 0,35)**

C) Uma vez reconhecida a mora legislativa no processo que ele, Pedro, vier a instaurar, quais podem ser os efeitos da decisão judicial? **(Valor: 0,40)**

Obs.: o(a) examinando(a) deve fundamentar as respostas. A mera citação do dispositivo legal não confere pontuação.

GABARITO COMENTADO

A) O examinando deve responder que o instrumento processual a ser utilizado, em razão da impossibilidade de exercer direitos e liberdades constitucionais por ausência de regulamentação, é o Mandado de Injunção (Art. 5°, inciso LXXI, da CRFB/88 **OU** Art. 2° da Lei n° 13.300/16).

B) No caso em tela, o órgão do Poder Judiciário que deverá apreciar o mandado de injunção é o Supremo Tribunal Federal, porque o poder de editar a norma regulamentadora é do Congresso Nacional, a partir de iniciativa do Presidente da República, nos termos do Art. 102, inciso I, alínea *q*, da CRFB/88.

C1) O examinando deve responder que os efeitos da decisão do Supremo Tribunal Federal serão aqueles previstos no Art. 8° da Lei n° 13.300/16, isto é, ao reconhecer o estado de mora legislativa, será deferida a injunção para determinar prazo razoável para que o impetrado promova a edição da norma regulamentadora e estabelecer as condições em que se dará o exercício dos direitos, das liberdades ou das prerrogativas reclamados **OU**

C2) O examinando deve responder que os efeitos da decisão do Supremo Tribunal Federal serão aqueles previstos no Art. 9º da Lei nº 13.300/16, isto é, eficácia inter partes, como regra, ou erga omnes (ou ultra partes) quando inerente ou indispensável ao exercício do direito, e produzirá efeitos até o advento da norma regulamentadora (0,30), nos termos do Art. 9º da Lei nº 13.300/16 (0,10).

Distribuição dos pontos

ITEM	PONTUAÇÃO
A. O instrumento processual a ser utilizado em razão da impossibilidade de exercer direitos e liberdades constitucionais por ausência de regulamentação é o Mandado de Injunção (0,40), nos termos do Art. 5º, inciso LXXI, da CRFB/88 **OU** Art. 2º da Lei nº 13.300/16 (0,10).	0,00/0,40/0,50
B. A competência jurisdicional é do Supremo Tribunal Federal, porque a norma regulamentadora é de competência legislativa do Congresso Nacional (0,25), nos termos do Art. 102, inciso I, alínea q, da CRFB/88 (0,10).	0,00/0,25/0,35
C1. A decisão judicial no mandado de injunção poderá ter o efeito de determinar prazo razoável para a edição da norma regulamentadora e estabelecerá as condições do exercício do direito se não observado o prazo (0,30), nos termos do Art. 8º da Lei nº 13.300/16 (0,10). **OU** C2. A decisão judicial no mandado de injunção poderá ter eficácia inter partes, como regra, ou erga omnes (ou ultra partes) quando inerente ou indispensável ao exercício do direito, e produzirá efeitos até o advento da norma regulamentadora (0,30), nos termos do Art. 9º da Lei nº 13.300/16 (0,10).	0,00/0,30/0,40 0,00/0,30/0,40

(OAB/Exame Unificado – 2015.1 – 2ª fase) Uma entidade de classe de servidores públicos ajuizou mandado de segurança coletivo contra decisão do Diretor Geral de um dado órgão público federal. Alegou que a decisão administrativa por ele proferida deixou de considerar direitos consolidados de uma das categorias que representa. O Diretor Geral informou ao seu advogado reconhecer que a questão sobre a existência ou não do direito em discussão envolvia grande complexidade jurídica. Esclareceu, ainda, que, apesar de alguns órgãos públicos aplicarem o direito almejado pelo impetrante, a maior parte não o reconhecia.

Diante do relato acima, responda aos itens a seguir.

A) No caso em questão, havendo dúvidas quanto à certeza em matéria de direito, é possível movimentar o Poder Judiciário pela via do mandado de segurança? Justifique. (Valor: 0,75)

B) A entidade de classe em questão possui legitimidade para impetrar o mandado de segurança coletivo, ainda que a pretensão veiculada diga respeito a apenas uma parte da categoria que representa? Justifique. (Valor: 0,50)

Responda justificadamente, empregando os argumentos jurídicos apropriados e a fundamentação legal pertinente ao caso.

PRÁTICA CONSTITUCIONAL – 8ª EDIÇÃO • EXERCÍCIOS PRÁTICOS · **13**

GABARITO COMENTADO

A) Sim. A existência de dúvida sobre matéria de direito não impede a movimentação do Judiciário pela via de mandado de segurança. Sobre o tema o STF manifestou-se por meio da Súmula nº 625. Nesse sentido, a exigência de direito líquido e certo para a impetração de mandado de segurança não se refere à inexistência de "controvérsia sobre matéria de direito", mas à inexistência de controvérsia sobre fatos, que devem ser objeto de pronta comprovação.

B) Sim. A entidade de classe tem legitimidade para impetrar o mandado de segurança, ainda quando a pretensão veiculada diga respeito a apenas a uma parte da respectiva categoria. É o que dispõe a Súmula nº 630 do STF ("A entidade de classe tem legitimação para o mandado de segurança, ainda quando a pretensão veiculada interesse apenas a uma parte da respectiva categoria").

Distribuição dos pontos

ITEM	PONTUAÇÃO
A) Sim. A exigência de direito líquido e certo para impetração de MS não se refere à certeza em matéria de direito, mas, sim, à ausência de controvérsia sobre os fatos, que devem ser objeto de pronta comprovação (0,55). É o que dispõe a Súmula nº 625 (0,10)	0,00/0,65
B) Sim. A entidade de classe tem legitimidade para impetrar o mandado de segurança, ainda quando a pretensão veiculada diga respeito a apenas a uma parte da respectiva categoria (0,50). É o que dispõe a Súmula nº 630 do STF (0,10).	0,00/0,60

2.3. Nacionalidade

(OAB/Exame Unificado – 2017.2 – 2º fase) Ernesto, de nacionalidade boliviana, imigrou para a República Federativa do Brasil em 2000 e, desde então, com aquiescência das autoridades brasileiras, fixou residência no território nacional. Cidadão de reputação ilibada e profundo admirador de nossa cultura, conheceu Cláudia, de nacionalidade portuguesa, também de reputação ilibada e que vivia no Brasil desde 2010.

Ernesto e Cláudia, que começaram a viver juntos há cerca de um ano, requereram a nacionalidade brasileira. Para surpresa de ambos, os requerimentos foram indeferidos. No caso de Ernesto, argumentou-se que suas características pessoais, como idade e profissão, não se enquadravam nas diretrizes da política nacional de migração. Quanto a Cláudia, argumentou-se a ausência de utilidade na naturalização, já que, por ser portuguesa, seria alcançada pelo estatuto da igualdade entre portugueses e brasileiros.

Inconformados com os indeferimentos, Ernesto e Cláudia procuraram os seus serviços como advogado(a) para que a situação de ambos fosse objeto de criteriosa análise jurídica.

Considerando a situação hipotética apresentada, responda, de forma fundamentada, aos itens a seguir.

A) Ernesto possui o direito subjetivo à obtenção da nacionalidade brasileira? (Valor: 0,60)

B) As razões invocadas para o indeferimento do requerimento de Cláudia mostram-se constitucionalmente corretas? (Valor: 0,65)

Obs.: o(a) examinando(a) deve fundamentar suas respostas. A mera citação ou transcrição do dispositivo legal não confere pontuação.

GABARITO COMENTADO

A) O(A) examinando(a) deve responder que, uma vez preenchidos os requisitos estabelecidos no Art. 12, inciso II, alínea b, da CRFB/88, o estrangeiro, como Ernesto, possui o direito subjetivo à obtenção da nacionalidade brasileira.

B) O(A) examinando(a) deve esclarecer que qualquer estrangeiro que preencha os requisitos exigidos, inclusive aquele originário dos países falantes de língua portuguesa, consoante o Art. 12, inciso II, alínea a, da CRFB/88, pode postular a obtenção da nacionalidade brasileira, o que ensejará o surgimento de vínculo mais estreitos com a República Federativa do Brasil.

Distribuição dos pontos

ITEM	PONTUAÇÃO
A) Sim. Um estrangeiro, como Ernesto, possui o direito à obtenção da nacionalidade brasileira (0,50), uma vez preenchidos os requisitos estabelecidos no Art. 12, inciso II, alínea b, da CRFB/88 (0,10).	0,00/0,50/0,60
B) Não. O estrangeiro que preenche os requisitos exigidos, inclusive aquele originário dos países falantes de língua portuguesa, possui direito subjetivo à nacionalidade brasileira (0,55), consoante o Art. 12, inciso II, alínea a, da CRFB/88 (0,10).	0,00/0,55/0,65

2.4. Direitos políticos

(OAB/2ª FASE – XXXV) João foi condenado, em sentença transitada em julgado, à pena privativa de liberdade pela prática de crime hediondo. Após cumprir a pena, o que foi devidamente declarado pelo órgão competente, compareceu perante a Justiça Eleitoral e requereu o restabelecimento dos seus direitos políticos.

O requerimento, no entanto, foi administrativamente denegado, por escrito, sob o fundamento de que João continuaria impossibilitado de exercer os seus direitos políticos enquanto o registro da condenação constasse de sua folha penal. Acresça-se que, contra a referida decisão, não era cabível recurso que permitisse a João a imediata fruição dos direitos políticos.

Sobre a hipótese apresentada, responda aos questionamentos a seguir.

A) A decisão administrativa de indeferimento é compatível com a ordem constitucional? (Valor: 0,65)

B) Qual ação constitucional pode ser ajuizada por João para se insurgir contra a decisão administrativa que denegou o seu requerimento e readquirir os direitos políticos? (Valor: 0,60)

Obs.: o(a) examinando(a) deve fundamentar suas respostas. A mera citação do dispositivo legal não confere pontuação.

PRÁTICA CONSTITUCIONAL – 8ª EDIÇÃO • EXERCÍCIOS PRÁTICOS **15**

GABARITO COMENTADO

A) Não, pois os direitos políticos de João somente permaneceram suspensos enquanto a condenação criminal transitada em julgado produziu efeitos, nos termos do Art. 15, inciso III, da CRFB/88.

B) A ação constitucional cabível é o mandado de segurança, nos termos do Art. 5°, inciso LXIX, da CRFB/88 ou Art. 1°, caput, da Lei n° 12.016/2009.

Distribuição de pontos

ITEM	PONTUAÇÃO
A. Não, pois os direitos políticos de João somente permaneceram suspensos enquanto a condenação criminal transitada em julgado produziu efeitos (0,55), nos termos do Art. 15, inciso III, da CRFB/88 (0,10).	0,00/0,55/0,65
B. A ação constitucional cabível é o *mandado de segurança* (0,50), nos termos do Art. 5°, inciso LXIX, da CRFB/1988 **ou** Art. 1°, *caput*, da Lei n° 12.016/2009 (0,10).	0,00/0,50/0,60

(OAB/2ª FASE – XXXIII) Maria e Pedro são filhos de Joana, governadora do Estado Teta. Maria é vereadora do Município Gama, situado no referido Estado, e tenciona concorrer à reeleição. Alice, ex-esposa de Pedro, do qual se divorciara no curso do mandato de Joana, almeja concorrer, pela primeira vez, ao cargo de deputada estadual no Estado Teta.

Tanto Maria como Alice iriam concorrer aos respectivos cargos eletivos durante o mandato de Joana, que se encontra em pleno exercício.

A) Maria pode concorrer ao cargo eletivo almejado? Justifique. **(Valor: 0,60)**

B) Alice pode concorrer ao cargo eletivo almejado? Justifique. **(Valor: 0,65)**

Obs.: o(a) examinando(a) deve fundamentar suas respostas. A mera citação do dispositivo legal não confere pontuação.

GABARITO COMENTADO

A) Sim. Maria, candidata à reeleição, pode concorrer no território de jurisdição de Joana, o que é autorizado pelo Art. 14, § 7°, da CRFB/1988.

B) Não, pois Alice, em razão do parentesco por afinidade, é inelegível para concorrer a cargo eletivo no território sob jurisdição de Joana, nos termos do Art. 14, § 7°, da CRFB/88, o que não é afastado pelo divórcio ocorrido no curso do mandato de Joana, conforme dispõe a Súmula Vinculante n° 18: *("A dissolução da sociedade ou do vínculo conjugal, no curso do mandato, não afasta a inelegibilidade prevista no Art. 14, § 7°, da Constituição Federal.").*

ADOLFO NISHIYAMA • BRUNA VIEIRA • TERESA MELO

Distribuição dos pontos

ITEM	PONTUAÇÃO
A. Sim. Maria, candidata à reeleição, pode concorrer no território de jurisdição de Joana (0,50), o que é autorizado pelo Art. 14, § 7º, da CRFB/88 (0,10).	0,00/0,50/0,60
B1. Não. Alice é inelegível para concorrer a cargo eletivo no território sob jurisdição de Joana, em razão do parentesco por afinidade (0,20), nos termos do Art. 14, § 7º, da CRFB/88 (0,10);	0,00/0,20/0,30
B2. O divórcio ocorrido no curso do mandato de Joana não afasta a inelegibilidade prevista (0,25), conforme dispõe a Súmula Vinculante nº 18 (0,10).	0,00/0,25/0,35

(OAB/Exame Unificado 2019.3 – 2ª fase) Maria, paraguaia naturalizada brasileira, foi eleita Deputada Federal. Após a posse, foi condenada, por sentença judicial transitada em julgado, por conduta que comprometia a soberania nacional, com o correlato cancelamento da nacionalidade brasileira.

A partir da hipótese mencionada, responda aos itens a seguir.

A) A condenação de Maria produz algum efeito em relação à sua capacidade de votar e de ser votada? (Valor: 0,65)

B) O mandato eletivo de Maria deve ser preservado? (Valor: 0,60)

Obs.: o(a) examinando(a) deve fundamentar suas respostas. A mera citação do dispositivo legal não confere pontuação.

GABARITO COMENTADO

A) Sim. Com o cancelamento da naturalização por sentença judicial transitada em julgado, Maria perdeu os seus direitos políticos, o que a impede de votar e de ser votada, segundo o Art. 15, inciso I, da CRFB/88.

B) Não. Maria deve perder o mandato de Deputada Federal, segundo o Art. 55, inciso IV, da CRFB/88, o que deve ser declarado pela Mesa da Câmara dos Deputados, nos termos do Art. 55, § 2º, da CRFB/88.

Distribuição dos pontos

ITEM	PONTUAÇÃO
A) Sim. Com o cancelamento da naturalização por sentença judicial transitada em julgado, Maria perdeu os seus direitos políticos, o que a impede de votar e de ser votada (0,55), segundo o Art. 15, inciso I, da CRFB/88 (0,10).	0,00/0,55/0,65
B) Não. Maria deve perder o mandato de Deputada Federal (0,50), nos termos do Art. 55, inciso IV, da CRFB/88 (0,10)	0,00/0,50/ 0,60

(OAB/Exame Unificado 2019.2 – 2ª fase) Um Deputado Estadual foi condenado, em sentença criminal transitada em julgado, à pena de 4 (quatro) anos de detenção, que veio a ser convertida em pena restritiva de direitos. Em casos como esse, a lei estadual dispunha que o Deputado Estadual

PRÁTICA CONSTITUCIONAL – 8ª EDIÇÃO • EXERCÍCIOS PRÁTICOS **17**

não teria os direitos políticos suspensos, salvo se a pena restritiva de direitos fosse descumprida e viesse a ser convertida em pena privativa de liberdade. Nesse caso, a suspensão dos direitos políticos iria perdurar até que fosse cumprida a pena.

Considerando a narrativa acima e o princípio da simetria, responda aos questionamentos a seguir.

A) A lei estadual, ao disciplinar a suspensão dos direitos políticos, é formal e materialmente compatível com a Constituição da República? **(Valor: 0,80)**

B) Na situação narrada, é possível que o Deputado Estadual preserve o seu mandato mesmo tendo os direitos políticos suspensos? **(Valor: 0,45)**

Obs.: o(a) examinando(a) deve fundamentar suas respostas. A mera citação do dispositivo legal não confere pontuação.

GABARITO COMENTADO

A) A lei estadual é formalmente incompatível com a Constituição da República, pois a suspensão dos direitos políticos impõe restrições à cidadania, sendo que a União possui competência legislativa privativa para legislar sobre essa matéria, nos termos do Art. 22, inciso XIII, da CRFB/88. Além disso, é materialmente inconstitucional, pois a suspensão dos direitos políticos deve manter-se operativa enquanto durarem os efeitos da sentença criminal transitada em julgado, qualquer que seja a pena aplicada, nos termos do Art. 15, inciso III, da CRFB/1988.

B) O Deputado Estadual pode preservar o seu mandato, mesmo tendo os direitos políticos suspensos, caso assim o decida a Casa Legislativa, segundo o Art. 55, inciso VI e § 2º, c/c. o Art. 27, § 1º, da CRFB/88.

Distribuição dos pontos

ITEM	PONTUAÇÃO
A¹) Não. A lei estadual é formalmente incompatível com a Constituição da República, pois a suspensão dos direitos políticos impõe restrições à cidadania, sendo que a União possui competência legislativa privativa para legislar sobre essa matéria (0,30), nos termos do Art. 22, inciso XIII, da CRFB/88 (0,10).	0,00/0,30/0,40
A²) Não. A lei estadual é materialmente inconstitucional, pois a suspensão dos direitos políticos deve manter-se operativa enquanto durarem os efeitos da sentença criminal transitada em julgado, qualquer que seja a pena aplicada (0,30), nos termos do Art. 15, inciso III, da CRFB/88 (0,10).	0,00/0,30/0,40
B) Sim. O Deputado Estadual pode preservar seu mandato, mesmo tendo os direitos políticos suspensos, caso assim o decida a Casa Legislativa (0,35), nos termos do Art. 55, § 2º, da CRFB/88 (0,10).	0,00/0,35/0,45

(OAB/Exame Unificado 2019.1- 2ª fase) A Executiva Nacional do Partido Político CX decidiu formar coligação com o Partido Político JT, visando à eleição majoritária para a Chefia do Executivo Federal. Ocorre que, dias depois, tomou conhecimento de que este último partido político, por sua Executiva Estadual, veio a formar coligação com o Partido Político BN para as eleições proporcionais de nível estadual.

Preocupada com essa situação, a Executiva Nacional do Partido Político CX procurou seus serviços como advogado(a) e solicitou que fossem respondidos os questionamentos a seguir.

A) O Partido Político JT agiu de forma compatível com a Constituição da República ao formar coligações com os partidos políticos CX e BN? **(Valor: 0,50)**

B) Caso a Justiça Eleitoral, pelo Tribunal Regional Eleitoral competente, reconheça que a coligação formada entre os Partidos Políticos JT e BN destoa da Constituição da República, qual é o Tribunal competente para conhecer do recurso cabível? **(Valor: 0,75)**

Obs.: o(a) examinando(a) deve fundamentar as respostas. A mera citação do dispositivo legal não confere pontuação.

GABARITO COMENTADO

A) Sim. As coligações eleitorais formadas em âmbito nacional, visando à eleição majoritária para a Chefia do Poder Executivo, não estão vinculadas àquelas celebradas no âmbito estadual para as eleições proporcionais, conforme dispõe o Art. 17, § 1º, da CRFB/88.

B) O Tribunal Superior Eleitoral é competente para examinar o recurso interposto, com base no Art. 121, § 4º, inciso I, da CRFB/88, contra a decisão do Tribunal Regional Eleitoral que contrarie a ordem constitucional. Assim ocorre porque o Supremo Tribunal Federal somente aprecia recursos dessa natureza em relação às causas decididas em única ou última instância, nos termos do Art. 102, inciso III, da CRFB/88, o que não é o caso, bem como porque a última instância é o Tribunal Superior Eleitoral, cujas decisões, caso contrariem a Constituição, serão recorríveis, nos termos do Art. 121, § 3º, aí sim, para o Supremo Tribunal Federal.

Distribuição dos pontos

ITEM	PONTUAÇÃO
A) Sim. As coligações eleitorais formadas em âmbito nacional, visando à eleição majoritária para a Chefia do Poder Executivo, não estão vinculadas àquelas celebradas no âmbito estadual para as eleições proporcionais (0,40), conforme dispõe o Art. 17, § 1º, da CRFB/88 (0,10).	0,00/0,40/0,50
B) O Tribunal Superior Eleitoral é competente para examinar o recurso interposto contra a decisão do Tribunal Regional Eleitoral que contrarie a ordem constitucional (0,65), com base no Art. 121, § 4º, inciso I, da CRFB/88 (0,10).	0,00/0,65/0,75

(OAB/Exame Unificado 2018.1- 2ª fase) Edson, candidato ao cargo de Prefeito do município Alfa, ficou surpreso ao saber que o Tribunal Regional Eleitoral competente acabara de deferir o requerimento de registro da candidatura a esse mesmo cargo formulado por Pedro. O requerimento fora indeferido em primeira instância sob o argumento de ser incompatível com a Constituição da República, tese objeto de amplo debate em segunda instância e que terminou por ser rechaçada. A razão da surpresa de Edson decorria do fato de Pedro ter sido Prefeito do município Beta nas duas legislaturas imediatamente anteriores.

À luz desses fatos, Edson, que impugnara o registro da candidatura em primeira instância, procurou seu advogado para que ele o orientasse sobre os questionamentos a seguir.

PRÁTICA CONSTITUCIONAL – 8ª EDIÇÃO • EXERCÍCIOS PRÁTICOS 19

A) O entendimento de que Pedro pode se candidatar ao cargo de Prefeito do Município Alfa é constitucional? Justifique. **(Valor: 0,65)**

B) Caso a decisão do Tribunal Regional Eleitoral seja considerada incompatível com a Constituição da República, é possível impugná-la por meio da Arguição de Descumprimento de Preceito Fundamental? **(Valor: 0,60)**

Obs.: o(a) examinando(a) deve fundamentar as respostas. A mera citação do dispositivo legal não confere pontuação.

GABARITO COMENTADO

A) Não. O Prefeito Municipal ou quem o houver sucedido ou substituído no curso do mandato somente poderá ser reeleito para um período subsequente, nos termos do Art. 14, § 5º, da CRFB/88. Apesar de Pedro estar se candidatando pela primeira vez ao cargo de Prefeito do Município Alfa, a limitação constitucional a uma única reeleição indica a impossibilidade de uma pessoa ocupar esse cargo mais de duas vezes consecutivas.

B) Não. Da decisão do Tribunal Regional Eleitoral que contrarie a Constituição da República cabe recurso (*rectius*: especial), nos termos do Art. 121, § 4º, inciso III, da CRFB/88. Não será atendido, portanto, o requisito da subsidiariedade da Arguição de Descumprimento de Preceito Fundamental, conforme dispõe o Art. 4º, § 1º, da Lei nº 9.882/99.

Distribuição dos pontos

ITEM	PONTUAÇÃO
A) Não. Apesar de Pedro estar se candidatando pela primeira vez ao cargo de Prefeito do Município Alfa, a limitação constitucional a uma única reeleição indica a impossibilidade de uma pessoa ocupar esse cargo mais de duas vezes consecutivas independentemente do Município (0,55), nos termos do Art. 14, § 5º, da CRFB/1988 (0,10).	0,00/0,55/0,65
B) Não. A decisão do Tribunal Regional Eleitoral que contrarie a Constituição da República está sujeita a recurso, do que resulta não atendido o requisito da subsidiariedade (0,50), nos termos do Art. 121, § 4º, inciso III, da CRFB/1988 **OU** Art. 4º, § 1º, da Lei nº 9.882/99 (0,10).	0,00/0,50/0,60

(OAB/Exame Unificado 2017.3- 2ª fase) No segundo ano do seu segundo mandato consecutivo, Maria da Silva, governadora do estado Alfa, divorcia-se de seu marido, Antônio da Silva, com quem era casada há muitos anos.

Antônio da Silva, que, no momento, não exerce qualquer cargo eletivo, mas sempre almejou concorrer ao cargo de senador, filia-se, em razão da separação, ao partido político oponente ao de sua ex-mulher. Ocorre que o partido solicita a ele, que, em vez de candidatar-se ao Senado Federal, apresente-se como candidato a governador do estado Alfa, de modo a suceder sua ex-mulher.

Diante do exposto, responda aos itens a seguir.

A) Antônio da Silva pode concorrer aos referidos cargos (senador ou governador)? Justifique. **(Valor: 0,80)**

20 · ADOLFO NISHIYAMA • BRUNA VIEIRA • TERESA MELO

B) Seria diferente a análise do caso em tela se a dissolução do vínculo conjugal se desse em razão de morte da governadora no início do último ano do seu mandato? Justifique. **(Valor: 0, 45)**

Obs.: o(a) examinando(a) deve fundamentar as respostas. A mera citação do dispositivo legal não confere pontuação.

GABARITO COMENTADO

A) Segundo o Art. 14, § 7º, da CRFB/88, o cônjuge do ocupante do cargo de governador é inelegível no território de jurisdição do titular do cargo, salvo se já fosse titular de mandato eletivo e candidato à reeleição. No caso concreto, Antônio da Silva é alcançado pelo instituto na inelegibilidade reflexa, já que, marido da governadora e sem exercer qualquer cargo eletivo, não poderia, por conclusão lógica, ser candidato a senador ou governador. O fato de estarem divorciados não altera a situação de Antônio da Silva, pois segundo a Súmula Vinculante nº 18 do STF, *"a dissolução da sociedade ou do vínculo conjugal, no curso do mandato, não afasta a inelegibilidade prevista no Art. 14, § 7º, da Constituição Federal"*. Assim sendo, não poderá Antônio da Silva concorrer a qualquer cargo no estado Alfa.

B) Sim, por força do que estabeleceu o Supremo Tribunal Federal no âmbito da Tese de Repercussão Geral nº 678 (*"A Súmula Vinculante 18 do STF não se aplica aos casos de extinção do vínculo conjugal pela morte de um dos cônjuges"*). Assim, a ocorrência do óbito da governadora teria o condão de afastar a inelegibilidade de Antônio da Silva, que estaria, no caso, habilitado a concorrer a qualquer um dos cargos citados.

Distribuição dos pontos

ITEM	PONTUAÇÃO
A¹) Não. Antônio da Silva é inelegível no território de jurisdição da sua ex-mulher, por não ser titular de mandato eletivo e candidato à reeleição **OU** porque sobre ele incide a inelegibilidade reflexa (0,30), segundo o Art. 14, § 7º, da CRFB/88 (0,10).	0,00/0,30/0,40
A²) O fato de estarem divorciados não altera a situação de Antônio da Silva (0,30), pois *"a dissolução da sociedade ou do vínculo conjugal, no curso do mandato, não afasta a inelegibilidade prevista no Art. 14, § 7º, da Constituição Federal"*, segundo a Súmula Vinculante nº 18 do STF (0,10).	0,00/0,30/0,40
B) Sim. A ocorrência do óbito da governadora afasta a inelegibilidade de Antônio da Silva, que estaria, no caso, habilitado a concorrer a qualquer um dos cargos citados (0,30), conforme entendimento consolidado **OU** Tese de Repercussão Geral do Supremo Tribunal Federal ("a *Súmula Vinculante 18 do STF não se aplica aos casos de extinção do vínculo conjugal pela morte de um dos cônjuges*") (0,15).	0,00/0,30/0,45

(OAB/ Exame Unificado- 2017.1 – 2ª fase) Luís, governador do estado Beta, pertence a uma família de grande prestígio na esfera política estadual e é casado com Carla, que pertence a outro importante clã político do mesmo estado. Após alguns desentendimentos públicos, todos devidamente acompanhados pela mídia, o casal se divorciou. Imediatamente, Carla busca um advogado e solicita orientação sobre a possibilidade de concorrer ao cargo de governador do estado Beta. Porém, passadas duas semanas da consulta, Luís tem um infarto, não resiste e falece.

PRÁTICA CONSTITUCIONAL – 8ª EDIÇÃO • EXERCÍCIOS PRÁTICOS | 21

De acordo com o caso concreto acima narrado e tendo por referência os aspectos jurídico-constitucionais que fundamentam o sistema jurídico brasileiro, responda aos itens a seguir.

A) Qual a resposta corretamente dada a Carla pelo advogado? (Valor: 0,60)

B) O advogado daria a mesma resposta, caso Carla o tivesse procurado após o falecimento de Luís? (Valor: 0,65)

Obs.: o(a) examinando(a) deve fundamentar as respostas. A mera citação do dispositivo legal não confere pontuação.

GABARITO COMENTADO

A) A resposta correta à consulta deve ser a de que Carla não pode se candidatar ao cargo de governador do estado Beta, pois a dissolução da sociedade ou do vínculo conjugal, no curso do mandato, não afasta a inelegibilidade, conforme a Súmula Vinculante 18/ STF.

B) Não. Nesse caso, não há de ser seguida a orientação constante na Súmula Vinculante 18 do Supremo Tribunal Federal, a qual não se aplica nos casos de extinção do vínculo conjugal pela morte de um dos cônjuges. Essa posição foi reconhecida pelo STF como tese de repercussão geral, no RE 758461.

Distribuição dos pontos

ITEM	PONTUAÇÃO
A) Carla não pode se candidatar ao cargo de governador do estado Beta, pois dissolução da sociedade ou do vínculo conjugal em razão do divórcio no curso do mandato não afasta a inelegibilidade (0,50), conforme a Súmula Vinculante 18/ STF (0,10)	0,00/0,50/0,60
B1) Não. A orientação constante na Súmula Vinculante 18 do STF (0,10) não se aplica aos casos de extinção do vínculo conjugal pela morte de um dos cônjuges (0,40)	0,00/0,40/0,50
B2) Não. Conforme tese de repercussão geral reconhecida pelo STF (0,15).	0,00/0,15

(OAB/ Exame Unificado- 2016.3- 2ª fase) Após o pleito eleitoral, o Deputado Federal X, diplomado e empossado, resolveu trocar de legenda, alegando que as normas que disciplinam o instituto jurídico da fidelidade partidária ainda não foram editadas no Brasil. O Deputado Federal X também conseguiu convencer o Senador Y, diplomado e empossado, a trocar de legenda, usando os mesmos argumentos.

Efetuada a mudança para outra legenda já existente, o partido que perdeu os seus políticos resolveu pleitear, junto ao Poder Judiciário, a perda dos respectivos mandatos. Com base na situação narrada, responda aos itens a seguir.

A) A iniciativa do partido político de reaver o mandato do Deputado Federal X tem fundamento na CRFB/88? Justifique. (Valor: 0,65)

B) A solução jurídica é a mesma para o caso do Senador Y? Justifique. (Valor: 0,60)

Obs.: o examinando deve fundamentar suas respostas. A mera citação do dispositivo legal não confere pontuação.

GABARITO COMENTADO

A) Sim. A jurisprudência do STF é firme no sentido de que, nos cargos sujeitos ao sistema proporcional (deputados federais, deputados estaduais e vereadores), previsto no Art. 45, *caput*, da CRFB/88, o mandato eletivo pertence ao partido político e não ao parlamentar. No caso em tela, o abandono de legenda pelo Deputado Federal X enseja a extinção do seu mandato parlamentar, porque não há a caracterização de justa causa, ou seja, mudanças na ideologia do partido ou criação de um novo partido político. Portanto, a iniciativa deve ser julgada procedente, em atenção às características do sistema proporcional, cuja ênfase é dada aos votos obtidos pelos partidos políticos e não pelos parlamentares.

B) Não. A solução jurídica não deve ser a mesma, porque, nos cargos sujeitos ao sistema majoritário (presidente da república, governador, prefeito e senador), o mandato eletivo pertence ao parlamentar e não ao partido político. Nesse caso, o abandono de legenda pelo Senador Y não enseja a extinção do seu mandato parlamentar, porque o sistema majoritário se caracteriza pela ênfase na figura do candidato, daí a jurisprudência do STF no sentido da inaplicabilidade da regra de perda do mandato por infidelidade partidária. Portanto, a iniciativa deve ser julgada improcedente, em atenção ao princípio da soberania popular. Ou seja, no caso em tela, a mudança de partido feita pelo Senador Y, sem qualquer justa causa, não frustra a vontade do eleitor e não vulnera o princípio da soberania popular (Art. 1º, parágrafo único, e Art. 14, *caput,* ambos da CRFB/88).

(OAB/ Exame Unificado -2015.2- 2ª fase) Faltando um pouco mais de um ano para as eleições estaduais, Prudêncio Ferreira, governador de um dos Estados da Federação (Estado W), mesmo diante de grave crise política, decide que concorrerá a um segundo mandato, sem se afastar do exercício de sua função. No seu entender, a referida crise política decorre do fato de não possuir, na Assembleia Legislativa (do Estado W), além de seu filho Zacarias, um número maior de deputados aguerridos, que defendam o seu governo, de forma contundente, dos insistentes ataques desferidos pela oposição. Por essa razão, traça como estratégia política reforçar a sua base de apoio na Casa Legislativa, com pessoas que considera de sua inteira confiança. Assim, submete à cúpula do partido que o apoia uma lista de candidatos a Deputado Estadual que deveriam receber especial apoio no decorrer da campanha. Os seguintes nomes constaram da relação, todos com mais de 21 anos:

Marcos Ferreira, seu neto, bacharel em Direito, que jamais exerceu qualquer cargo político;

Robervaldo Soberbo, seu sogro, que se encontra aposentado do cargo de fiscal de rendas do Estado W;

Carlos Ferreira, seu sobrinho, que não exerce nenhum cargo político no momento; e

Zacarias Ferreira, seu filho adotivo, político de carreira, que concorrerá à reeleição como deputado estadual no Estado W.

Segundo a Constituição Federal, responda aos itens a seguir.

A) Dentre os nomes citados, quais estariam habilitados a concorrer ao cargo de Deputado Estadual do Estado W e quais não estariam? Justifique. (Valor: 0,70)

B) Dentre os que não estariam habilitados a concorrer ao cargo de Deputado Estadual pelo Estado W, poderiam eles concorrer ao cargo de Deputado Estadual por outro Estado? Justifique sua resposta. (Valor: 0,55)

Responda justificadamente, empregando os argumentos jurídicos apropriados e a fundamentação legal pertinente ao caso.

PRÁTICA CONSTITUCIONAL – 8ª EDIÇÃO • EXERCÍCIOS PRÁTICOS | **23**

GABARITO COMENTADO

A) Podem candidatar-se Carlos Ferreira e Zacarias Ferreira, na forma do Art. 14, § 7°, da Constituição Federal.

Afinal, Carlos, na condição de sobrinho do Governador, mantém com este parentesco consanguíneo de "terceiro grau", pela linha colateral, sendo que a inelegibilidade atinge tão somente parentes consanguíneos ou afins) até o segundo grau. No que diz respeito a Zacarias, embora seja ele filho adotivo de Prudêncio (parentesco de 1° grau por adoção), o fato de já ser titular de mandato eletivo e estar concorrendo à reeleição para o cargo de Deputado Estadual do Estado W, seu direito de concorrer está assegurado em face da exceção prevista no mesmo dispositivo ("salvo se já é titular de mandato eletivo e candidato à reeleição"). Não se adequam às condições para concorrer ao cargo em referência Marcos Ferreira e Roberval Soberbo. O primeiro por manter com Prudêncio Ferreira parentesco consanguíneo de segundo grau pela linha direta; o segundo por manter parentesco de 1° grau por afinidade com Prudêncio Ferreira, por força do que estabelece o citado Art. 14, § 7°, da Constituição Federal.

B) Conforme acima referenciado, embora Marcos Ferreira e Robervaldo Soberbo não possam concorrer ao cargo de Deputado Estadual do Estado W, por força do que estabelece o Art. 14, § 7°, da Constituição Federal ("no território de jurisdição do titular", no caso o Governador). Marcos por manter com o Prudêncio Ferreira laço de parentesco consanguíneo de segundo grau pela linha direta; Roberval, por manter com Prudêncio Ferreira laço de parentesco de 1° grau por afinidade. Ambos, porém poderiam concorrer ao cargo de Deputado Estadual em qualquer Estado que não fosse W. Isso porque, no caso de governador, a circunscrição eleitoral atingida pela norma da inelegibilidade será a do território do Estado "W". Todavia, satisfeitas as condições de elegibilidade presentes constantes no art. 14 da Constituição Federal, poderiam disputar a eleição em outro Estado que não "W", pois encontrar-se-iam fora da circunscrição territorial em que Prudêncio exerce o mandato de Governador (Estado W), não estando abrangidos pelos casos de inelegibilidade estabelecidos no âmbito do § 7° do citado Art. 14 da Constituição Federal.

Distribuição dos pontos

ITEM	PONTUAÇÃO
A1) Podem candidatar-se Carlos Ferreira e Zacarias Ferreira. Afinal, Carlos, na condição de sobrinho do Governador, mantém com este parentesco consanguíneo de "terceiro grau", pela linha colateral, sendo que a inelegibilidade atinge tão somente parentes (consanguíneos ou afins) até o segundo grau (0,20). No que diz respeito a Zacarias, embora seja ele filho adotivo de Prudêncio (parentesco de 1° grau por adoção), o fato de já ser titular de mandato eletivo e estar concorrendo à reeleição para o cargo de Deputado Estadual do Estado W, seu direito de concorrer está assegurado em face da exceção prevista no mesmo dispositivo ("salvo se já é titular de mandato eletivo e candidato à reeleição") (0,20).	0,00/0,20/0,40

A2) Não se adequam às condições para concorrer ao cargo em referência Marcos Ferreira e Robervaldo Soberbo. O primeiro por manter com o governador parentesco consanguíneo de segundo grau pela linha direta (0,10); o segundo por manter parentesco de 1º grau por afinidade com o governador (0,10).	0,00/0,10/0.20
A3) Menção contextualizada ao Art. 14, § 7º, da Constituição Federal (0,10) *Obs.: A simples menção ou transcrição do artigo não será pontuada.*	0,00/0,10
Satisfeitas as condições gerais de elegibilidade presentes no Art. 14 da Constituição Federal, poderiam concorrer ao cargo de Deputado Estadual em qualquer Estado que não fosse "W", pois se encontrariam fora da circunscrição territorial em que Prudêncio exerce o mandato de Governador (Estado "W") (0,45), não estando abrangidos pelos casos de inelegibilidade estabelecidos no âmbito do § 7º do citado Art. 14 da Constituição Federal (0,10). *Obs.: A simples menção ou transcrição do artigo não será pontuada.*	0,00/0,45/0,55

3. ORGANIZAÇÃO DO ESTADO

3.1. Repartição de competência

(OAB/2ª FASE – XXXV) Com o objetivo de estimular o crescimento econômico e aumentar a oferta de empregos, a Lei nº XX, do Município *Alfa*, grande metrópole brasileira, dispôs que os órgãos administrativos, ao analisarem os requerimentos de instalação de indústrias no território do Município, não devem solicitar quaisquer documentos que possam postergar a concessão da licença. Entre esses documentos, foi expressamente mencionada a análise técnica prévia da atividade que tenha potencial para causar grave degradação ambiental.

Inconformado com essa situação, o Partido Político *WW*, que conta com representação no Senado Federal, solicitou que seu(sua) advogado(a) respondesse aos questionamentos a seguir.

A) A Lei nº XX, do Município Alfa, é materialmente compatível com a Constituição da República de 1988? (Valor: 0,65)

B) Qual é a ação cabível para que o Partido submeta a Lei nº XX do Município Alfa ao controle concentrado de constitucionalidade diretamente perante o Supremo Tribunal Federal? (Valor: 0,60)

Obs.: o(a) examinando(a) deve fundamentar suas respostas. A mera citação do dispositivo legal não confere pontuação.

GABARITO COMENTADO

A) Não. A Lei nº XX do Município *Alfa* é materialmente inconstitucional por violar a exigência de que seja apresentado estudo prévio de impacto ambiental para a instalação dessa espécie de atividade, nos termos do Art. 225, § 1º, inciso IV, da CRFB/88

B) É cabível o ajuizamento de arguição de descumprimento de preceito fundamental, consoante o Art. 1º, parágrafo único, inciso I, da Lei nº 9.882/99.

PRÁTICA CONSTITUCIONAL – 8ª EDIÇÃO • EXERCÍCIOS PRÁTICOS | 25

Distribuição de pontos

ITEM	PONTUAÇÃO
A. Não. A Lei nº XX do Município *Alfa* é materialmente inconstitucional por violar a exigência de que seja apresentado estudo prévio de impacto ambiental para a instalação dessa espécie de atividade (0,55), nos termos do Art. 225, § 1º, inciso IV, da CRFB/88 (0,10).	0,00/0,55/0,65
B. É cabível o ajuizamento de arguição de descumprimento de preceito fundamental (0,50), consoante o Art. 1º, parágrafo único, inciso I, da Lei nº 9.882/99 (0,10).	0,00/0,50/0,60

(OAB/2ª FASE – XXXV) O Estado *Alfa* editou a Lei nº XX, estatuindo comandos direcionados à estruturação do sistema de proteção a determinado animal silvestre que estava ameaçado de extinção. Pouco tempo depois, sobreveio a Lei federal nº YY, dispondo em sentido diametralmente oposto à Lei nº XX, sendo certo que, até então, a União não legislara sobre a matéria.

Sobre a hipótese apresentada, responda aos questionamentos a seguir:

A) A Lei federal nº YY é formalmente compatível com a CRFB/88? **(Valor: 0,60)**

B) Caso a Lei federal nº YY seja revogada, os comandos da Lei nº XX deverão ser cumpridos? **(Valor: 0,65)**

Obs.: o(a) examinando(a) deve fundamentar suas respostas. A mera citação do dispositivo legal não confere pontuação.

GABARITO COMENTADO

A) Sim. A Lei federal nº YY é formalmente constitucional, pois a União possui competência concorrente com os Estados e o Distrito Federal para legislar sobre fauna, nos termos do Art. 24, inciso VI, da CRFB/88. Como a estruturação do sistema de proteção a que se refere o enunciado se enquadra no conceito de normas gerais, a União pode editá-las, nos termos do Art. 24, § 1º, da CRFB/88.

B) Sim. A superveniência da Lei nº YY apenas suspendeu a eficácia da Lei nº XX, que lhe era contrária, nos termos do art. 24, § 4º, da CRFB/88, logo, caso aquela lei seja revogada, esta última irá readquirir a sua eficácia.

Distribuição de pontos

ITEM	PONTUAÇÃO
A. Sim. A Lei federal nº YY é formalmente constitucional, pois a União possui competência concorrente com os Estados e o Distrito Federal para legislar sobre fauna (0,20), nos termos do Art. 24, inciso VI, da CRFB/88 (0,10).Como a estruturação do sistema de proteção a que se refere o enunciado se enquadra no conceito de normas gerais, a União pode editá-las (0,20), nos termos do Art. 24, § 1º, da CRFB/88 (0,10).	0,00/0,20/0,30/ 0,50/0,60
B. Sim. A superveniência da Lei nº YY apenas suspendeu a eficácia da Lei nº XX, que lhe era contrária (0,35), nos termos do Art. 24, § 4º, da CRFB/88 (0,10), logo, caso aquela lei seja revogada, esta última irá readquirir a sua eficácia (0,20).	0,00/0,35/0,45/ 0,55/ 0,65

ADOLFO NISHIYAMA • BRUNA VIEIRA • TERESA MELO

(OAB/2ª FASE – XXXIV) A Lei nº XX, do Município Beta, dispôs que são bens do Município todas as terras públicas em seu território sem destinação, que nunca integraram o patrimônio de um particular, ainda que possam estar na sua posse de maneira ilícita, tidas como indispensáveis à proteção de ecossistemas naturais.

A partir da narrativa acima, responda aos questionamentos a seguir.

A) A Lei nº XX, do Município Beta, ao atribuir os referidos bens ao Município, é materialmente constitucional? **(Valor: 0,65)**

B) Bens da natureza dos descritos na narrativa podem ser objeto de doação a um particular? **(Valor: 0,60)**

Obs.: o(a) examinando(a) deve fundamentar suas respostas. A mera citação do dispositivo legal não confere pontuação.

GABARITO COMENTADO

A) Não. A Lei nº XX, do Município Beta, é materialmente inconstitucional, pois os bens descritos são terras devolutas, que podem pertencer à União, nos termos do Art. 20, inciso II, da CRFB/88, ou aos Estados, conforme o Art. 26, inciso IV, da CRFB/88.

B) Não. Os bens descritos são indisponíveis, nos termos do Art. 225, § 5º, da CRFB/88.

Distribuição dos pontos

ITEM	PONTUAÇÃO
A. Não. A Lei nº XX, do Município Beta, é materialmente inconstitucional, pois os bens descritos são terras devolutas (0,25), que podem pertencer à União (0,10) ou aos Estados (0,10), nos termos do Art. 20, inciso II, da CRFB/88 (0,10) e conforme o Art. 26, inciso IV, da CRFB/88 (0,10).	0,00/0,25/0,35/0,45/0,55/0,65
B. Não. Os bens descritos são indisponíveis (0,50), nos termos do Art. 225, § 5º, da CRFB/88 (0,10).	0,00/0,50/0,60

(OAB/Exame Unificado 2019.3 – 2ª fase) A Lei XX/2015 do Estado Alfa isentou os usuários do serviço de telefonia móvel residentes no Estado, cuja renda familiar não superasse o valor de dois salários mínimos, do pagamento do respectivo serviço. No final de 2018, a Lei XX foi expressamente revogada, sendo ainda determinada a desconsideração de qualquer efeito que tenha produzido durante a sua vigência.

À luz da situação hipotética acima descrita, responda aos itens a seguir.

A) A Lei XX/2015 era compatível com a ordem constitucional? (Valor: 0,70)

B) A determinação, por ocasião da revogação da Lei XX/2015, de que deveria ser desconsiderado qualquer efeito que tenha produzido durante a sua vigência, afronta algum direito adquirido dos usuários, oponível às concessionárias do serviço? (Valor: 0,55)

Obs.: o(a) examinando(a) deve fundamentar suas respostas. A mera citação do dispositivo legal não confere pontuação.

PRÁTICA CONSTITUCIONAL – 8ª EDIÇÃO • EXERCÍCIOS PRÁTICOS | **27**

GABARITO COMENTADO

A) Não. A Lei XX/2015 é formalmente inconstitucional, pois compete privativamente à União legislar sobre telecomunicações, conforme o Art. 22, inciso IV, da CRFB/88. Além disso, é materialmente inconstitucional, pois compete à União explorar os serviços de telecomunicações, o que impede que o Estado Alfa conceda isenções, segundo o Art. 21, inciso XI, da CRFB/88.

B) Não. Para que um direito seja incorporado ao patrimônio do usuário do serviço, consubstanciando um direito adquirido, é preciso que tenha sido instituído por uma lei válida, o que não foi o caso da Lei XX/2015.

Distribuição dos pontos

ITEM	PONTUAÇÃO
A) Não. A Lei XX/2015 é formalmente inconstitucional, pois compete privativamente à União legislar sobre telecomunicações (0,60), nos termos do Art. 22, inciso IV, da CRFB/88 (0,10). **OU** É materialmente inconstitucional, pois compete à União explorar os serviços de telecomunicações (0,60), nos termos do Art. 21, inciso XI, da CRFB/88 (0,10).	0,00/0,60/0,70
B) Não. Para que um direito seja incorporado ao patrimônio do usuário do serviço, consubstanciando um direito adquirido (0,25), é preciso que tenha sido instituído por uma lei válida (0,30), o que não foi o caso da Lei XX/2015.	0,00/0,25/0,30/0,55

(OAB/Exame Unificado 2019.3 – 2ª fase) Com o objetivo de conter o avanço das organizações criminosas em algumas associações de moradores, o Estado Alfa editou a Lei XX/2018, veiculando as normas a serem observadas para a confecção dos estatutos dessas associações e condicionando a posse da diretoria de cada associação à prévia autorização do Secretário de Estado de Segurança Pública, que verificaria a vida pregressa dos pretendentes.

À luz da situação hipotética acima, responda aos itens a seguir.

A) A Lei XX/2018 do Estado Alfa, ao veicular normas sobre a confecção dos estatutos das associações de moradores, é compatível com a Constituição da República? (Valor: 0,70)

B) A exigência de que a posse da diretoria de cada associação de moradores seja antecedida de autorização do Secretário de Segurança Pública do Estado Alfa é materialmente compatível com a Constituição da República? (Valor: 0,55)

Obs.: o(a) examinando(a) deve fundamentar suas respostas. A mera citação do dispositivo legal não confere pontuação.

GABARITO COMENTADO

A) Não. Ao dispor sobre a confecção dos estatutos das associações de moradores, a Lei XX/2018 afrontou a competência privativa da União para legislar sobre direito civil (Art. 22, inciso I, da CRFB/88), sendo formalmente inconstitucional.

B) Não. A exigência de que a posse da diretoria da associação seja antecedida de autorização do Secretário de Segurança Pública afronta a vedação à interferência estatal no funcionamento das associações (Art. 5º, inciso XVIII, da CRFB/88).

Distribuição dos pontos

ITEM	PONTUAÇÃO
A) Não. Ao dispor sobre a confecção dos estatutos das associações de moradores, a Lei XX/2018 afrontou a competência privativa da União para legislar sobre direito civil (0,60), segundo o Art. 22, inciso I, da CRFB/88 (0,10).	0,00/0,60/0,70
B) Não. A exigência de que a posse da diretoria da associação seja antecedida de autorização do Secretário de Segurança Pública afronta a vedação à interferência estatal no funcionamento das associações (0,45), segundo o Art. 5º, inciso XVIII, da CRFB/88 (0,10).	0,00/0,45/0,55

(OAB/Exame Unificado 2019.1- 2ª fase) Em razão do grande quantitativo de acidentes fatais na área urbana, a Câmara Municipal do Município Alfa aprovou e o Prefeito Municipal sancionou a Lei nº 123/2018. Esse diploma normativo previu multas um pouco mais elevadas que aquelas previstas no Código de Trânsito Brasileiro para os motoristas que trafegassem em velocidade superior à permitida no território do Município Alfa.

À luz da narrativa acima, responda aos questionamentos a seguir.

A) A Lei nº 123/2018, do Município Alfa, sob o prisma formal, está em harmonia com a Constituição da República Federativa do Brasil, de 1988? Justifique. **(Valor: 0,60)**

B) Se a lei municipal se limitar a estabelecer a velocidade máxima a ser observada nas vias urbanas do Município, há alguma incompatibilidade formal com a Constituição da República Federativa do Brasil, de 1988? Justifique. **(Valor: 0,65)**

Obs.: o(a) examinando(a) deve fundamentar as respostas. A mera citação do dispositivo legal não confere pontuação.

GABARITO COMENTADO

A) A Lei nº 123/2018 não está em harmonia com a CRFB/88, pois compete privativamente à União legislar sobre trânsito, nos termos do Art. 22, inciso XI, da CRFB/88.

B) Se a lei municipal apenas estabelecer a velocidade máxima a ser observada nas vias urbanas do Município, não padecerá de qualquer vício de inconstitucionalidade formal, neste último caso por consubstanciar matéria de interesse local, o que atrai a competência legislativa do Município, nos termos do Art. 30, inciso I, da CRFB/88. Ou ainda, por se tratar de competência legislativa municipal suplementar, nos termos do Art. 30, II, da CRFB/88.

PRÁTICA CONSTITUCIONAL – 8ª EDIÇÃO • EXERCÍCIOS PRÁTICOS — 29

Distribuição dos pontos

ITEM	PONTUAÇÃO
A) A Lei nº 123/2018 não está em harmonia com a CRFB/88, pois compete privativamente à União legislar sobre trânsito (0,50), nos termos do Art. 22, inciso XI, da CRFB/88 (0,10).	0,00/0,50/0,60
B1) Não haverá o vício, por consubstanciar matéria de interesse local, o que atrai a competência legislativa do Município (0,55), nos termos do Art. 30, inciso I, da CRFB/88 (0,10) **OU** B2) Não haverá o vício, por se tratar de exercício de competência legislativa suplementar do Município (0,55), nos termos do Art. 30, inciso II, da CRFB/88 (0,10)	0,00/0,55/0,65

(OAB/Exame Unificado 2018.2- 2ª fase) O Congresso Nacional estabeleceu novas regras gerais sobre o regime dos portos brasileiros. Imediatamente, a Assembleia Legislativa do Estado Alfa, interessada na temática, posto estar em fase final a construção de um grande porto no Estado, legislou sobre questões específicas da matéria.

Inconformado com o teor das normas específicas estabelecidas pela Lei Y, de autoria do Estado Alfa, que poderiam causar grande prejuízo aos interesses econômicos e políticos do Estado Beta, o governador de Beta solicitou que sua assessoria jurídica respondesse, com base no que informa o sistema jurídico-constitucional brasileiro, às indagações a seguir.

A) Pode o Estado Alfa produzir a normatização específica a que se refere o enunciado? Justifique. **(Valor: 0,60)**

B) Está o governador do Estado Beta legitimado a questionar a constitucionalidade da Lei Y, do Estado Alfa, por meio de Ação Direta de Inconstitucionalidade (ADI)? Justifique. **(Valor: 0,65)**

Obs.: o(a) examinando(a) deve fundamentar as respostas. A mera citação do dispositivo legal não confere pontuação.

GABARITO COMENTADO

A) A legislação acerca de regime dos portos é de competência privativa da União, nos termos do Art. 22, inciso X, da CRFB/88. Portanto, a Assembleia Legislativa somente pode legislar sobre questões específicas afetas ao tema, por meio da Lei Estadual Y, caso haja a devida autorização pelo Congresso Nacional, pela via legal complementar, conforme disciplina constante no Art. 22, parágrafo único, da Constituição da República. Caso contrário, a Lei Estadual Y é formalmente inconstitucional, posto estar presente uma inconstitucionalidade formal orgânica.

B) O Governador do Estado Beta, como legitimado pelo Art. 103, inciso V, da CRFB/88, em princípio, pode atacar a Lei Y (ato normativo estadual), por via de Ação Direta de Inconstitucionalidade, nos termos do que preceitua o Art. 102, inciso I, alínea a, da Constituição da República. Porém, de acordo com a consolidada jurisprudência do Supremo Tribunal Federal, sendo sua legitimidade especial, terá que demonstrar a devida pertinência temática, ou seja, no caso, evidenciar que a Lei Y do Estado Alfa afeta os interesses do seu Estado, o Beta.

Distribuição dos pontos

ITEM	PONTUAÇÃO
A1) A legislação acerca de regime dos portos é de competência privativa da União (0,20), nos termos do Art. 22, inciso X, da CRFB/88 (0,10).	0,00/0,20/0,30
A2) **Sim**, a Assembleia Legislativa somente pode legislar sobre questões específicas afetas ao tema, por meio da Lei Estadual Y, caso haja a devida autorização pelo Congresso Nacional, pela via legal complementar **OU Não**, a Assembleia Legislativa não pode legislar sobre questões específicas afetas ao tema, por meio da Lei Estadual Y, enquanto não houver a devida autorização pelo Congresso Nacional, pela via legal complementar (0,20), conforme disciplina constante do Art. 22, parágrafo único, da Constituição da República (0,10).	0,00/0,20/0,30
B) Sim, desde que demonstrada a pertinência temática **OU** que a Lei Y do Estado Alfa afeta os interesses do Estado Beta (0,35), porque o Governador do Estado Beta é legitimado especial (0,20), nos termos do Art. 103, inciso V, da CRFB/88 **OU** Art. 2º, V, da Lei nº 9.868/99 (0,10).	0,00/0,20/0,30/0,35/ 0,45/0,55/0,65

(OAB/ Exame Unificado- 2016.1- 2ª fase) O governador do Estado M decidiu propor duas emendas à Constituição estadual. A primeira, com o objetivo de instituir normas que disciplinem o rito procedimental e de julgamento dos crimes de responsabilidade, acrescentando sanções mais severas que as vigentes. A segunda, por sua vez, com o propósito de alterar o critério de escolha dos conselheiros do Tribunal de Contas do Estado, de forma que três, do total de sete membros, passem a ser escolhidos, dentre os candidatos habilitados, pelo voto popular.

Sobre as propostas acima formuladas, de acordo com o sistema jurídico-constitucional brasileiro, responda aos itens a seguir.

A) É possível que o poder constituinte derivado do Estado-membro M altere a Constituição Estadual para instituir normas que disciplinem o rito procedimental e de julgamento dos crimes de responsabilidade, bem como para acrescer sanções? Justifique. (Valor: 0,65)

B) A autonomia estadual é suficiente para fundamentar a proposta de eleição para Conselheiro do Tribunal de Contas, nos termos propostos pelo Governador? Justifique. (Valor: 0,60)

Obs.: *o examinando deve fundamentar suas respostas. A mera citação do dispositivo legal não confere pontuação.*

GABARITO COMENTADO

A) Não. O sistema jurídico-constitucional brasileiro estabelece que o Estado-membro não pode legislar sobre crime de responsabilidade, ainda que por intermédio de sua Constituição (estadual). A competência para legislar sobre crime de responsabilidade é privativa da União nos termos do Art. 22, I) E/OU do Art. 85, parágrafo único, ambos da CRFB/88. É o que dispõe a Súmula Vinculante nº 46.

B) Não. O Art. 75 da CRFB/88 impõe, explicitamente, a necessidade de se observar a simetria entre as regras constantes na Seção IX, do Capítulo I, do Título IV, da CRFB/88, estabelecidas para o Tribunal de Contas da União e as regras a que devem se submeter

PRÁTICA CONSTITUCIONAL – 8ª EDIÇÃO • EXERCÍCIOS PRÁTICOS **31**

os Tribunais congêneres estaduais. Ora, sendo a Constituição Estadual obra do poder constituinte derivado decorrente, não pode afrontar mandamento imposto pelo constituinte originário. No caso de a proposta do Governador ser levada à frente, estaria sendo violada a regra constante no Art. 73, § 2º, da CRFB/88.

Distribuição dos pontos

ITEM	PONTUAÇÃO
A) Não. O sistema jurídico-constitucional brasileiro estabelece que o Estado-membro não pode legislar sobre crime de responsabilidade, ainda que por intermédio de sua Constituição (estadual) (0,20). A competência para legislar sobre crime de responsabilidade é privativa da União (0,25) nos termos do Art. 22, I) E/OU do Art. 85, parágrafo único, ambos da CRFB/88 (0,10). É o que dispõe a Súmula Vinculante nº 46. (0,10)	0,00 / 0,20 / 0,25/ 0,30 /0,35 / 0,45 / 0,55 /0,65
B) Não. O Art. 75 da CRFB/88 OU a Súmula 653 do STF (0,10) impõe a necessidade de se observar a simetria entre as regras constantes da Seção IX, do Capítulo I, do Título IV, da Constituição Federal, concernentes ao Tribunal de Contas da União, e as regras a que devem se submeter os Tribunais congêneres estaduais (0,20). Sendo a Constituição Estadual obra do poder constituinte derivado decorrente, não pode afrontar mandamento imposto pelo constituinte originário (0,20). Assim, a proposta do Governador, viola a regra constante no Art. 73, § 2º, da CRFB/88. (0,10)	0,00 / 0,20 / 0,30 / 0,40 / 0,50 / 0,60

3.2. Entes federativos

(OAB/Exame Unificado 2017.3- 2ª fase) Em uma Federação, sob o argumento de que, entre os governantes do estado Alfa (os anteriores e o atual), consolidou-se uma forma de atuação administrativa que privilegia de forma desmedida a população de determinada região geográfica, a população das outras regiões passou a pleitear autonomia política por meio de grandes manifestações. Para tanto, alimentam a pretensão de formar um novo estado-membro, a ser denominado estado Beta.

Diante do quadro acima e considerando o que informa o sistema jurídico-constitucional, responda aos itens a seguir.

A) De acordo com a CRFB/88, é viável a formação do estado Beta? **(Valor 0,45)**

B) O surgimento do estado Beta configurará o fenômeno da secessão? Justifique. **(Valor 0,40)**

C) Caso seja criado o estado Beta, de acordo com o sistema jurídico-constitucional brasileiro, suas competências materiais e legislativas estariam todas expressas na CRFB/88? Justifique. **(Valor 0,40)**

Obs.: o(a) examinando(a) deve fundamentar as respostas. A mera citação do dispositivo legal não confere pontuação.

ADOLFO NISHIYAMA • BRUNA VIEIRA • TERESA MELO

GABARITO COMENTADO

A) Trata-se de desmembramento, ou seja, o estado original perde um pedaço de seu território e de sua população, que passam a formar um novo estado. O Art. 18, § 3º, da CRFB/88, prevê a ocorrência desse fenômeno.

B) Não. O termo secessão é utilizado em Direito Constitucional para definir a separação de um estado-membro ou território em relação ao país do qual fazia parte. O Brasil, por ser uma Federação (Art. 1º da CRFB/88), é indissolúvel. Aliás, sendo a forma federativa de estado cláusula pétrea, nos termos do Art. 60, § 4º, da CRFB/88, não é possível por via de emenda constitucional a possibilidade de secessão.

C) Não, pois a CRFB/88 atribuiu aos estados-membros a denominada competência remanescente ou reservada (Art. 25, § 1º, da CRFB/88), ou seja, as matérias não expressas ou não enumeradas no rol de competências dos entes federados são da competência dos estados-membros.

Distribuição dos pontos

ITEM	PONTUAÇÃO
A) Sim. Trata-se de desmembramento, ou seja, o estado original perde um pedaço de seu território e de sua população, que passam a formar um novo estado (0,35). O Art. 18, § 3º, da CRFB/88, prevê a ocorrência desse fenômeno (0,10).	0,00/0,35/0,45
B) Não. Secessão é o termo utilizado em Direito Constitucional para definir a separação de um estado ou território em relação ao país do qual fazia parte (0,40).	0,00/0,40
C) Não, pois a CRFB/88 atribuiu aos estados-membros a denominada competência remanescente **OU** reservada **OU** material e legislativa própria (0,30), nos termos do Art. 25, § 1º, da CRFB/88 (0,10).	0,00/0,30/0,40

(OAB/Exame Unificado 2017.3- 2ª fase) O Art. 123 da Constituição do estado Alfa, que teve sua redação alterada por Emenda à Constituição Estadual, promulgada em junho de 2016, dispõe que todos os municípios com mais de cinco mil habitantes situados no estado, entre os quais está o município Delta, deverão possuir, obrigatoriamente, um plano diretor, devidamente aprovado pela respectiva Câmara Municipal, que servirá como instrumento básico da política de desenvolvimento econômico e social e de expansão urbana.

Levando em consideração que o prefeito do município Delta, com apenas seis mil habitantes, não pretende fazer uso dos instrumentos previstos no Art. 182, § 4º, da CRFB/88, responda aos questionamentos a seguir.

A) O Art. 123 da Constituição do estado Alfa apresenta alguma incompatibilidade de ordem material com a Constituição da República Federativa do Brasil de 1988? **(Valor: 0,60)**

B) O Procurador-Geral da República poderia propor uma Ação Direta de Inconstitucionalidade Interventiva contra o estado Alfa por violação de princípio constitucional sensível? **(Valor: 0,65)**

Obs.: o(a) examinando(a) deve fundamentar as respostas. A mera citação do dispositivo legal não confere pontuação.

PRÁTICA CONSTITUCIONAL – 8ª EDIÇÃO • EXERCÍCIOS PRÁTICOS **33**

GABARITO COMENTADO

A) Sim. O Art. 123 da Constituição do estado Alfa é materialmente inconstitucional, já que estendeu, aos municípios com número de habitantes superior a cinco mil, a imposição que a CRFB/88 fez àqueles com mais de vinte mil (Art. 182, § 1º, da CRFB/88). Desse modo, violou o princípio da autonomia dos municípios com mais de cinco mil e até vinte mil habitantes, como é o caso do município Delta, que possui seis mil habitantes.

B) Sim. O caso em tela representa um nítido exemplo de violação da autonomia dos municípios, prevista no Art. 18 da CRFB/88. Com efeito, o Art. 123 da Constituição do estado Alfa afronta a autonomia municipal, que é um princípio constitucional sensível, conforme previsão constante no Art. 34, inciso VII, alínea *c*, da CRFB/88, logo, representa uma das hipóteses de Ação Direta de Inconstitucionalidade Interventiva federal proposta pelo PGR junto ao STF, nos termos do Artigo 36, inciso III, da CRFB/88. O PGR deve propor Ação Direta de Inconstitucionalidade Interventiva federal por violação de princípio constitucional sensível.

Distribuição dos pontos

ITEM	PONTUAÇÃO
A) Sim. O Art. 123 da Constituição do estado Alfa é inconstitucional, pois estendeu aos municípios com mais de cinco mil habitantes o que a CRFB/88 impõe àqueles com mais de vinte mil habitantes (0,50), nos termos do Art. 182, § 1º, da CRFB/88 (0,10).	0,00/0,50/0,60
B¹) Sim. O Art. 123 da Constituição do estado Alfa afronta a autonomia municipal, que é um princípio constitucional sensível (0,20), conforme previsão constante no Art. 34, inciso VII, alínea *c*, da CRFB/88 (0,10).	0,00/0,20/0,30
B²) Representa uma das hipóteses de Ação Direta de Inconstitucionalidade Interventiva federal proposta pelo PGR junto ao STF (0,25), nos termos do Art. 36, inciso III, da CRFB/88. (0,10)	0,00/0,25/0,35

(OAB/ Exame Unificado – 2016.1- 2ª fase) O Estado X editou a Lei nº 1.234, de 5 de fevereiro de 2010, para criar o Município Z, desmembrando-o do então Município W. Para a criação do ente federativo foram devidamente realizados os estudos de viabilidade municipal, bem como a consulta prévia às populações dos entes federativos envolvidos nesse evento. O novo Município estava em pleno funcionamento até que, em final de 2015, o vereador Toninho do Bem, do Município W, aventa publicamente a intenção do diretório municipal de seu partido "Vamos Brasil", com representação no Congresso Nacional, de propor uma Ação Direta de Inconstitucionalidade (ADI), perante o Supremo Tribunal Federal, para questionar a criação do Município Z.

Com base no fragmento acima, responda, fundamentadamente, aos itens a seguir.

A) A partir das normas constitucionais sobre a criação de município, a lei do Estado X é constitucional? (Valor: 0,65)

B) O diretório municipal do partido "Vamos Brasil" possui legitimidade para a propositura de Ação Direta de Inconstitucionalidade? (Valor: 0,60)

Obs.: sua resposta deve ser fundamentada. A simples menção ao dispositivo legal não será pontuada.

GABARITO COMENTADO

A) A lei do Estado X é inconstitucional, pois o Art. 18, § 4º, da CRFB/88, desde a EC nº 15/96, exige a edição de lei complementar federal para determinar o período de criação de municípios por meio de lei estadual, transformando o referido dispositivo constitucional em norma constitucional de eficácia limitada, dependente de integração do legislativo federal para que todos os seus efeitos jurídicos possam ser produzidos. Até o presente momento não existe lei complementar a que se refere o Art. 18, § 4º, da CRFB/88, e o período da lei estadual está fora do âmbito da EC 57 (Art. 96 do ADCT), evidenciando, portanto, flagrante inconstitucionalidade por omissão, já pronunciada pelo STF.

B) Partido político possui legitimidade para a propositura de ADI desde que possua representação no Congresso Nacional, conforme o disposto no Art. 103, VIII, da CRFB/88 ("Art. 103. *Podem propor a Ação Direta de Inconstitucionalidade e a ação declaratória de constitucionalidade: VIII – partido político com representação no Congresso Nacional;*"). A Lei nº 9.868/99, da mesma forma, prevê um rol de legitimados que inclui o partido político com representação no Congresso Nacional ("Art. 2º").

Podem propor a Ação Direta de Inconstitucionalidade: VIII – partido político com representação no Congresso Nacional"). Porém, o STF já externou seu entendimento de que o diretório municipal dos partidos políticos não tem legitimidade para a propositura de ADI em razão de não possuir condições para atuação em âmbito nacional, pois somente os diretórios nacionais e a executiva nacional do partido político possuem esta atribuição.

Distribuição dos pontos

ITEM	PONTUAÇÃO
A.) Não. A lei do Estado X é inconstitucional, pois segundo o Art. 18, § 4º, da CRFB/88 (0,10), norma constitucional de eficácia limitada (0,10), é necessária a elaboração de lei complementar federal para a produção de seus efeitos (0,45).	0,00/0,10/0,20/0,45/0,55/ 0,65
B) Não. O diretório municipal de partido político não tem legitimidade para a propositura de ADI em razão de não possuir condições para atuação em âmbito nacional (0,30), pois somente os diretórios nacionais e a executiva nacional do partido político possuem esta atribuição. (0,20), conforme o Art. 103, VIII, da CRFB/88 OU o Art. 2º, inc. VIII, da Lei nº 9.868/99 (0,10)	0,00 / 0,20 / 0,30/ 0,40 /0,50/0,60

(**OAB/ Exame Unificado – 2015.1 – 2ª fase**) O Estado X, integrante da República Federativa do Brasil, foi agraciado com o anúncio da descoberta de enormes jazidas de ouro, ferro, estanho e petróleo em seu território. As jazidas de minério estão todas localizadas no Município de Alegria e as de petróleo, no Município de Felicidade, ambos localizados no Estado X. Tendo em vista o disposto no ordenamento jurídico nacional, responda aos itens a seguir.

A) A qual ente federativo pertencem os recursos naturais recentemente descobertos? Os demais entes, em cujos territórios se deu a descoberta, recebem alguma participação no resultado da exploração desses recursos? (Valor: 0,85)

PRÁTICA CONSTITUCIONAL – 8ª EDIÇÃO • EXERCÍCIOS PRÁTICOS | **35**

B) Um dos entes federativos (Estado ou Município), insatisfeito com a destinação dos recursos naturais descobertos em seu território, pode, à luz do nosso ordenamento, propor a secessão, a fim de se constituir em ente soberano, único titular daqueles recursos? Caso positiva a resposta, qual o procedimento a ser seguido? (Valor: 0,40)

O examinando deve fundamentar suas respostas. A mera citação do dispositivo legal não confere pontuação.

GABARITO COMENTADO

A) O examinando deve identificar que, conforme previsão constante do Art. 20, IX, da Constituição, são bens da União os recursos minerais, inclusive os do subsolo. E o Art. 176, da Constituição, em idêntico sentido, dispõe que as jazidas, em lavra ou não, e demais recursos minerais constituem propriedade distinta da do solo, para efeito de exploração ou aproveitamento, e pertencem à União. Portanto, as jazidas de ouro, ferro, estanho e petróleo recentemente descobertas pertencem à União. Nada obstante, a própria Constituição, em seu Art. 20, § 1º, assegura aos Estados e aos Municípios participação no resultado da exploração de petróleo ou gás natural e de outros recursos minerais no respectivo território, plataforma continental, mar territorial ou zona econômica exclusiva, ou compensação financeira por essa exploração. Dessa forma, o Estado "X" e os Municípios de Alegria e Felicidade têm participação assegurada no resultado ou compensação financeira pela exploração de recursos em seus territórios.

B) A resposta é negativa. Nos termos do Art. 1º da Constituição, a República Federativa do Brasil é formada pela união indissolúvel dos Estados e Municípios e do Distrito Federal. O vínculo que os une, à égide de nossa Constituição, não pode ser rompido (vedação à secessão).

Distribuição dos pontos

ITEM	PONTUAÇÃO
A1) Os recursos naturais recentemente descobertos pertencem à União (0,30), conforme os artigos 20, IX OU 176 da Constituição Federal (0,10) *Obs.: a mera citação do artigo não pontua.*	0,00 / 0,30 / 0,40
A2) Sim, é assegurada aos Estados e aos Municípios participação no resultado da exploração no respectivo território (0,35), conforme previsão constante do Art. 20, § 1º, da Constituição Federal (0,10). *Obs.: a mera citação do artigo não pontua.*	0,00 / 0,35 / 0,45
B) Não. A República Federativa do Brasil é formada pela união indissolúvel dos Estados e Municípios e do Distrito Federal, ficando, portanto, vedada a secessão (0,30), nos termos do Art. 1º OU 18, da Constituição Federal. (0,10) *Obs.: a mera citação do artigo não pontua.*	0,00 / 0,30 / 0,40

3.3. Intervenção

(OAB/Exame Unificado 2018.2- 2ª fase) O Presidente da República, ao constatar que o índice de violência no Estado Delta alcançara números alarmantes, resolveu decretar a intervenção federal nesse Estado. Apresentou como justificativa a necessidade de pôr fim a grave comprometimento da ordem pública. Ao consultar os Conselhos da República e de Defesa Nacional, esses órgãos desaconselharam a medida, entendendo que outras ações menos invasivas na esfera de autonomia do referido Estado poderiam ser tomadas. Todavia, convicto de que a ação se fazia absolutamente necessária, o Presidente, agindo de ofício, decretou a intervenção, sem submeter a referida questão ao controle político.

Diante de tal fato, responda, tendo por pressuposto a inteligência jurídico-constitucional da Constituição da República de 1988, aos itens a seguir.

A) No caso em tela, havia necessidade de a referida intervenção ter sido submetida a algum controle prévio de natureza política? **(Valor: 0,60)**

B) O Presidente da República, ao decretar a intervenção federal desconsiderando os aconselhamentos dos Conselhos da República e de Defesa Nacional, agiu nos limites constitucionais a ele impostos? Justifique. **(Valor: 0,65)**

Obs.: o(a) examinando(a) deve fundamentar as respostas. A mera citação do dispositivo legal não confere pontuação.

GABARITO COMENTADO

A) Conforme o Art. 36, § 1º, da CRFB/88, o decreto de intervenção, expedido pelo Presidente da República, deverá ser submetido à apreciação do Congresso Nacional no prazo de vinte e quatro horas após a sua expedição. Embora, no caso em tela, haja a necessidade de controle político, ele é realizado *a posteriori*, não previamente.

B) O Presidente da República não ultrapassou os limites concedidos pela Constituição da República quando decretou a intervenção federal, pois, embora fosse obrigatória a oitiva dos Conselhos da República (Art. 90, inciso I, da CRFB/88) e de Defesa Nacional (Art. 91, §1º, inciso II, da CRFB/88) suas manifestações não possuem caráter vinculante em relação aos atos a serem praticados pelo Presidente da República, mas meramente consultivo, conforme dispõe o *caput* dos artigos Art. 89 e 91.

Distribuição dos pontos

ITEM	PONTUAÇÃO
A) Não, porque o controle político exigido nessa hipótese é *a posteriori* (0,50), conforme o Art. 36, § 1º, da CRFB/88 (0,10).	0,00/0,50/0,60
B) Sim, porque embora obrigatória a oitiva dos Conselhos da República e de Defesa Nacional, suas manifestações não possuem caráter vinculante **OU** possuem caráter meramente consultivo (0,55), conforme dispõem os Artigos 89 **E** 91, *caput*. (0,10).	0,00/0,55/0,65

PRÁTICA CONSTITUCIONAL – 8ª EDIÇÃO • EXERCÍCIOS PRÁTICOS | **37**

3.4. Administração pública

(OAB/2ª FASE – XXXIII) A sociedade de economia mista WW, vinculada ao Poder Executivo Federal, atuava intensamente no âmbito do Sistema Financeiro Nacional. Apesar da sua importância, seus resultados, desde a criação, sempre foram deficitários, o que exige que lhe sejam direcionadas dotações orçamentárias para fazer face ao pagamento dos materiais de consumo.

Ao se inteirar da situação financeira da referida sociedade, o deputado federal João foi informado que os vencimentos pagos aos seus dirigentes superavam os subsídios dos Ministros do Supremo Tribunal Federal.

A partir da narrativa acima, responda aos questionamentos a seguir.

A) O valor dos vencimentos pagos aos dirigentes da sociedade de economia mista WW é compatível com a ordem constitucional? **(Valor: 0,60)**

B) Caso João queira insurgir-se contra os valores pagos aos dirigentes da sociedade de economia mista WW, qual é a ação constitucional que ele pode ajuizar? **(Valor: 0,65)**

Obs.: o examinando deve fundamentar suas respostas. A mera citação do dispositivo legal não confere pontuação.

GABARITO COMENTADO

A) Não. Como a sociedade de economia mista recebe recursos da União para o pagamento de despesas de custeio, está sujeita ao teto remuneratório constitucional, que é o subsídio de Ministro do Supremo Tribunal Federal, conforme dispõe o Art. 37, inciso XI **ou** Art. 37, § 9º, ambos da CRFB/88.

B) João, por ser deputado federal, está no gozo dos direitos políticos, o que lhe confere legitimidade para ajuizar a *ação popular* para anular o ato lesivo ao patrimônio público, nos termos do Art. 5º, inciso LXXIII, da CRFB/88 **ou** o Art. 1º da Lei nº 4.717/65.

Distribuição dos pontos

ITEM	PONTUAÇÃO
A. Não. Como a sociedade de economia mista recebe recursos da União para o pagamento de despesas de custeio está sujeita ao teto remuneratório cons-titucional (0,30), que é o subsídio de Ministro do Supremo Tribunal Federal (0,20), conforme dispõe o Art. 37, inciso XI **ou** Art. 37, § 9º, ambos da CRFB/88 (0,10).	0,00/0,20/0,30/ 0,40/0,50/0,60
B. João, por ser deputado federal, está no gozo dos direitos políticos (0,25), o que lhe confere legitimidade para ajuizar a *ação popular* para anular o ato lesivo ao patrimônio público (0,30), nos termos do Art. 5º, inciso LXXIII, da CRFB/88 **ou** do Art. 1º da Lei nº 4.717/65 (0,10).	0,00/0,25/0,30/0,35/ 0,40/0,55/0,65

(OAB/Exame Unificado 2018.1- 2ª fase) O Município Alfa, com o objetivo de solucionar a falta de profissionais dedicados à saúde pública, após o regular processo legislativo, altera a Lei Orgânica Municipal (LOM), de modo a permitir a acumulação remunerada de 3 (três) cargos de profissionais da área de saúde.

No que tange à acumulação de cargos, as normas da Constituição do estado em questão reproduzem as normas da Constituição da República Federativa do Brasil, de 1988.

Dito isso, a associação municipal de enfermeiros resolve tomar providências, com o objetivo de afastar o novo regramento conferido pela LOM, pois entende que a referida acumulação acarretará desgaste à saúde dos profissionais e comprometerá a eficiência dos serviços prestados na área de saúde pública municipal.

A partir da situação narrada, responda aos itens a seguir.

A) Diante da autonomia federativa do Município Alfa, a referida norma da Lei Orgânica Municipal é constitucional? Justifique. **(Valor: 0,70)**

B) A Lei Orgânica Municipal que permitiu a acumulação de cargos pode ser objeto de ação de representação por inconstitucionalidade, ajuizada por um dos legitimados ativos previstos na Constituição Estadual? Justifique. **(Valor 0,55)**

Obs.: o(a) examinando(a) deve fundamentar as respostas. A mera citação do dispositivo legal não confere pontuação.

GABARITO COMENTADO

A) O examinando deve responder que a norma é inconstitucional. O Art. 37, inciso XVI, alínea *c*, da CRFB/88 somente permite a acumulação remunerada de 2 (dois) cargos ou empregos de profissionais da área de saúde, sendo de observância obrigatória pela Lei Orgânica Municipal, conforme dispõe o Art. 29, *caput*, da CRFB/88.

B) A norma da Lei Orgânica, por ter natureza municipal, pode ser objeto da representação por inconstitucionalidade estadual, na forma do Art. 29 e do Art. 125, § 2º, ambos da CRFB/88.

Distribuição dos pontos

ITEM	PONTUAÇÃO
A) A norma é inconstitucional. A acumulação remunerada é limitada a dois cargos ou empregos de profissionais da área de saúde é permitida (0,35), segundo o Art. 37, inciso XVI, alínea *c*, da CRFB/88 (0,10), sendo de observância obrigatória pela Lei Orgânica Municipal (0,25).	0,00/0,25/0,35/0,45/ 0,60/0,70
B) A norma da Lei Orgânica, por ter natureza municipal, pode ser objeto da representação por inconstitucionalidade estadual (0,45), nos termos do Art. 125, § 2º, da CRFB/88 (0,10).	0,00/0,45/0,55

PRÁTICA CONSTITUCIONAL – 8ª EDIÇÃO • EXERCÍCIOS PRÁTICOS | **39**

4. ORGANIZAÇÃO DOS PODERES

4.1. Poder legislativo

(OAB/2ª FASE – XXXII) O Governador do Estado Alfa foi convocado pela Comissão de Trabalho e Cidadania da Assembleia Legislativa para prestar esclarecimentos a respeito de notícias de que os servidores públicos vinculados ao Poder Executivo estavam sendo submetidos a condições insalubres no ambiente de trabalho. Por perceber, na iniciativa, uma forma de comprometer a sua popularidade, pois liderava as pesquisas para o pleito vindouro, ocasião em que buscaria a reeleição, o Governador do Estado formulou, à sua Assessoria, os questionamentos a seguir.

A) A convocação pela Comissão de Trabalho e Cidadania da Assembleia Legislativa é compatível com a Constituição da República? (Valor: 0,75)

B) Qual ação constitucional poderia ser utilizada para se buscar um provimento jurisdicional que o desobrigasse de atender à convocação? (Valor: 0,50)

GABARITO COMENTADO

A) Não. A convocação do Chefe do Poder Executivo, pelo Legislativo, é incompatível com a separação dos poderes, nos termos do Art. 2º da CRFB/88, havendo previsão de convocação, apenas, dos seus auxiliares imediatos (Art. 58, § 2º, inciso III, da CRFB/88), o que, por simetria, deve ser observado pelos Estados (Art. 25, *caput*, da CRFB/88).

B) Mandado de Segurança, pois a convocação do Chefe do Poder Executivo é manifestamente dissonante da Constituição, violando direito líquido e certo desse agente, nos termos do Art. 5º, inciso LXIX, da CRFB/88, ou do Art. 1º, *caput*, da Lei nº 12.016/09.

Distribuição dos pontos

ITEM	PONTUAÇÃO
A) Não. A convocação do Chefe do Poder Executivo, pelo Legislativo, é incompatível com a separação dos poderes (0,30), nos termos do Art. 2º OU Art. 50 OU Art. 58, § 2º, inciso III, todos da CRFB/88 (0,10), o que, por simetria, deve ser observado pelos Estados (0,25), nos termos do Art. 25, caput, da CRFB/88 (0,10).	0,00/0,25/0,30/0,35/ 0,40/0,45/0,55/0,65/0,75
B) Mandado de Segurança (0,20), pois a convocação do Chefe do Poder Executivo é manifestamente dissonante da Constituição, violando direito líquido e certo desse agente (0,20), nos termos do Art. 5º, inciso LXIX, da CRFB/88, OU do Art. 1º, caput, da Lei nº 12.016/09 (0,10).	0,00/0,20/0,30/ 0,40/0,50

(OAB/2ª FASE – XXXII) A população do Estado Beta estava insatisfeita com a elevada circulação de pessoas em uma ilha situada no Rio WW, que separava o referido Estado do país XX. A ilha estava na direção do território do Estado Beta, sendo que a circulação de pessoas era potencialmente lesiva ao meio ambiente, que poderia vir a ser afetado caso o quadro não se alterasse. À luz dos fatos, um conhecido ativista formulou os questionamentos a seguir ao seu advogado.

A) O Estado pode legislar sobre a circulação de pessoas na referida ilha? (Valor: 0,80)

B) Existe alguma medida judicial passível de ser ajuizada por um cidadão para evitar que sejam causados danos ao meio ambiente, como descrito no enunciado? (Valor: 0,45)

GABARITO COMENTADO

A) Não, pois compete ao Congresso Nacional dispor sobre os bens de domínio da União, nos termos do Art. 48, inciso V, da CRFB/88, sendo este o caso da ilha, conforme dispõe o Art. 20, inciso IV, da CRFB/88, por estar situada em zona limítrofe com outro país.

B) Pode ser ajuizada uma ação popular, conforme o permissivo do Art. 5º, inciso LXXIII, da CRFB/88.

Distribuição dos pontos

ITEM	PONTUAÇÃO
A) Não, porque compete ao Congresso Nacional dispor sobre os bens de domínio da União (0,30), nos termos do Art. 48, inciso V, da CRFB/88 (0,10), sendo este o caso da ilha, por estar situada em zona limítrofe com outro país (0,30), conforme dispõe o Art. 20, inciso IV, da CRFB/88 (0,10). OU Sim, porque compete aos Estados por força da competência concorrente (0,40) legislar sobre proteção ao meio ambiente (0,30), nos temos do Art. 24, VI, ou Art. 24, VIII, ambos da CRFB/88 (0,10).	0,00/0,30/0,40/ 0,60/0,70/ 0,80
B) Pode ser ajuizada uma ação popular (0,35), conforme o permissivo do Art. 5º, inciso LXXIII, da CRFB/88 (0,10).	0,00/0,35/0,45

(OAB/Exame Unificado 2018.1- 2ª fase) O Presidente da República editou o Decreto X, que regulamentou a Lei Federal Z. Ocorre que o Congresso Nacional, ao examinar o teor do Decreto X, entendeu que ele criava direitos não previstos na Lei Federal Z, ferindo, portanto, o princípio da legalidade.

Considerando a situação hipotética apresentada, responda, de forma fundamentada, aos itens a seguir.

A) Que medida poderia ser adotada pelo Congresso Nacional para retirar os efeitos do Decreto X? **(Valor: 0,50)**

B) Caso o Presidente da República entenda que essa medida não tem qualquer fundamento, terminando por restringir a competência constitucional do Chefe do Executivo, é possível submetê-la ao controle concentrado de constitucionalidade realizado pelo Supremo Tribunal Federal? **(Valor: 0,75)**

Obs.: o(a) examinando(a) deve fundamentar as respostas. A mera citação do dispositivo legal não confere pontuação.

GABARITO COMENTADO

A) Caso o Congresso Nacional entenda que o Decreto X exorbitou do poder regulamentar, é possível sustar os seus efeitos, com base na competência outorgada pelo Art. 49, inciso V, da CRFB/88, editando um decreto legislativo (Art. 59, inciso VI, da CRFB/88).

PRÁTICA CONSTITUCIONAL – 8ª EDIÇÃO • EXERCÍCIOS PRÁTICOS **41**

B) O examinando deve esclarecer que o decreto legislativo de sustação tem a natureza jurídica de ato normativo, pois retirou a eficácia de outro ato normativo, sendo passível de impugnação via ação direta de inconstitucionalidade (Art. 102, inciso I, alínea *a*, da CRFB/88). O Presidente da República, portanto, tem legitimidade para ajuizar essa ação (Art. 103, inciso I, da CRFB/88), com o objetivo de reconhecer a inconstitucionalidade do decreto legislativo, argumentando que o Decreto X estava circunscrito à esfera de competências do Chefe do Executivo.

Distribuição dos pontos

ITEM	PONTUAÇÃO
A) Tendo em vista que o Decreto X exorbitou do poder regulamentar, caberá ao Congresso Nacional editar um decreto legislativo para sustar os seus efeitos (0,40), com base na competência outorgada pelo Art. 49, inciso V, da CRFB/88 (0,10).	0,00/0,40/0,50
B¹) O decreto legislativo de sustação tem a natureza jurídica de ato normativo, pois retirou a eficácia de outro ato normativo, sendo passível de impugnação via ação direta de inconstitucionalidade (0,25), segundo o Art. 102, inciso I, alínea *a*, da CRFB/88 (0,10).	0,00/0,25/0,35
B²) O Presidente da República tem legitimidade para ajuizar a ação que reconhece a inconstitucionalidade do decreto legislativo, argumentando que o Decreto X estava circunscrito à esfera de competências do Chefe do Executivo (0,30), conforme o Art. 103, inciso I, da CRFB/88 (0,10).	0,00/0,30/0,40

(OAB/Exame Unificado – 2017.2 – 2º fase) João, vereador do Município X, e José, senador pelo Estado Y, ambos pertencentes ao Partido K, proferiram inflamado discurso em Brasília contra as atividades desenvolvidas por determinada autarquia federal. Ao final, concluíram que os resultados alcançados nos últimos anos por essa pessoa jurídica de direito público eram pífios, o que era mais que esperado, já que o seu presidente, o Sr. Antônio, "era sabidamente inapto para o exercício da função".

Ao tomar conhecimento do discurso, o Sr. Antônio ficou transtornado. Afinal, era servidor público de carreira e era conhecido por todos pela lisura e seriedade do seu comportamento. Quanto aos maus resultados da autarquia, seriam sabidamente decorrentes da crise econômica que assolava o país, não da incompetência do seu presidente.

Por fim, o Sr. Antônio procurou o seu advogado e disse que queria adotar as providências necessárias para a responsabilização do vereador João e do senador José pelos danos causados à sua honra.

Considerando a situação hipotética apresentada, responda, de forma fundamentada, aos itens a seguir.

A) O vereador João e o senador José podem ser responsabilizados civilmente pelas ofensas à honra do Sr. Antônio? (Valor: 0,75)

B) O vereador João e o senador José, nas circunstâncias indicadas, seriam alcançados por alguma imunidade formal passível de influir na sua responsabilidade penal? (Valor: 0,50)

Obs.: o(a) examinando(a) deve fundamentar suas respostas. A mera citação ou transcrição do dispositivo legal não confere pontuação.

GABARITO COMENTADO

A) O senador José não poderia ser responsabilizado civilmente, pois é inviolável pelas opiniões e pelas palavras correlatas ao exercício do mandato (Art. 53, caput, da CRFB/88), sendo certo que compete ao Congresso Nacional fiscalizar e controlar os entes da administração indireta (Art. 49, inciso X, da CRFB/88). Possui, portanto, imunidade material. Já o vereador João poderia ser responsabilizado, pois a inviolabilidade por suas opiniões e palavras é restrita à circunscrição do Município e ao exercício do mandato (Art. 29, inciso VIII, da CRFB/88).

B) O senador José possui imunidade formal, consistente na impossibilidade de ser preso, salvo em caso de flagrante de crime inafiançável (Art. 53, § 2º, da CRFB/88) e na possibilidade de a tramitação do processo penal que venha a responder ser sustada por deliberação do Senado Federal (Art. 53, § 3º, da CRFB/88). O vereador João, por sua vez, não possui imunidade formal (Art. 29, inciso VIII, da CRFB/88).

Distribuição dos pontos

ITEM	PONTUAÇÃO
A1) O senador José não poderia ser responsabilizado civilmente, pois é inviolável pelas opiniões e pelas palavras correlatas ao exercício do mandato (0,20), segundo o Art. 53, caput, da CRFB/88 (0,10). O senador possui imunidade material (0,20) A2) Já o vereador João poderia ser responsabilizado, pois a inviolabilidade por suas opiniões e palavras é restrita à circunscrição do Município e ao exercício do mandato (0,15), segundo o Art. 29, inciso VIII, da CRFB/88 (0,10).	0,00 / 0,15 / 0,25
B) O senador José possui imunidade formal, consistente na impossibilidade de ser preso, salvo em caso de flagrante de crime inafiançável (0,20), segundo o Art. 53, § 2º, da CRFB/88 (0,10). O vereador João, por sua vez, não possui imunidade formal (0,10), segundo o Art. 29, inciso VIII, da CRFB/88 (0,10).	0,00 / 0,10/ 0,20/ 0,30 / 0,40 / 0,50

(OAB/ Exame Unificado- 2016.2- 2ª fase) No âmbito de uma Comissão Parlamentar de Inquérito (CPI), foi determinada a busca e apreensão de documentos e de computadores nos escritórios das empresas do grupo investigado, tendo sido decretada, em decisão fundamentada, a indisponibilidade de bens e a quebra dos sigilos bancário e fiscal de um dos empresários envolvidos.

Com base no fragmento acima, responda, justificadamente, aos itens a seguir.

A) A medida adotada pela CPI, em relação aos bens do empresário, é amparada pela ordem constitucional? (Valor: 0,65)

B) A CPI poderia determinar a quebra de sigilo narrada na questão, sem autorização judicial? (Valor: 0,60)

Obs.: o examinando deve fundamentar suas respostas. A mera citação do dispositivo legal não confere pontuação.

PRÁTICA CONSTITUCIONAL – 8ª EDIÇÃO • EXERCÍCIOS PRÁTICOS | **43**

GABARITO COMENTADO

A) Não. Apesar de o poder de investigar constituir uma das funções institucionais do Poder Legislativo, os poderes parlamentares de investigação sofrem limitações de ordem jurídico-constitucional. A Constituição Federal, ao conferir às CPIs *"poderes de investigação próprios das autoridades judiciais"* (Art. 58, §3º), delimitou a natureza de suas competências, mas não permitiu o exercício daqueles atos privativos do Poder Judiciário, como a decretação de indisponibilidade de bens e a diligência de busca e apreensão de documentos em escritório. Trata- se de postulado de reserva constitucional de jurisdição, ou seja, tais atos somente podem ser praticados por magistrados.

B) Sim. A Comissão Parlamentar de Inquérito possui poderes próprios das autoridades judiciais para, em decisão fundamentada, determinar a quebra de sigilo fiscal e bancário, pois o que está em jogo é o acesso a informações já existentes. O Supremo Tribunal Federal já proferiu inúmeras decisões nesse sentido.

Distribuição dos pontos

ITEM	PONTUAÇÃO
A1) Não. A Constituição Federal, ao conferir às CPIs *"poderes de investigação próprios das autoridades judiciais"* (Art. 58, § 3º OU Lei 1.579/52) (0,10), delimitou a natureza de suas competências, mas não permitiu a decretação de indisponibilidade de bens e a diligência de busca e apreensão de documentos. (0,30)	0,00/0,30/ 0,40
A2) Trata-se de postulado de reserva constitucional de jurisdição, ou seja, tais atos somente podem ser praticados por magistrados (0,25).	0,00/0,25
B) Sim. A CPI possui poderes próprios das autoridades judiciais para determinar, em decisão fundamentada, a quebra de sigilo fiscal e bancário, pois o que está em jogo é o acesso a informações já existentes (0,60).	0,00/0,60

(OAB/ Exame Unificado- 2016.1- 2ª fase) Os irmãos Guilherme e Flávio fazem parte de uma família de tradicionais políticos do Estado M, conhecida por suas práticas beligerantes. Em um curto espaço de tempo, os irmãos se viram envolvidos em duas situações policiais: Guilherme, vereador da capital, agrediu fisicamente um vizinho, em situação originada por uma discussão relacionada à vaga em um estacionamento; no dia seguinte, Flávio, eleito e diplomado para exercer o cargo de deputado estadual, embora ainda não empossado, em estado de embriaguez, atropelou duas pessoas.

O advogado (a) da família é convocado e a ele (ela) são dirigidas as questões a seguir.

A) Pelas práticas das ações acima descritas, estariam os irmãos Guilherme e Flávio cobertos pela prerrogativa da imunidade material a que fazem jus os membros do Poder Legislativo? Justifique. (Valor: 0,60)

B) Estão ambos aptos a fruir o benefício da imunidade formal? Justifique (Valor: 0,65)

Obs.: *o examinando deve fundamentar suas respostas. A mera citação do dispositivo legal não confere pontuação.*

GABARITO COMENTADO

A) A inviolabilidade, por opiniões, palavras e votos abrange os deputados estaduais (Art. 27, § 1º, da CRFB/ 88) e os vereadores, nos limites da circunscrição de seu Município (Art. 29, VIII, da CRFB/88), porém, sempre no exercício do mandato. No caso em tela, as transgressões cometidas não se relacionam com a emanação de quaisquer opiniões, palavras ou votos no âmbito da atuação parlamentar, não havendo que se cogitar, portanto, de incidência da imunidade material.

B) As chamadas imunidades formais ou processuais são prerrogativas aplicáveis aos deputados estaduais, mas não aos vereadores. Em consequência, Flávio, mesmo não tendo tomado posse, pelo só fato de já ter sido diplomado, fará jus às prerrogativas decorrentes da imunidade formal, previstas no Art. 53 da CRFB/88, principalmente no que tange à prisão (§ 2º), ao processo (§ 3º) e à prestação de testemunho (§ 6º). Guilherme, porém, não se beneficiará de regras afetas à imunidade formal, pois estas não se estendem aos vereadores, nos limites da interpretação do que dispõe o Art. 29, VIII, da Constituição Federal.

Distribuição dos pontos

ITEM	PONTUAÇÃO
A.1) A Inviolabilidade, por opiniões, palavras e votos no exercício do mandato abrange os deputados estaduais e os vereadores nos limites da circunscrição de seu Município (0,20), conforme o Art. 27, § 1º, da CRFB/88 (0,10) e o Art. 29, VIII, da CRFB/88 (0,10).	0,00 / 0,20 / 0,30 / 0,40
A.2) As transgressões cometidas não se relacionam com a emanação de quaisquer opiniões, palavras ou votos no âmbito da atuação parlamentar, não havendo que se cogitar, portanto, de incidência da imunidade material. (0,20)	0,00 / 0,20 /
B.1) As chamadas imunidades formais ou processuais são prerrogativas aplicáveis aos deputados estaduais. Assim, Flávio, mesmo não tendo tomado posse, pelo fato de já ter sido diplomado, fará jus às prerrogativas decorrentes da imunidade formal (0,25) previstas no Art. 53 da CRFB/88 (0,10).	0,00 / 0,25 / 0,35
B.2.) Guilherme não se beneficiará de regras afetas à imunidade formal, pois estas não se estendem aos vereadores (0,20), nos limites estabelecidos pelo Art. 29, VIII, da CRFB/88 (0,10).	0,00 / 0,20 / 0,30

(OAB/Exame Unificado 2015.3- 2ª fase) O Congresso Nacional autorizou o Presidente da República a normatizar, por via de lei delegada, na sua forma típica ou própria (sem necessidade de posterior aprovação pelo Congresso), matéria que trata de incentivo ao parque industrial brasileiro. Ocorre, porém, que o Chefe do Poder Executivo, ao elaborar o diploma normativo, exorbitou dos poderes a ele conferidos, deixando de respeitar os limites estabelecidos pelo Congresso Nacional, por via de Resolução.

A partir dessa narrativa, responda aos itens a seguir.

PRÁTICA CONSTITUCIONAL – 8ª EDIÇÃO • EXERCÍCIOS PRÁTICOS | **45**

A) No caso em tela, o aperfeiçoamento do ato de delegação, com a publicação da Resolução, retira do Congresso Nacional o direito de controlar, inclusive constitucionalmente, o conteúdo da Lei Delegada editada pelo Presidente da República? Justifique. (Valor: 0,75)

B) Caso a Resolução estabelecesse a necessidade de apreciação do projeto pelo Congresso Nacional (delegação atípica ou imprópria), poderia a Casa legislativa alterar o texto elaborado pelo Presidente da República? Justifique. (Valor: 0,50)

Obs.: Sua resposta deve ser fundamentada. A simples menção ao dispositivo legal não será pontuada.

GABARITO COMENTADO

A) Não. Com base no que dispõe o inciso V do Art. 49 da Constituição Federal, é de competência exclusiva do Congresso Nacional (o poder delegante) sustar os atos normativos do Poder Executivo que exorbitem os limites da delegação legislativa. Trata-se de verdadeiro controle político e de constitucionalidade, na modalidade repressiva, exercido pelo Poder Legislativo.

B) Não, nos termos do Art. 68, § 3º, da Constituição Federal. Ao deliberar sobre o projeto, ou o Congresso Nacional o aprova integralmente ou o rejeita em sua totalidade, sendo vedada qualquer emenda.

Distribuição dos pontos

ITEM	PONTUAÇÃO
A) Não, com base no que dispõe o Art. 49, inciso V, da Constituição Federal (0,10), é de competência exclusiva do Congresso Nacional (o poder delegante) sustar os atos normativos do Poder Executivo que exorbitem os limites da delegação legislativa. (0,65). *Obs.: a mera citação do dispositivo legal não confere pontuação.*	0,00/0,65/0,75
B) Não, nos termos do Art. 68, § 3º, da Constituição Federal (0,10). Ao deliberar sobre o projeto, ou o Congresso Nacional o aprova integralmente ou o rejeita em sua totalidade (0,40). *Obs.: a mera citação do dispositivo legal não confere pontuação.*	0,00/0,40/0,50

(OAB/ Exame Unificado 2015.2- 2ª fase) Durante a campanha eleitoral, determinado candidato a Deputado Federal acusa o Governador do Estado de liderar atividades criminosas ligadas a bingos e cassinos clandestinos. Logo em seguida, o referido candidato é eleito. Após a posse, o Procurador--Geral da República oferece denúncia contra o referido Deputado Federal, perante o Supremo Tribunal Federal, pelo crime comum cometido. Em sua defesa, o parlamentar argumenta que se encontra amparado pela inviolabilidade (imunidade material) quanto às suas opiniões, palavras e votos, razão pela qual não poderia responder pelo crime que lhe é imputado.

Diante de tais fatos, responda aos itens a seguir.

A) Poderia o Procurador-Geral da República oferecer denúncia contra o Deputado Federal sem a prévia autorização da Câmara dos Deputados? (Valor: 0,50)

B) Na hipótese de um Deputado Federal responder por crime comum perante o Supremo Tribunal Federal, o término do mandato tem alguma consequência sobre a definição e manutenção da competência jurisdicional? (Valor: 0,75)

Responda justificadamente, empregando os argumentos jurídicos apropriados e a fundamentação legal pertinente ao caso.

GABARITO COMENTADO

A) Sim. Não há nenhuma necessidade de autorização prévia da Câmara dos Deputados a fim de dar início à ação penal, tal qual dispõe o Art. 53, § 3°, da Constituição de 1988. Antes da promulgação da EC 35/01, os Deputados e Senadores não podiam ser processados sem prévia licença da respectiva Casa Legislativa. Entretanto, atualmente, permite-se a abertura de processo penal no Supremo Tribunal Federal sem necessidade da licença prévia, sendo possível, apenas, pelo voto da maioria absoluta da respectiva Casa Legislativa, sustar o andamento da ação. Ou seja, "recebida a denúncia contra o Senador ou o Deputado por crime ocorrido após a diplomação, o Supremo Tribunal Federal dará ciência à Casa respectiva, que, por iniciativa de partido político nela representado e pelo voto da maioria de seus membros, poderá, até a decisão final, sustar o andamento da ação". Esse dispositivo (§ 3°, do Art. 53, da CRFB) aplica-se ao caso, mesmo o crime tendo sido praticado antes da diplomação, por força das regras principiológicas que informam as prerrogativas parlamentares.

B) Sim. A jurisprudência do STF evoluiu no sentido de não manter, após o término do mandato legislativo, o foro por prerrogativa de função previsto no Art. 53, § 1°, da Constituição Federal. Com efeito, até agosto de 1999 era aplicada a Súmula n° 394 do Supremo Tribunal Federal, que preservava o foro para os atos praticados no exercício do mandato, mesmo após o término deste. Porém, a súmula foi cancelada e a competência deixou de ser do Supremo Tribunal Federal. Portanto, a atual jurisprudência do STF entende que o foro especial por prerrogativa de função não permanece após o término do exercício da função pública. Ou seja, no término do exercício da função pública expira o direito ao foro especial por prerrogativa de função, devendo o processo ser remetido à Justiça ordinária competente.

Distribuição dos pontos

ITEM	PONTUAÇÃO
A) Sim. Não há qualquer necessidade de autorização prévia da Câmara dos Deputados para o oferecimento da denúncia pelo Procurador-Geral da República (0,50).	0,00/0,50
B) Sim. Com o término do exercício da função pública expira o direito ao foro especial por prerrogativa de função (0,65), previsto no Art. 53, § 1°, da CRFB/88 (0,10). *Obs.: A simples menção ou transcrição do artigo não será pontuada.*	0,00/0,65/0,75

PRÁTICA CONSTITUCIONAL – 8ª EDIÇÃO • EXERCÍCIOS PRÁTICOS | **47**

(OAB/ Exame Unificado 2015.1- 2ª fase) Denúncias de corrupção em determinada empresa pública federal foram publicadas na imprensa, o que motivou a instalação, na Câmara dos Deputados, de uma Comissão Parlamentar de Inquérito (CPI).

Em busca de esclarecimento dos fatos, a CPI decidiu convocar vários dirigentes da empresa pública para prestar depoimento. Em razão do interesse público envolvido, o jornalista que primeiro noticiou o caso na grande imprensa também foi convocado a prestar informações, sob pena de condução coercitiva, de modo a revelar a origem de suas fontes, permitindo, assim, a ampliação do rol dos investigados. Outra decisão da CPI foi a de quebrar o sigilo bancário dos dirigentes envolvidos nas denúncias de corrupção, objeto de apuração da comissão. Com base nessas informações, responda aos itens a seguir.

A) A CPI tem poder para intimar alguém a prestar depoimento, sob pena de condução coercitiva caso não compareça espontaneamente? (Valor: 0,40)

B) O jornalista convocado pode ser obrigado a responder indagações sobre a origem de suas fontes jornalísticas, em razão do interesse público envolvido? (Valor: 0,40)

C) A CPI tem poder para determinar a quebra do sigilo bancário dos investigados? (Valor: 0,45)

O examinando deve fundamentar suas respostas. A mera citação do dispositivo legal não confere pontuação.

GABARITO COMENTADO

A) A CPI tem poderes de investigação próprios das autoridades judiciais (Art. 58, § 3º, da CRFB), podendo determinar a condução coercitiva de testemunha.

B) O jornalista não pode ser obrigado a responder indagações sobre a origem de suas fontes, pois o Art. 5º, XIV, resguarda esse sigilo para os jornalistas, garantindo, assim, a liberdade de imprensa

C) Sim, O STF reconhece o poder da CPI para determinar a quebra do sigilo bancário dos investigados, observada a devida fundamentação para tanto, pois a competência decorre da atribuição de poderes de investigação próprios das autoridades judiciais, e a matéria não se insere na cláusula de reserva de jurisdição.

Distribuição dos pontos

ITEM	PONTUAÇÃO
A) Sim, a CPI tem poder para determinar a condução coercitiva, já que tem poderes próprios das autoridades judiciais. (0,30) / Art. 58, § 3º, da CRFB. (0,10) *Obs.: a mera citação do artigo não pontua.*	0,00/0,30/0,40
B) Não, o jornalista não é obrigado a revelar as suas fontes. (0,30) / Art. 5º, XIV, da CRFB. (0,10) *Obs.: a mera citação do artigo não pontua.*	0,00/0,30/0,40
C) Sim, o STF reconhece o poder da CPI para determinar a quebra do sigilo bancário dos investigados, pois a competência decorre da atribuição de poderes de investigação próprios das autoridades judiciais (0,20) e esta matéria não se insere na cláusula de reserva de jurisdição. (0,25)	0,00/0,20/0,45

4.1.1. Processo legislativo

(OAB/Exame Unificado 2019.2 – 2ª fase) O Presidente da República editou a Medida Provisória nº XW/18, permitindo que os Estados editassem lei dispensando a inserção, no âmbito do seu território, de algumas das informações a serem incluídas no registro civil das pessoas naturais.

Face à importância da temática versada, a Medida Provisória nº XW/18, por deliberação do colégio de líderes, foi imediatamente submetida à apreciação do plenário de cada casa do Congresso Nacional, daí resultando sua aprovação e a consequente promulgação da Lei nº DD/18.

A) Com abstração de considerações em torno de sua relevância e urgência, a Medida Provisória nº XW/18 atende aos seus pressupostos constitucionais? **(Valor: 0,75)**

B) O processo legislativo que culminou na aprovação da Lei nº DD/18 é compatível com a ordem constitucional? (Valor: 0,50)

Obs.: o(a) examinando(a) deve fundamentar suas respostas. A mera citação do dispositivo legal não confere pontuação.

GABARITO COMENTADO

A) Não. Compete privativamente à União legislar sobre registros públicos, nos termos do Art. 22, inciso XXV, da CRFB/88 e a autorização para que os Estados legislem sobre a matéria deve ser veiculada em lei complementar, conforme dispõe o Art. 22, parágrafo único, da CRFB/88. No entanto, nos termos do Art. 62, § 1º, inciso III, da CRFB/88, é vedada a edição de medidas provisórias sobre matéria reservada à lei complementar, como é o caso.

B) Não. Por imposição do Art. 62, § 9º, da CRFB/88, a Medida Provisória nº XW/2018 deve ser previamente submetida a uma comissão mista de Deputados e Senadores, antes de sua apreciação pelo plenário de cada Casa do Congresso Nacional.

Distribuição dos pontos

ITEM	PONTUAÇÃO
A[1]) Não. A autorização para que os Estados legislem sobre a matéria deveria ser veiculada em lei complementar (0,25), conforme dispõe o Art. 22, parágrafo único, da CRFB/88 (0,10).	0,00/0,25/0,35
A[2]) No entanto, é vedada a edição de medidas provisórias sobre matéria reservada à lei complementar (0,30), nos termos do Art. 62, § 1º, inciso III, da CRFB/88 (0,10).	0,00/0,30/0,40
B) Não. A Medida Provisória nº XW/2018 deveria ser previamente submetida a uma comissão mista de Deputados e Senadores, antes de sua apreciação pelo plenário de cada Casa do Congresso Nacional (0,40), por imposição do Art. 62, § 9º, da CRFB/88 (0,10).	0,00/0,40/0,50

PRÁTICA CONSTITUCIONAL – 8ª EDIÇÃO • EXERCÍCIOS PRÁTICOS   **49**

(OAB/Exame Unificado 2017.1 – 2ª fase) Determinado tratado internacional de proteção aos direitos humanos, após ser assinado pelo Presidente da República em 2005, foi aprovado, em cada casa do Congresso Nacional, em dois turnos, por quatro quintos dos votos dos respectivos membros, sendo promulgado na ordem interna.

Após a sua promulgação na ordem jurídica interna, percebeu-se que ele era absolutamente incompatível com regra constitucional que disciplinava certo direito dos administrados perante a Administração Pública, já que o ampliava consideravelmente.

Com base na situação narrada, responda aos itens a seguir.

A) O referido tratado pode ser considerado norma válida de natureza constitucional? (Valor: 0,75)

B) Caso seja identificado algum vício de inconstitucionalidade, seria possível submeter esse tratado ao controle concentrado de constitucionalidade realizado pelo Supremo Tribunal Federal? (Valor: 0,50)

Obs.: o(a) examinando(a) deve fundamentar suas respostas. A mera citação ou transcrição do dispositivo legal não confere pontuação.

GABARITO COMENTADO

A) O examinando deve responder que o tratado foi aprovado em harmonia com o procedimento previsto no Art. 5º, § 3º, da CRFB/88, com a redação dada pela Emenda Constitucional no 45/04, logo, é formalmente válido. Acresça-se que o fato de destoar da Constituição da República, por ter ampliado um direito, não caracteriza qualquer afronta às cláusulas pétreas previstas no Art. 60, § 4º, da CRFB/88, preceito que lhe é aplicável por ter a natureza de emenda constitucional. Portanto, é materialmente válido.

B) O examinando deve responder que o tratado aprovado na forma indicada está sujeito ao controle concentrado de constitucionalidade, consoante o disposto no Art. 102, inciso I, alínea a, da CRFB/88, por ter a natureza de ato normativo.

Distribuição dos pontos

ITEM	PONTUAÇÃO
A1) O tratado foi aprovado, logo, é formalmente válido (0,35), em harmonia com o procedimento previsto no Art. 5º, § 3º, da CRFB/88 (0,10).	0,00/0,35/0,45
A2) O fato de destoar da Constituição da República, por ter ampliado um direito, não caracteriza qualquer afronta ao disposto no Art. 60, § 4º, da CRFB/88 (0,10), preceito que lhe é aplicável por ter a natureza de emenda constitucional (0,10). Portanto, também é materialmente válido (0,10).	0,00/0,10/0,20/0,30
B) O tratado aprovado na forma indicada está sujeito ao controle concentrado de constitucionalidade por ser equivalente a emenda constitucional (0,20), por ter a natureza de ato normativo (0,20), consoante o disposto no Art. 102, inciso I, alínea a, da CRFB/88 (0,10).	0,00/0,20/0,30/0,40/0,50

ADOLFO NISHIYAMA • BRUNA VIEIRA • TERESA MELO

(OAB/ Exame Unificado- 2016.3- 2ª fase) Um candidato a Presidente da República, em discurso durante a campanha eleitoral, fez as proposições a seguir para seus eleitores:

A) que iria revogar imediatamente uma medida provisória nociva ao interesse público, que foi editada em 10 de setembro de 2001, antes, portanto, da promulgação da Emenda Constitucional nº 32/01 (que até hoje não foi apreciada pelo Congresso Nacional);

B) que iria editar medida provisória para modificar alguns artigos da Lei nº 6.815/80, mais especificamente aqueles que tratam da naturalização do estrangeiro residente no Brasil, bem como fixar novas regras processuais da Lei nº 8.078/90, que instituiu o Código de Defesa do Consumidor.

A partir da hipótese apresentada, com base nas regras do processo legislativo brasileiro, responda aos itens a seguir.

A) É constitucionalmente possível revogar uma Medida Provisória que tenha sido editada há vários anos e que ainda não tenha sido objeto de apreciação pelo Congresso Nacional, ou seja, não tenha sido rejeitada, nem convertida em lei, tal qual consta na primeira proposição feita pelo candidato? Justifique. (Valor: 0,65)

B) A segunda proposição feita pelo candidato no sentido de editar Medida Provisória com o intuito de regular a naturalização do estrangeiro residente no Brasil, bem como fixar novas regras processuais do Código de Defesa do Consumidor encontra amparo constitucional? Justifique. (Valor: 0,60)

Obs.: sua resposta deve ser fundamentada. A simples menção ao dispositivo legal não será pontuada.

GABARITO COMENTADO

A) Sim. O examinando deve destacar que a proposição desta MP teria amparo constitucional nos termos do Art. 2º da Emenda Constitucional nº 32/2001, que estabelece que as medidas provisórias antigas, editadas em data anterior à promulgação daquela EC, continuam em vigor até que venham a ser revogadas ou apreciadas pelo Congresso Nacional. Portanto, a proposição feita tem amparo constitucional. Com efeito, levando em consideração que a data da EC nº 32 é de 11 de setembro de 2001, é correto afirmar que a MP editada em 10 de setembro de 2001 ainda se encontra em vigor. É importante frisar que todas aquelas medidas provisórias editadas anteriormente à EC nº 32 de 11 de setembro de 2001 continuam em vigor até hoje, se não foram rejeitadas pelo Congresso Nacional ou revogadas por outra MP do Presidente da República.

B) Não. Tal medida provisória seria duplamente inconstitucional. Em primeiro lugar, porque estaria regulando matéria vedada a medida provisória, nos termos do Art. 62, § 1º, inciso I, alínea a, ou seja, matéria relativa à nacionalidade, à cidadania e aos direitos políticos (situação jurídica do estrangeiro no Brasil). Em segundo lugar, tal medida provisória seria incompatível com a CRFB/88, nos termos do Art. 62, § 1º, inciso I, alínea b, isto é, estaria versando sobre matéria de Direito Processual Civil (Código de Defesa do Consumidor)

PRÁTICA CONSTITUCIONAL – 8ª EDIÇÃO • EXERCÍCIOS PRÁTICOS **51**

(OAB/ Exame Unificado- 2016.2- 2ª fase) O deputado federal João da Silva, impulsionado por solicitação do seu partido, quer propor a alteração de alguns dispositivos normativos constantes da Lei nº 1.234, produzida pela via ordinária, em momento anterior à Constituição da República Federativa do Brasil de 1988. Porém, a atual ordem constitucional dispôs que a matéria de que trata a referida Lei nº 1.234 deve ser regulamentada via Lei Complementar.

Não sabendo como proceder, o referido deputado procura auxílio de sua assessoria jurídica a fim de sanar as dúvidas a seguir.

A) É possível considerar que a Lei nº 1.234 tenha mantido a conformidade constitucional com o advento da nova Constituição? Justifique. (Valor: 0,75)

B) Para a alteração dos dispositivos normativos constantes da Lei nº 1.234, que espécie legislativa deve ser utilizada pelo Deputado João da Silva? Justifique. (Valor: 0,50)

Obs.: o examinando deve fundamentar suas respostas. A mera citação do dispositivo legal não confere pontuação.

GABARITO COMENTADO

A) Sim, pois, nesse caso, se opera o fenômeno da recepção, que corresponde a uma revalidação das normas que não contrariam, materialmente, a nova Constituição. O importante é que a lei antiga não destoe materialmente da nova Constituição, pouco importando qual a forma com que se revista. Não se deve conferir importância a eventual incompatibilidade de forma com a nova Constituição, pois a forma é regida pela lei da época do ato (*tempus regit actum*). Assim, mesmo que o ato normativo seja veiculado por instrumento diverso daquele que a nova Carta exige para a regulação de determinada matéria, permanecerá em vigor e válido se houver concordância material, ou seja, no seu conteúdo, com as novas normas constitucionais.

B) Lei complementar. A partir da promulgação da nova Constituição, a Lei nº 1.234 foi recepcionada como "Lei Complementar"; portanto, diante da reserva constitucional expressa, qualquer alteração no seu texto deverá ser realizada por intermédio desta espécie legislativa.

Distribuição dos pontos

ITEM	PONTUAÇÃO
A) Sim, pois, nesse caso, se opera o fenômeno da recepção (0,40), que corresponde a uma revalidação das normas que não desafiam, materialmente, a nova Constituição (0,35).	0,0 / 0,35 / 0,40 / 0,75
B) Lei complementar (0,20). Diante da reserva constitucional expressa, qualquer alteração no seu texto deverá ser realizada por intermédio dessa espécie legislativa (0,30).	0,0 / 0,20 / 0,30 / 0,50

(OAB/Exame Unificado- 2015.3- 2º fase) Aprovado apenas pela Comissão de Relações Exteriores e de Defesa Nacional da Câmara dos Deputados, assim como no âmbito da mesma Comissão em razão dessa matéria do Senado Federal, determinado projeto de lei, que versava sobre política externa brasileira, foi levado à apreciação do Presidente da República, que resolveu vetá-lo, ao argumento de que nenhum projeto de lei pode ser aprovado sem a respectiva votação do Plenário de cada uma das casas legislativas.

Diante do relato acima, responda aos itens a seguir.

A) O veto apresentado pelo Chefe do Executivo encontra amparo constitucional? (Valor: 0,65)

B) É correto afirmar que, de acordo com o processo legislativo brasileiro, o veto do Presidente da República deve ser apreciado pela Casa Inicial e revisto pela Casa Revisora, dentro do prazo de quarenta e cinco dias, a contar do seu recebimento? (Valor: 0,60)

Obs.: Sua resposta deve ser fundamentada. A simples menção ao dispositivo legal não será pontuada.

GABARITO COMENTADO

A) Não. De acordo com o Art. 58, § 2º, I, da Constituição Federal, há projetos de lei que podem ser discutidos e votados apenas no âmbito das comissões constituídas, em razão da matéria de sua competência, na forma do Regimento Interno da Casa Legislativa, sem a necessidade de apreciação pelo Plenário, desde que não haja recurso de um décimo dos membros da respectiva Casa. Portanto, o veto do Presidente da República não encontra amparo constitucional. Nesse sentido, é constitucionalmente possível que a Comissão de Relações Exteriores e de Defesa Nacional aprove um projeto de lei que verse sobre a política externa brasileira (matéria da competência da referida Comissão) sem a necessidade de passar pelo Plenário da Casa, desde que não haja oposição de um décimo dos seus membros. Portanto, é o próprio texto constitucional que admite a possibilidade de se afastar a incidência do princípio da reserva de plenário, atribuindo às Comissões, em razão da matéria de sua competência, a prerrogativa de discutir, votar e decidir as proposições legislativas.

B) Não. De acordo com o Art. 66, § 4º, da Constituição Federal, o veto será apreciado em sessão conjunta, dentro do prazo de trinta dias a contar do seu recebimento, só podendo ser rejeitado pelo voto da maioria absoluta dos Deputados e Senadores. Esgotado o prazo de trinta dias, o veto será colocado na ordem do dia da sessão imediata, sobrestadas as demais proposições, até a sua votação final.

Distribuição dos pontos

ITEM	PONTUAÇÃO
A) Não. Nos termos do Art. 58, § 2º, I, da Constituição Federal (0,10), há matérias que dispensam a reserva de plenário, de acordo com o Regimento Interno da Casa Legislativa. No entanto, ainda que haja previsão do Regimento, a apreciação no âmbito do Plenário será obrigatória se houver recurso de 1/10 dos membros da Casa. (0,55). *Obs.: a mera citação do dispositivo legal não confere pontuação.*	0,00/0,55/0,65

B1) Não. Nos termos do Art. 66, § 4º, da Constituição Federal (0,10), o veto será apreciado em sessão conjunta, só podendo ser rejeitado pelo voto da maioria absoluta dos Deputados e Senadores (0,20). *Obs.: a mera citação do dispositivo legal não confere pontuação.*	0,00/0,20/0,30
B2) A apreciação do veto deverá ser feita dentro do prazo de trinta dias a contar de seu recebimento (0,30).	0,00/0,30

(OAB/ Exame Unificado- 2015.3- 2ª fase) A Medida Provisória Z (MP Z), editada pelo Governador do Estado H com o propósito de diminuir o alto grau de evasão escolar, regulou a concessão de bolsas escolares a alunos carentes matriculados em escolas públicas estaduais. Em virtude de crise política que surgiu entre o Executivo e o Legislativo, a referida Medida Provisória não foi convertida em lei. Ultrapassado o prazo de 60 dias, a Casa Legislativa não disciplinou as relações jurídicas surgidas no período em que a MP Z vigorou. João, que se beneficiou por três meses da referida bolsa, apreensivo, relatou a Carlos, um amigo, servidor da Assembleia Legislativa, que teme ter de devolver a totalidade do valor recebido. Carlos tranquilizou-o e informou-lhe que a crise política fora debelada, de modo que a Assembleia apenas aguarda a reedição da Medida Provisória, a fim de convertê-la em lei, ainda no mesmo ano legislativo em que a MP Z perdeu a eficácia.

Considerando que a Constituição do Estado H regulou o processo legislativo em absoluta simetria com o modelo usado pela Constituição Federal, responda aos itens a seguir.

A) João terá de devolver aos cofres públicos o dinheiro recebido a título da bolsa? Fundamente. (Valor: 0,75)

B) A informação passada por Carlos a João encontra-se em harmonia com a sistemática constitucional? Justifique. (Valor: 0,50)

Obs.: Sua resposta deve ser fundamentada. A simples menção ao dispositivo legal não será pontuada.

GABARITO COMENTADO

A) Não. João não precisará devolver o valor recebido a título de bolsa, já que, conforme informado na questão, a não edição de decreto legislativo que regulamentasse as relações jurídicas estabelecidas pela MP Z, no prazo de sessenta dias após a perda de sua eficácia, acabou por implicar o reconhecimento dos efeitos jurídicos produzidos no período em que a MP esteve vigente, nos termos do que informa o Art. 62, § 11, da CF.

B) Não, pois, no caso em referência, tendo a medida provisória perdido sua eficácia, vedada seria sua reedição na mesma sessão legislativa, nos termos do que informa o Art. 62, § 10, da Constituição Federal.

Distribuição dos pontos

ITEM	PONTUAÇÃO
A) Não. João não precisará devolver o valor recebido a título de bolsa, já que, conforme informado na questão, a não edição de decreto legislativo que viesse a regulamentar as relações jurídicas estabelecidas pela MP "Z", no prazo de sessenta dias após a perda de sua eficácia, acabou por implicar no reconhecimento dos efeitos jurídicos produzidos no período em que a mesma esteve vigente (0,65), nos termos do que informa o Art. 62, § 11, da CRFB (0,10). *Obs.: a mera citação do dispositivo legal não confere pontuação.*	0,00/0,65/0,75
B) Não, pois no caso em referência, tendo a medida provisória perdido sua eficácia, *vedada seria sua reedição na mesma sessão legislativa* (0,40), nos termos do que informa o Art. 62, § 10, da Constituição Federal (0,10). *Obs.: a mera citação do dispositivo legal não confere pontuação.*	0,00/0,40/0,50

(OAB/ Exame Unificado- 2015.2- 2º fase) Projeto de lei aprovado pela Câmara dos Deputados, contendo vício de inciativa, foi encaminhado ao Senado Federal. Na Casa revisora, o texto foi aprovado com pequena modificação, sendo suprimida determinada expressão, sem, contudo, alterar o sentido normativo objetivado pelo texto aprovado na Câmara. O projeto foi, então, enviado ao Presidente da República, que, embora tenha protestado pelo fato de ser a matéria disciplinada pelo Parlamento, de iniciativa privativa do Chefe do Poder Executivo, sancionou-o por concordar com os termos ali estabelecidos, originando a Lei L.

Diante dos fatos narrados, responda aos itens a seguir.

A) A não devolução do processo à Casa Iniciadora sempre configurará violação ao devido processo legislativo? Justifique. (Valor: 0,75)

B) No caso em tela, a sanção presidencial possuiria o condão de suprir o vício de iniciativa ao projeto de Lei? *Justifique. (Valor: 0,50)*

Responda justificadamente, empregando os argumentos jurídicos apropriados e a fundamentação legal pertinente ao caso.

GABARITO COMENTADO

A) Não. A alteração de texto não implica, necessariamente, o retorno do projeto à Casa iniciadora, já que mudança dessa natureza somente assume relevância se houver alteração do significado normativo. Nesta linha: "Medida cautelar em ação direta de inconstitucionalidade. LC 101, de 4-5-2000 (Lei de Responsabilidade Fiscal). MP 1.980-22/2000. (...) LC 101/2000. Vício formal. Inexistência. O parágrafo único do Art. 65 da CF só determina o retorno do projeto de lei à Casa iniciadora se a emenda parlamentar introduzida acarretar modificação no sentido da proposição jurídica."

B) Não. Confirmada a usurpação do poder de iniciativa, mesmo a sanção do projeto de lei não possui o condão de afastar o vício de inconstitucionalidade formal. Neste sentido, a ulterior aquiescência do Chefe do Poder Executivo, com a sanção, ainda quando dele

PRÁTICA CONSTITUCIONAL – 8ª EDIÇÃO • EXERCÍCIOS PRÁTICOS   **55**

seja a prerrogativa usurpada, não tem o condão de sanar o vício de inconstitucionalidade. Restou superada a Súmula nº 5 do STF. Nesta linha: "A sanção do projeto de lei não convalida o vício de inconstitucionalidade resultante da usurpação do poder de iniciativa. A ulterior aquiescência do chefe do Poder Executivo, mediante sanção do projeto de lei, ainda quando dele seja a prerrogativa usurpada, não tem o condão de sanar o vício radical da inconstitucionalidade. Insubsistência da Súmula 5/STF. Doutrina. Precedentes."

Distribuição dos pontos

ITEM	PONTUAÇÃO
A) Não. A alteração de texto não implica, necessariamente, no retorno do projeto à Casa iniciadora. A mudança do texto só impõe o retorno se houver alteração do significado normativo (0,75).	0,00/0,75
B) Não. Confirmada a usurpação do poder de iniciativa, a sanção do projeto de lei não convalida o vício de inconstitucionalidade (0,30). Esta conclusão é reforçada pela necessidade de respeito ao princípio da divisão de poderes (0,20)	0,00/0,20/0,30/0,50

4.2. Poder Executivo

(OAB/Exame Unificado 2020.1- 2ª fase) Com o objetivo de ampliar os níveis de fiscalização sobre as atividades desenvolvidas pelo Poder Executivo federal, foi promulgada a Lei Federal XX/2018, a partir de projeto de lei de iniciativa parlamentar, dispondo que a celebração de contratos administrativos de valor superior a um milhão de reais deveria ser previamente autorizada pelo Congresso Nacional. Para facilitar a fiscalização, o referido diploma normativo ainda determinou a criação do Ministério de Fiscalização, definindo as atribuições do Ministro de Estado.

A partir da hipótese apresentada, responda aos itens a seguir.

A) A autorização do Poder Legislativo, exigida pela Lei Federal XX/2018, é compatível com a Constituição da República? (Valor: 0,70)

B) A criação do Ministério de Fiscalização, pela Lei Federal XX/2018, é compatível com a Constituição da República? (Valor: 0,55)

Obs.: o(a) examinando(a) deve fundamentar suas respostas. A mera citação do dispositivo legal não confere pontuação.

GABARITO COMENTADO

A) Não. A lei é materialmente inconstitucional, pois a exigência de prévia autorização do Poder Legislativo para a celebração de certos contratos administrativos afronta a separação dos poderes (Art. 2º da CRFB/88) e a competência privativa do Presidente da República para exercer, com o auxílio dos Ministros de Estado, a direção superior da administração federal (Art. 84, inciso II, da CRFB/88).

B) Não. A criação do Ministério de Fiscalização, a partir de projeto de lei de iniciativa parlamentar, afronta a iniciativa privativa do Chefe do Poder Executivo nessa matéria (Art. 61, § 1º, inciso II, alínea *e*, da CRFB/88), logo, a lei é formalmente inconstitucional sob esse prisma.

Distribuição dos pontos

ITEM	PONTUAÇÃO
A¹) Não. A lei é materialmente inconstitucional (0,15), porque a exigência de prévia autorização do Poder Legislativo para a celebração de certos contratos administrativos afronta a separação dos poderes (0,15), segundo o Art. 2º da CRFB/88 (0,10)	0,00/0,15/0,25/0,30/0,40
A²) É competência privativa do Presidente da República exercer a direção superior da administração federal (0,20), segundo Art. 84, inciso II, da CRFB/88 (0,10).	0,00/0,20/0,30
B) Não. A lei é formalmente inconstitucional (0,15). A criação do Ministério de Fiscalização, a partir de projeto de lei de iniciativa parlamentar, afronta a iniciativa privativa do Chefe do Poder Executivo nessa matéria (0,30), segundo o Art. 61, § 1º, inciso II, alínea *e*, da CRFB/88 (0,10).	0,00/0,15/0,25/0,30/0,40 /0,45/0,55

(OAB/Exame Unificado 2019.2 – 2ª fase) A Constituição do Estado Alfa dispôs que os prefeitos municipais deveriam observar, em sua gestão, as diretrizes traçadas no plano anual estabelecido pelo Governador do Estado, que seriam executadas em conjunto com os secretários municipais, a serem nomeados após aprovação da respectiva Câmara Municipal.

A partir da hipótese apresentada, responda aos itens a seguir.

A) A vinculação dos prefeitos municipais ao plano anual do governo estadual é compatível com a Constituição da República? **(Valor: 0,60)**

B) A competência outorgada às Câmaras Municipais está em harmonia com a Constituição da República? (Valor: 0,65)

Obs.: o(a) examinando(a) deve fundamentar suas respostas. A mera citação do dispositivo legal não confere pontuação.

GABARITO COMENTADO

A) Não. A autonomia municipal, consagrada no Art. 18, *caput*, da CRFB/88, impede a vinculação dos prefeitos municipais às diretrizes políticas de autoridade vinculada a outro nível federativo.

B) Não. Compete ao chefe do Poder Executivo municipal nomear os secretários municipais, independentemente de prévia aprovação da Câmara Municipal, conforme dispõe o Art. 84, inciso I, c/c. o Art. 25, caput, ambos da CRFB/88, sendo que o previsto na Constituição Estadual também afronta o princípio da separação dos poderes, previsto no Art. 2º da CRFB/88.

PRÁTICA CONSTITUCIONAL – 8ª EDIÇÃO • EXERCÍCIOS PRÁTICOS | **57**

Distribuição dos pontos

ITEM	PONTUAÇÃO
A) Não. A autonomia municipal impede a vinculação dos prefeitos municipais às diretrizes políticas de autoridade vinculada a outro nível federativo (0,50), segundo o Art. 18, *caput*, da CRFB/88 (0,10).	0,00/0,50/0,60
B) Não. Compete ao chefe do Poder Executivo municipal nomear os secretários municipais, independentemente de prévia aprovação da Câmara Municipal (0,55), conforme dispõe o Art. 84, inciso I, **c/c**. o Art. 25, *caput*, **ou** Art. 11 do ADCT, todos da CRFB/88 **OU** em atenção ao princípio da separação dos poderes (art. 2º da CRFB/88) (0,10).	0,00/0,55/0,65

(OAB/ Exame Unificado 2017.1- 2ª fase) O Governador do Estado Z, no decorrer de seu mandato, é processado por agredir fisicamente um funcionário do hotel em que se hospedara no decorrer de suas férias, pois esse funcionário não teria tido o devido cuidado no transporte de suas malas. O fato ganhou as manchetes dos meios de comunicação, o que deu origem a uma forte pressão popular para que o agente político respondesse penalmente pelo desvio de conduta cometido.

O Governador, preocupado, alega em sua defesa que se trata de conduta não passível de responsabilização, pois, quando a Constituição estabelece que o Presidente da República não responde por crimes estranhos ao exercício de sua função, estende tal direito, com base no princípio da simetria, a todos os chefes de Poder Executivo.

Sobre o fato descrito, responda aos itens a seguir.

A) Tem razão o Governador quando afirma que, se a conduta descrita fosse praticada pelo Presidente da República, este não responderia criminalmente? Justifique. (Valor: 0,60)

B) No caso em tela, o Ministério Público poderia ajuizar a ação penal, de imediato, em face do Governador? Justifique. (Valor: 0,65)

Obs.: o(a) examinando(a) deve fundamentar as respostas. A mera citação do dispositivo legal não confere pontuação.

GABARITO COMENTADO

A) Não possui. O que o Art. 86, § 4º, da CRFB/88 confere ao Presidente da República é uma prerrogativa de índole processual, ou mesmo uma imunidade temporária à persecução penal. O preceito não dispõe que o Presidente é irresponsável por crimes não funcionais praticados no curso do mandato, mas apenas que, por tais crimes, não poderá ser responsabilizado enquanto não cessar sua investidura na Presidência da República.

B) Sim. De acordo com o sistema jurídico-constitucional brasileiro, as prerrogativas contempladas nesse preceito da Lei Fundamental, por serem unicamente compatíveis com a condição institucional de Chefe de Estado, e não com a de Chefe de Governo, são aplicáveis apenas ao Presidente da República, não sendo extensíveis aos Governadores. Além disso, poder-se-ia alegar que a aplicação da simetria no caso em tela é medida violadora ao princípio republicano. Nessa linha, o Governador do Estado Z, não gozando dessa prerrogativa, não possui nem mesmo direito à imunidade temporária à persecução penal garantida ao Presidente, podendo a ação penal ser ajuizada de imediato.

Distribuição dos pontos

ITEM	PONTUAÇÃO
A) Não possui razão. O que o Art. 86, § 4º, da CRFB/88 (0,10) confere ao Presidente da República não é imunidade penal, mas imunidade temporária à persecução penal que impede a sua responsabilização enquanto não cessar sua investidura no cargo de Presidente da República (0,50).	0,00/0,50/0,60
B) Sim. O Governador não goza da imunidade temporária à persecução penal outorgada ao Presidente da República pelo Art. 86, § 4º, da CRFB/88 (0,10), porque unicamente compatível com a condição institucional de Chefe de Estado, e não com a de Chefe de Governo (0,55) OU porque a aplicação da simetria no caso em tela é medida violadora ao princípio republicano (0,55), previsto no Art. 1º, *caput*, da CRFB/88 (0,10)	0,00/0,55/0,65

4.3. Poder Judiciário

(OAB/2ª FASE – XXXV) O Governador do Estado *Alfa* foi intimado, pelo Tribunal de Justiça local, de acórdão proferido pelo colegiado competente, o qual, com fundamento na isonomia, confirmou sentença de primeiro grau e determinou o reajuste dos vencimentos dos servidores públicos estaduais, com base no índice federal de correção monetária utilizado, por determinação legal, para os servidores federais.

À luz da narrativa acima, responda aos questionamentos a seguir.

A) O acórdão do Tribunal de Justiça do Estado Alfa é compatível com a ordem constitucional? **(Valor: 0,60)**

B) Considerando a ausência de prequestionamento de norma constitucional na instância ordinária, qual é a medida constitucional cabível para que a causa seja submetida à apreciação do Supremo Tribunal Federal? **(Valor: 0,65)**

Obs.: o(a) examinando(a) deve fundamentar suas respostas. A mera citação do dispositivo legal não confere pontuação.

GABARITO COMENTADO

A) Não. Ao utilizar, para os servidores estaduais, o índice de correção monetária empregado para os servidores federais, o acórdão afrontou a vedação constitucional à vinculação de espécies remuneratórias (Art. 37, inciso XIII, da CRFB/88).

B) A medida constitucional cabível, nos termos do Art. 103-A, § 3º, da CRFB/88 ou do Art. 7º, caput, da Lei nº 11.417/06 ou do Art. 988, inciso III, do CPC, é a reclamação, pois restou violada a Súmula Vinculante 42 do STF.

PRÁTICA CONSTITUCIONAL – 8ª EDIÇÃO • EXERCÍCIOS PRÁTICOS **59**

Distribuição de pontos

ITEM	PONTUAÇÃO
A. Não. Ao utilizar, para os servidores estaduais, o índice de correção monetária empregado para os servidores federais, o acórdão afrontou a vedação constitucional à vinculação de espécies remuneratórias (0,50), conforme Art. 37, inciso XIII, da CRFB/88 **ou** Súmula 339 **ou** Súmula Vinculante 37 **ou** Súmula 681 **ou** Súmula Vinculante 42, todas do STF (0,10).	0,00/0,50/0,60
B. A medida constitucional cabível é a _reclamação_ (0,40), por violar Súmula Vinculante (0,15), nos termos do Art. 103-A, § 3º, da CRFB/88 **ou** do Art. 7º, _caput_, da Lei nº 11.417/06 **ou** do Art. 988, inciso III, do CPC (0,10).	0,00/0,40/ 0,50/0,55/0,65

(OAB/2ª FASE – XXXIV) O Supremo Tribunal Federal julgou procedente o pedido formulado em Ação Direta de Inconstitucionalidade e declarou, no início de 2018, a inconstitucionalidade da Lei XX do Estado Teta. Apesar de a decisão ter sido comunicada às autoridades estaduais e o acórdão ter sido regularmente publicado, a Lei XX continuou a ser aplicada pelos órgãos do Poder Executivo do Estado Teta, sob o argumento de que circunstâncias fáticas posteriores teriam afastado o fundamento de sua inconstitucionalidade.

Apesar de ter impugnado esse entendimento perante as instâncias locais do Poder Judiciário, a sociedade empresária Beta não teve o seu pleito acolhido, deixando de fruir certo benefício tributário.

Sobre a hipótese apresentada, responda aos itens a seguir.

A) Qual é o instrumento processual passível de ser utilizado para que o Supremo Tribunal Federal possa determinar o cumprimento, pelos órgãos do Poder Executivo do Estado Teta, do acórdão proferido na Ação Direta de Inconstitucionalidade? Justifique. **(Valor: 0,60)**

B) A sociedade empresária Beta tem legitimidade para utilizar o instrumento objeto do questionamento anterior? Justifique. **(Valor: 0,65)**

Obs.: o(a) examinando(a) deve fundamentar suas respostas. A mera citação do dispositivo legal não confere pontuação.

GABARITO COMENTADO

A) O instrumento a ser utilizado para assegurar a autoridade da decisão do Supremo Tribunal Federal é a _reclamação_, nos termos do Art. 102, inciso I, alínea l, da CRFB/88, porque a utilização da reclamação decorre do descumprimento da ADI.

B) A sociedade empresária Beta, por ter interesse na observância do acórdão proferido na Ação Direta de Inconstitucionalidade, tem legitimidade para utilizar a reclamação, conforme dispõe o Art. 988 do CPC.

Distribuição dos pontos

ITEM	PONTUAÇÃO
A. Reclamação (0,30), porque sua utilização decorre do descumprimento da ADI (0,20), nos termos do Art. 102, inciso I, alínea l, da CRFB/88 ou Art. 988, inciso III, do CPC (0,10).	0,00/0,30/ 0,40/0,50/ 0,60
B. Sim, por ter interesse na observância do acórdão proferido na Ação Direta de Inconstitucionalidade, tem legitimidade para utilizar a reclamação (0,55), conforme dispõe o Art. 988 do CPC (0,10).	0,00/0,55/0,65

(OAB/2ª FASE – XXXIII) Após longa disputa judicial com o Estado Beta, foi dado ganho de causa ao cliente de José dos Santos, único advogado que atuara na causa. Em razão da sucumbência, o Estado Beta foi condenado a pagar honorários advocatícios a José em valores milionários. Com a execução dos honorários advocatícios, José foi informado que o seu crédito foi inserido, por decisão do Presidente do Tribunal de Justiça local, na ordem geral de precatórios.

Sobre o caso narrado, responda aos itens a seguir.

A) A decisão do Presidente do Tribunal de Justiça é compatível com a Constituição da República? **(Valor: 0,60)**

B) Preenchidos os requisitos exigidos, qual é a medida constitucional passível de ser ajuizada por José para impugnar a decisão proferida pelo Presidente do Tribunal de Justiça perante o Supremo Tribunal Federal? **(Valor: 0,65)**

Obs.: o examinando deve fundamentar suas respostas. A mera citação do dispositivo legal não confere pontuação.

GABARITO COMENTADO

A) Não. Os honorários advocatícios têm natureza alimentar, nos termos da Súmula Vinculante 47, devendo ser pagos com preferência sobre os demais débitos, na forma do Art. 100, § 1º, da CRFB/88.

B) Como a decisão do Presidente do Tribunal de Justiça afrontou a Súmula Vinculante nº 47, é possível o *ajuizamento de reclamação* perante o Supremo Tribunal Federal, nos termos do Art. 103-A, § 3º, da CRFB/88 **ou** do Art. 7º da Lei nº 11.417/06.

Distribuição dos pontos

ITEM	PONTUAÇÃO
A. Não. Os honorários advocatícios têm natureza alimentar (0,20), nos termos da Súmula Vinculante nº 47 (0,10), devendo ser pagos com preferência sobre os demais débitos (0,20), na forma do Art. 100, § 1º, da CRFB/88 (0,10).	0,00/0,20/0,30/ 0,40/0,50/0,60
B. A medida judicial cabível em face de decisão do Presidente do Tribunal de Justiça é a Reclamação perante o Supremo Tribunal Federal (0,55), nos termos do Art. 103-A, § 3º, da CRFB/88 **ou** do Art. 7º da Lei nº 11.417/06 (0,10).	0,00/0,55/0,65

PRÁTICA CONSTITUCIONAL – 8ª EDIÇÃO • EXERCÍCIOS PRÁTICOS **61**

(OAB/Exame Unificado 2018.3- 2ª fase) Um grupo de criminosos fortemente armados desferiu disparos de arma de fogo contra diversos populares no Estado Alfa, dando causa à morte de trinta pessoas. No dia seguinte aos fatos, momento em que as autoridades estaduais já tinham iniciado a investigação do ocorrido, certa autoridade federal afirmou que os fatos eram de extrema gravidade, sendo evidente o descumprimento das obrigações internacionais assumidas pela República Federativa do Brasil, bem como que adotaria medida, nesse mesmo dia, para que a investigação dos crimes não fosse realizada por autoridades estaduais.

À luz da narrativa acima, responda aos questionamentos a seguir.

A) Que medida judicial poderia ser adotada pela autoridade federal competente para que a investigação dos crimes fosse transferida das autoridades estaduais para as federais? Justifique. (**Valor: 0,60**)

B) Considerando os dados da narrativa acima, em especial o fato de não haver qualquer notícia da ineficiência das autoridades estaduais, a medida judicial eventualmente ajuizada deveria ser acolhida pelo Tribunal competente? Justifique. (**Valor: 0,65**)

Obs.: o(a) examinando(a) deve fundamentar as respostas. A mera citação do dispositivo legal não confere pontuação.

GABARITO COMENTADO

A) A medida judicial que poderia ser ajuizada, pelo Procurador-Geral da República, é o incidente de deslocamento de competência para a Justiça Federal, isso em razão da grave violação de direitos humanos, conforme dispõe o Art. 109, § 5º, da CRFB/88.

B) A medida judicial não deveria ser acolhida pelo Superior Tribunal de Justiça, já que ajuizada no dia seguintes aos fatos, inexistindo notícia de ineficiência das autoridades estaduais na sua apuração. Exige-se que a atuação federal ocorra em caráter subsidiário, conforme reiterada interpretação do Tribunal a respeito do Art. 109, § 5º, da CRFB/88.

Distribuição dos pontos

ITEM	PONTUAÇÃO
A) Incidente de deslocamento de competência para a Justiça Federal **OU** Federalização da investigação decorrente de grave violação de direitos humanos (0,50), conforme dispõe o Art. 109, § 5º, da CRFB/88 (0,10).	0,00/0,50/0,60
B) A medida judicial não deveria ser acolhida porque a atuação federal deve ocorrer em caráter subsidiário (0,25), tendo sido ajuizada no dia seguinte aos fatos **OU** quando já iniciada a apuração estadual **OU** sem notícia de ineficiência das autoridades estaduais (0,30),conforme jurisprudência consolidada do Superior Tribunal de Justiça (0,10).	0,00/0,25/0,30/ 0,35/0,40/0,55/ 0,65

(OAB/Exame Unificado 2018.2- 2ª fase) A sociedade empresária Vertical, que possui uma rede de lojas de material de construção nos Municípios A, B e C, decidiu abrir uma nova loja no Município D. Após realizar pesquisa de mercado, identificou o bairro XX como o de maior potencial para a construção civil. Ato contínuo, solicitou autorização à autoridade municipal competente para instalar sua nova loja no referido bairro.

62 ADOLFO NISHIYAMA • BRUNA VIEIRA • TERESA MELO

Para surpresa da sociedade empresária Vertical, o requerimento formulado à autoridade competente do Município D foi indeferido sob o argumento de que o bairro XX já contava com quatro lojas de material de construção, sendo que a Lei Municipal n° 123/10 vedava que estabelecimentos dessa natureza fossem instalados, no mesmo bairro, a menos de 500m de distância um do outro, óbice que não poderia ser contornado naquele caso. Manejados os recursos administrativos cabíveis e esgotada a via administrativa, a proibição foi mantida.

À luz da narrativa acima, responda aos questionamentos a seguir.

A) A Lei n° 123/10, do Município D, apresenta alguma incompatibilidade de ordem material com a Constituição da República Federativa do Brasil, de 1988? **(Valor: 0,60)**

B) A sociedade empresária Vertical tem legitimidade para impugnar, perante o Supremo Tribunal Federal, a decisão da autoridade competente do Município D, que indeferiu o pedido de autorização para a instalação da loja de material de construção no bairro XX? **(Valor: 0,65)**

Obs.: o(a) examinando(a) deve fundamentar as respostas. A mera citação do dispositivo legal não confere pontuação.

GABARITO COMENTADO

A) A Lei n° 123/10, ao não permitir a instalação de outra loja de material de construção no Bairro XX, ofendeu o princípio da livre concorrência, previsto no Art. 170, inciso IV, da CRFB/1988, conforme dispõe a Súmula Vinculante n° 49 ("Ofende o princípio da livre concorrência lei municipal que impede a instalação de estabelecimentos comerciais do mesmo ramo em determinada área").

B) Como a decisão administrativa afrontou a Súmula Vinculante n° 49 e foi exaurida a instância administrativa, a sociedade empresária Vertical tem legitimidade para ajuizar reclamação perante o Supremo Tribunal Federal, nos termos do Art. 7°, *caput* (ou Art. 103-A, § 3°, da CRFB/88) e § 1°, da Lei n° 11.417/06.

Distribuição dos pontos

ITEM	PONTUAÇÃO
A) A Lei n° 123/10, ao não permitir a instalação de outra loja de material de construção no Bairro XX, ofendeu o princípio da livre concorrência (0,50), previsto no Art. 170, inciso IV, da CRFB/ 88 (0,10).	0,00/0,50/0,60
B¹) A decisão administrativa afrontou a Súmula Vinculante n° 49 (0,25) e foi exaurida a instância administrativa **OU** foi cumprido o requisito do Art. 7°, §1°, da Lei n° 11.417/06 (0,10).	0,00/0,10/0,25/0,35
B²) A sociedade empresária Vertical tem legitimidade para ajuizar reclamação perante o Supremo Tribunal Federal (0,20), nos termos do Art. 7°, *caput*, da Lei n° 11.417/06, **OU** do Art. 103-A, § 3°, da CRFB/88 (0,10).	0,00/0,20/0,30

PRÁTICA CONSTITUCIONAL – 8ª EDIÇÃO • EXERCÍCIOS PRÁTICOS | **63**

(**OAB/ Exame Unificado 2015.1- 2ª fase**) Os jornais noticiaram violenta chacina ocorrida no Estado Y, onde foram torturadas e assassinadas dezenas de crianças e mulheres de uma comunidade rural de baixa renda, com suspeita de trabalho escravo. É aberto inquérito policial para a investigação dos fatos e, passado um mês do ocorrido, a polícia e as autoridades locais mantêm-se absolutamente inertes, configurando, de forma patente, omissão na apuração dos crimes. A imprensa nacional e a internacional dão destaque à omissão, afirmando que o Estado Y não é capaz de assegurar a proteção aos diversos direitos humanos contidos em tratados internacionais dos quais o Brasil é signatário.

Com base no caso apresentado, responda aos itens a seguir.

A) O que se entende por federalização dos crimes contra os direitos humanos? (Valor: 0,65)

B) O Presidente da República pode requerer a aplicação do instituto? Perante qual juízo ou tribunal brasileiro deve ser suscitado o instituto da federalização dos crimes contra os direitos humanos? (Valor: 0,60)

O examinando deve fundamentar suas respostas. A mera citação do dispositivo legal não confere pontuação.

GABARITO COMENTADO

A) O examinando deve indicar que a federalização dos crimes contra os direitos humanos é um instituto trazido pela Emenda Constitucional nº 45/2004, consistente na possibilidade de deslocamento de competência da Justiça comum para a Justiça Federal, nas hipóteses em que ficar configurada grave violação de direitos humanos. Tem previsão no Art. 109, § 5º, da Constituição Federal. A finalidade do instituto é a de assegurar proteção efetiva aos direitos humanos e o cumprimento das obrigações assumidas pelo Brasil em tratados internacionais.

B) O examinando deve indicar que o Presidente da República não tem competência para suscitar a aplicação do instituto. Conforme previsão constante do Art. 109, § 5º, da Constituição Federal, apenas o Procurador Geral da República pode suscitar a aplicação do instituto, e, nos termos do mesmo dispositivo, o tribunal perante o qual deve ser suscitado o instituto é o Superior Tribunal de Justiça (STJ).

Distribuição dos pontos

ITEM	PONTUAÇÃO
A1) A federalização dos crimes contra os direitos humanos é um instituto trazido pela Emenda Constitucional n. 45/2004, que consiste na possibilidade de <u>deslocamento de competência</u> da Justiça comum para a Justiça Federal (0,35)	0,00/0,35
A2) A federalização dos crimes tem cabimento nas hipóteses em que ficar configurada grave violação de direitos humanos (0,20).	0,00/0,20
A3) Tem previsão no Art. 109, § 5º, da Constituição Federal. (0,10) Obs.: A mera citação do dispositivo legal não confere pontuação, e deve ser contextualizada com o conteúdo dos itens A1 ou A2.	0,00/0,10

B1) Não, o Presidente da República não pode suscitar a aplicação do instituto. Apenas o Procurador Geral da República tem legitimidade para fazê-lo, (0,20)	0,00/0,20
B2) O instituto deve ser suscitado perante o Superior Tribunal de Justiça (STJ), conforme previsão do mesmo dispositivo. (0,30)	0,00/0,30
B3) Conforme Art. 109, § 5º, da Constituição Federal. (0,10) Obs.: A mera citação do dispositivo legal não confere pontuação, e deve ser contextualizada com o conteúdo dos itens B1 ou B2.	0,00/0,10

5. CONTROLE DE CONSTITUCIONALIDADE

5.1. Controle concentrado

5.1.1. Legitimidade e objeto

(OAB/2ª FASE – XXXIII) Com o objetivo declarado de proteger a pessoa humana, foi promulgada, no Município Alfa, a Lei nº 123/2018, que estabeleceu certos limitadores a serem observados, em seu território, na veiculação de anúncios pagos com o fim de divulgação e comercialização de produtos nocivos à saúde.

Sobre a hipótese, responda aos itens a seguir.

A) A Lei nº 123/2018 é compatível com a Constituição da República? (Valor: 0,60)

B) Há algum instrumento que permita submetê-la ao controle concentrado de constitucionalidade perante o Supremo Tribunal Federal? (Valor: 0,65)

Obs.: o examinando deve fundamentar suas respostas. A mera citação do dispositivo legal não confere pontuação.

GABARITO COMENTADO

A) A Lei nº 123/18 é inconstitucional, pois compete privativamente à União legislar sobre propaganda comercial, nos termos do Art. 22, inciso XXIX, da Constituição da República.

B) A Lei nº 123/18 pode ser submetida ao controle concentrado de constitucionalidade perante o Supremo Tribunal Federal, por meio da *arguição de descumprimento de preceito fundamental*, nos termos do Art. 1º, parágrafo único, inciso I, da Lei nº 9.882/99.

Distribuição dos pontos

ITEM	PONTUAÇÃO
A. Não. A Lei nº 123/18 é inconstitucional, pois compete privativamente à União legislar sobre propaganda comercial (0,50), nos termos do Art. 22, inciso XXIX, **ou** Art. 220, § 3º, inciso II, **ou** Art. 220, § 4º, todos da CRFB/88 (0,10).	0,00/0,50/0,60
B. Sim. É cabível a *arguição de descumprimento de preceito fundamental* (0,55), nos termos do Art. 102, § 1º, da CRFB/88 **ou** Art. 1º, parágrafo único, inciso I, da Lei nº 9.882/99 (0,10).	0,00/0,55/0,65

PRÁTICA CONSTITUCIONAL – 8ª EDIÇÃO • EXERCÍCIOS PRÁTICOS **65**

(OAB/Exame Unificado 2020.1- 2ª fase) A Lei nº 123/2018 do Estado Alfa, com o objetivo declarado de integrar os distintos segmentos étnicos e ideológicos existentes em seu território, assegurou aos indígenas o direito de ocuparem até 10% da área das propriedades rurais produtivas, por período não superior a trinta dias ao ano, para que pudessem abastecer-se de gêneros alimentícios nos períodos de maior escassez.

Para que os produtores rurais pudessem adaptar-se aos novos comandos, reservando as áreas que seriam ocupadas pelos indígenas, a Lei nº 123/2018 somente entraria em vigor um ano após a sua publicação.

Sobre a hipótese apresentada, responda aos itens a seguir.

A) A Lei nº 123/2018 é compatível com a Constituição da República? (Valor: 0,80)

B) A Lei nº 123/2018 pode ser objeto de Ação Direta de Inconstitucionalidade durante o período de *vacatio legis*? (Valor: 0,45)

Obs.: o(a) examinando(a) deve fundamentar suas respostas. A mera citação do dispositivo legal não confere pontuação.

GABARITO COMENTADO

A) Não. A Lei nº 123/2018 é formalmente inconstitucional por afrontar a competência legislativa privativa da União para legislar sobre Direito Civil e populações indígenas, conforme dispõe o Art. 22, incisos I e XIV, da CRFB/88. Além disso, é materialmente inconstitucional por violar o direito de propriedade dos proprietários rurais, assegurado pelo Art. 5º, inciso XXII, da CRFB/88.

B) Sim. Com a publicação, a Lei nº 123/2018 passa a existir no ordenamento jurídico, podendo ser submetida ao controle concentrado de constitucionalidade, nos termos do Art. 102, inciso I, alínea *a*, da CRFB/88, ainda que careça de eficácia por se encontrar no período de *vacatio legis*.

Distribuição dos pontos

ITEM	PONTUAÇÃO
A¹) Não. A Lei nº 123/2018 é formalmente inconstitucional (0,15), por afrontar a competência legislativa privativa da União para legislar sobre Direito Civil e populações indígenas (0,15), conforme dispõe o Art. 22, incisos I e XIV, da CRFB/88 (0,10).	0,00/0,15/0,25/0,30/0,40
A²) É materialmente inconstitucional (0,15), por violar o direito de propriedade dos proprietários rurais (0,15), assegurado pelo Art. 5º, inciso XXII, da CRFB/88 (0,10).	0,00/0,15/0,25/0,30/0,40
B) Sim. Com a publicação, a Lei nº 123/2018 passa a existir no ordenamento jurídico (0,10), podendo ser submetida ao controle concentrado de constitucionalidade (0,10), nos termos do Art. 102, inciso I, alínea *a*, da CRFB/88 (0,10), ainda que careça de eficácia por se encontrar no período de *vacatio legis* (0,15).	0,00/0,10/0,15/0,20/ 0,25/ 0,30/0,35/0,45

ADOLFO NISHIYAMA • BRUNA VIEIRA • TERESA MELO

(OAB/Exame Unificado 2017.3- 2ª fase) O Supremo Tribunal Federal, há vinte anos, ao julgar uma Ação Direta de Inconstitucionalidade, reconheceu a constitucionalidade da Lei Federal W, que estabeleceu critérios para a fruição de determinado benefício assistencial, dentre os quais o limite da renda familiar.

Apesar do trânsito em julgado do acórdão proferido, determinado partido político entendia que os critérios estabelecidos pela Lei Federal W eram absolutamente incompatíveis com as características sociais e econômicas da realidade atual.

Considerando que o Supremo Tribunal Federal, ao julgar a referida ação, invocara as características sociais e econômicas da época para delinear o sentido das normas da Constituição da República utilizadas como paradigma de análise, o partido político procurou um advogado e solicitou a análise da questão.

Na posição de advogado do partido político, responda, de forma fundamentada, aos itens a seguir.

A) É possível que o sentido das referidas normas constitucionais, utilizadas como paradigma de análise, seja outro na atualidade, apesar de o texto constitucional permanecer o mesmo? **(Valor: 0,75)**

B) A improcedência do pedido na referida Ação Direta de Inconstitucionalidade impede que nova ação dessa natureza tenha a Lei Federal W como objeto? **(Valor: 0,50)**

Obs.: o(a) examinando(a) deve fundamentar as respostas. A mera citação do dispositivo legal não confere pontuação.

GABARITO COMENTADO

A) O examinando deve esclarecer que, do mesmo texto, pode ser obtida nova norma constitucional em razão das alterações verificadas na realidade, as quais influenciarão o processo de interpretação constitucional. Trata-se do processo informal de alteração da Constituição conhecido como "mutação constitucional".

B) O examinando deve esclarecer que não há obstáculo ao ajuizamento de nova ação direta de inconstitucionalidade tendo a Lei Federal W como objeto, já que, no caso concreto, o pedido apresentado na primeira ação foi julgado improcedente e o cotejo será realizado com normas constitucionais de sentido e alcance diversos daquelas que embasaram a prolação do primeiro acórdão.

Distribuição dos pontos

ITEM	PONTUAÇÃO
A) Sim. Do mesmo texto pode ser obtida nova norma constitucional **OU** novo sentido e alcance normativos em razão das alterações verificadas na realidade (0,55), o que caracteriza mutação constitucional (0,20).	0,00/0,20/0,55/0,75
B) Não. A improcedência da ADIN não impede o ajuizamento de nova ação dessa natureza (0,20) porque o cotejo será realizado com normas constitucionais de sentido e alcance diversos daquelas que embasaram o primeiro julgamento (0,30)	0,00/0,20/0,30/0,50

PRÁTICA CONSTITUCIONAL – 8ª EDIÇÃO • EXERCÍCIOS PRÁTICOS | **67**

(OAB/ Exame Unificado 2017.1- 2ª fase) O prefeito do Município Sigma envia projeto de lei ao Poder Legislativo municipal, que fixa o valor do subsídio do chefe do Poder Executivo em idêntico valor ao subsídio mensal dos ministros do Supremo Tribunal Federal. Tal projeto é aprovado pela Câmara de Vereadores e sancionado pelo Chefe do Poder Executivo. No dia seguinte ao da publicação da referida norma municipal, o vereador José, do município Sigma, ajuizou Ação Direta de Inconstitucionalidade, perante o Supremo Tribunal Federal, a fim de que fosse tal lei declarada inconstitucional.

Diante do exposto, responda aos itens a seguir.

A) Há vício de inconstitucionalidade na norma municipal? Justifique. (Valor: 0,85)

B) A medida judicial adotada pelo Vereador está correta? Justifique. (Valor: 0,40)

Obs.: *o(a) examinando(a) deve fundamentar as respostas. A mera citação do dispositivo legal não confere pontuação.*

GABARITO COMENTADO

A) A norma é formalmente inconstitucional, pois deveria ter sido iniciada pela Câmara Municipal, conforme determina o Art. 29, inciso V, da CRFB/88. Além disso, também há inconstitucionalidade material na lei municipal, pois o vício de iniciativa ofende, em consequência, o princípio da separação dos poderes, previsto no Art. 2º da CRFB/88. Por outro lado, em relação ao valor fixado, não há vício de inconstitucionalidade, pois está de acordo com o Art. 37, inciso XI, da CRFB/88, que limita o subsídio dos prefeitos ao teto constitucional.

B) Não está correta. A norma municipal não pode ser objeto de ADI perante o STF, conforme estabelece o Art. 102, inciso I, alínea a, da CRFB/88.

Distribuição dos pontos

ITEM	PONTUAÇÃO
A1) Sim. A norma é formalmente inconstitucional, pois deveria ter sido iniciada pela Câmara Municipal (0,35), conforme determina o Art. 29, inciso V, da CRFB/88 (0,10).	0,00/0,35/0,45
A2) Sim. Além disso, também há inconstitucionalidade material na Lei Municipal, pois o vício de iniciativa ofende o princípio da separação dos poderes (0,30), previsto no Art. 2º da CRFB/88. (0,10)	0,00/0,30/0,40
B) Não. A norma municipal não pode ser objeto de ADI perante o STF (0,30), conforme estabelece o Art. 102, inciso I, alínea 'a', da CRFB/88 (0,10).	0,00/0,30/0,40

(OAB/ Exame Unificado 2017.1- 2ª fase) O Governador de um Estado-membro da Federação vem externando sua indignação à mídia, em relação ao conteúdo da Lei Estadual nº 1234/15. Este diploma normativo, que está em vigor e resultou de projeto de lei de iniciativa de determinado deputado estadual, criou uma Secretaria de Estado especializada no combate à desigualdade racial. Diante de tal quadro, o Governador resolveu ajuizar, perante o Supremo Tribunal Federal, uma Arguição de Descumprimento de Preceito Fundamental (ADPF) impugnando a Lei Estadual nº 1234/15.

ADOLFO NISHIYAMA • BRUNA VIEIRA • TERESA MELO

Com base no fragmento acima, responda, justificadamente, aos itens a seguir.
A) A Lei Estadual nº 1234/15 apresenta algum vício de inconstitucionalidade? (Valor: 0,60)
B) É cabível a medida judicial proposta pelo Governador? (Valor: 0,65)
Obs.: o(a) examinando(a) deve fundamentar as respostas. A mera citação do dispositivo legal não confere pontuação.

GABARITO COMENTADO

A) A referida lei estadual apresenta vício de inconstitucionalidade formal, já que somente lei de iniciativa privativa do Chefe do Poder Executivo pode criar órgão de apoio a essa estrutura de poder. É o que dispõe o Art. 61, § 1º, inciso II, da CRFB/88, aplicável por simetria aos Estados, tal qual determina o Art. 25, *caput*.

B) Não. A resposta deve ser no sentido de negar o cabimento da ADPF diante da ausência das condições especiais para a propositura daquela ação constitucional, ou seja, a observância do princípio da subsidiariedade, previsto no Art. 4º, § 1º, da Lei nº 9882/99. A jurisprudência do STF é firme no sentido de que o princípio da subsidiariedade rege a instauração do processo objetivo de ADPF, condicionando o ajuizamento dessa ação de índole constitucional à ausência de qualquer outro meio processual apto a sanar, de modo eficaz, a situação de lesividade indicada pelo autor.

Distribuição dos pontos

ITEM	PONTUAÇÃO
A) Sim. A referida lei estadual apresenta vício de inconstitucionalidade formal (0,20), já que somente lei de iniciativa privativa do Chefe do Poder Executivo pode criar órgãos de apoio a essa estrutura de poder (0,30). É o que dispõe o Art. 61, § 1º, inciso II, 'e' da CRFB/88, aplicável por simetria aos Estados (0,10).	0,00 / 0,20 / 0,30 / 0,40 / 0,50 / 0,60
B) Não. Em razão da inobservância do princípio da subsidiariedade OU **em razão do cabimento de Ação Direta de Inconstitucionalidade** (0,55) previsto no Art. 4º, § 1º, da Lei nº 9882/99 (0,10).	0,00 / 0,55 / 0,65

(OAB/ Exame Unificado- 2016.3- 2ª fase) O Presidente da República edita medida provisória estabelecendo novo projeto de ensino para a educação federal no País, que, dentre outros pontos, transfere o centenário Colégio Pedro II do Rio de Janeiro para Brasília, pois só fazia sentido que estivesse situado na cidade do Rio de Janeiro enquanto ela era a capital federal.

Muitas críticas foram veiculadas na imprensa, sendo alegado que a medida provisória contraria o comando contido no Art. 242, § 2º, da CRFB/88. Em resposta, a Advocacia-Geral da União sustentou que não era correta a afirmação, já que o mencionado dispositivo da Constituição só é constitucional do ponto de vista formal, podendo, por isso, ser alterado por medida provisória.

Considerando a situação hipotética apresentada, responda, de forma fundamentada, aos itens a seguir.

A) Segundo a Teoria Constitucional, qual é a diferença entre as denominadas normas materialmente constitucionais e as normas formalmente constitucionais? (Valor: 0,75)

PRÁTICA CONSTITUCIONAL – 8ª EDIÇÃO • EXERCÍCIOS PRÁTICOS **69**

B) O entendimento externado pela Advocacia-Geral da União à imprensa está correto, sendo possível a alteração de norma constitucional formal por medida provisória? (Valor: 0,50)

Obs.: o examinando deve fundamentar suas respostas. A mera citação do dispositivo legal não confere pontuação.

GABARITO COMENTADO

A) O examinando deverá responder que as normas materiais possuem *status* constitucional em razão do seu conteúdo, pois estabelecem normas referentes à estrutura organizacional do Estado, à separação dos Poderes e aos direitos e as garantias fundamentais, enquanto as normas em sentido formal só possuem o caráter de constitucionais porque foram elaboradas com o uso do processo legislativo próprio das normas constitucionais.

B) O examinado deverá responder que o entendimento externado pela Advocacia Geral da União à imprensa está incorreto, pois, independentemente da essência da norma, todo dispositivo que estiver presente no texto constitucional, em razão da rigidez constitucional, só poderá ser alterado pelo processo legislativo solene das emendas constitucionais, tal qual previsto no Art. 60 da CRFB/88.

Distribuição dos pontos

ITEM	PONTUAÇÃO
A) As normas materiais possuem status constitucional em razão do seu conteúdo, pois estabelecem normas referentes à estrutura organizacional do Estado, à separação dos poderes e aos direitos e garantias fundamentais (0,35). Enquanto as normas em sentido formal só possuem o caráter de constitucionais porque foram elaboradas com o uso do processo legislativo próprio das normas constitucionais (0,40).	0,00 / 0,35 / 0,40 / 0,75
B) O entendimento externado pela Advocacia Geral da União à imprensa está incorreto, pois, todo dispositivo constitucional só poderá ser alterado pelo processo legislativo das emendas constitucionais (0,40), tal qual previsto no Art. 60 da CRFB/88 (0,10)	0,00 / 0,40 / 0,50

5.1.2. Procedimento, cautelar e decisão

(OAB/Exame Unificado 2019.1- 2ª fase) O Partido Político Alfa, com representação no Congresso Nacional, ajuizou Ação Direta de Inconstitucionalidade impugnando a Medida Provisória nº 123/2017, a qual, no seu entender, seria dissonante da Constituição da República Federativa do Brasil, de 1988. No curso do processo objetivo, a referida Medida Provisória foi convertida na Lei Federal nº 211/2018.

À luz dessa narrativa, responda aos questionamentos a seguir.

A) Com a conversão da Medida Provisória nº 123/2017 na Lei Federal nº 211/2018, que medida deve ser adotada pelo autor para o prosseguimento do processo de controle concentrado de constitucionalidade? Justifique. **(Valor: 0,65)**

70 ADOLFO NISHIYAMA • BRUNA VIEIRA • TERESA MELO

B) Se a Medida Provisória nº 123/2017 tivesse, antes da conversão, sido integralmente revogada por lei superveniente, qual seria a consequência para o processo de controle concentrado de constitucionalidade? Justifique. **(Valor: 0,60)**

Obs.: o(a) examinando(a) deve fundamentar as respostas. A mera citação do dispositivo legal não confere pontuação.

GABARITO COMENTADO

A) O autor deve promover o aditamento da petição inicial, de modo que se estenda à lei de conversão a impugnação originariamente deduzida. Entendimento consolidado do Supremo Tribunal Federal.

B) A revogação da Medida Provisória nº 123/2017 acarretaria a perda superveniente do interesse processual, com a consequente perda de objeto da Ação Direta de Inconstitucionalidade. A não ser assim, o processo objetivo se transformaria em instrumento de proteção de situações concretas. Entendimento consolidado do Supremo Tribunal Federal.

Distribuição dos pontos

ITEM	PONTUAÇÃO
A) O autor deve promover o aditamento (emenda) da petição inicial (0,20), de modo que se estenda à lei de conversão a impugnação originariamente deduzida (0,45).	0,00/0,20/0,65
B) A revogação acarretaria a extinção do processo (0,20), em razão da perda superveniente do objeto **OU** do interesse processual da Ação Direta de Inconstitucionalidade (0,40).	0,00/0,20/0,40/0,60

(OAB/ Exame Unificado- 2016.2- 2ª fase) Durante a tramitação de determinado projeto de lei de iniciativa do Poder Executivo, importantes juristas questionaram a constitucionalidade de diversos dispositivos nele inseridos. Apesar dessa controvérsia doutrinária, o projeto encaminhado ao Congresso Nacional foi aprovado, seguindo-se a sanção, a promulgação e a publicação. Sabendo que a lei seria alvo de ataques perante o Poder Judiciário em sede de controle difuso de constitucionalidade, o Presidente da República resolveu ajuizar, logo no primeiro dia de vigência, uma Ação Declaratória de Constitucionalidade.

Diante da narrativa acima, responda aos itens a seguir.

A) É cabível a propositura da Ação Declaratória de Constitucionalidade (ADC) nesse caso? (Valor: 0,65)

B) Em sede de Ação Declaratória de Constitucionalidade (ADC), é cabível a propositura de medida cautelar perante o Supremo Tribunal Federal? Quais seriam os efeitos da decisão do STF no âmbito dessa medida cautelar? (Valor: 0,60)

Obs.: o examinando deve fundamentar suas respostas. A mera citação do dispositivo legal não confere pontuação.

PRÁTICA CONSTITUCIONAL – 8ª EDIÇÃO • EXERCÍCIOS PRÁTICOS | **71**

GABARITO COMENTADO

A) Não. Não caberia a ADC por falta de comprovação de relevante controvérsia perante juízes e tribunais a respeito da constitucionalidade da lei. A controvérsia existente no âmbito da doutrina não torna possível o ajuizamento da ADC. Com efeito, é de se presumir que, no primeiro dia de vigência da lei, não houve ainda tempo hábil para a formação de relevante controvérsia judicial, isto é, não haveria decisões conflitantes de tribunais e juízos monocráticos espalhados pelo País. É a própria dicção do Art. 14, III, da Lei nº 9.868/99 que estabelece a necessidade de comprovação da relevante controvérsia judicial, não sendo, por conseguinte, o momento exato de se manejar a ADC.

B) Sim. Nos termos do Art. 21, *caput*, da Lei nº 9868/99, os efeitos da medida cautelar, em sede de ADC, serão decididos pelo Supremo Tribunal Federal, por decisão da maioria absoluta de seus membros. Tais efeitos, de natureza vinculante, serão *erga omnes* e *ex nunc*, consistindo na determinação de que juízes e Tribunais suspendam o julgamento dos processos pendentes que envolvam a aplicação da lei ou do ato normativo objeto da ação até seu julgamento definitivo que, de qualquer maneira, há de se verificar no prazo de cento e oitenta dias, nos termos do Art. 21, parágrafo único, da referida lei. Ou seja, a concessão da medida liminar serviria para determinar que juízes e tribunais do país não pudessem afastar a incidência de qualquer dos preceitos da Lei nos casos concretos, evitando, desde logo, decisões conflitantes. Pode o STF, por maioria absoluta de seus membros, conceder a medida cautelar, com efeitos *ex tunc*.

Distribuição dos pontos

ITEM	PONTUAÇÃO
A) Não caberia a ADC, pois não há relevante controvérsia judicial, tendo em vista o pouco tempo de vigência do ato normativo (0,55), conforme exigido pelo Art. 14, III, da Lei nº 9868/99 (0,10).	0,00/0,55/0,65
B) Sim, buscando a suspensão do julgamento dos processos que envolvam a aplicação da lei ou do ato normativo objeto da ação até o julgamento final de mérito da ADC (0,25), com fundamento no Art. 21, *caput*, da Lei nº 9.868/99 (0,10).	0,00/0,25/0,35
B2) Os efeitos da medida cautelar são vinculantes (0,15) e, em regra, *erga omnes* e *ex nunc* (0,10).	0,00/0,10/0,15/0,25

5.2. Controle difuso

(OAB/ Exame Unificado 2016.1- 2ª fase) José, inconformado com decisão judicial proferida em primeiro grau, que o condenou ao pagamento de indenização, recorreu ao Tribunal de Justiça do Estado M. Distribuído o recurso para a Segunda Câmara Cível do mencionado tribunal, os desembargadores desse órgão fracionário, ao analisarem a matéria, entenderam corretos os argumentos de José no que se referia à inconstitucionalidade do dispositivo legal que fundamentou o pedido da parte autora, ora recorrida. Ao realizarem acurada pesquisa jurisprudencial, observaram que o Pleno e o Órgão Especial do próprio Tribunal de Justiça do Estado M, bem como o Supremo Tribunal Federal, nunca se manifestaram sobre a matéria.

Diante da situação narrada, responda aos itens a seguir.

A) Qual a providência a ser tomada pela Segunda Câmara? Justifique. (Valor: 0,75)

B) A solução seria diversa se houvesse manifestação do Supremo Tribunal Federal sobre a constitucionalidade ou a inconstitucionalidade do dispositivo em questão? Justifique. (Valor: 0,50)

Obs.: sua resposta deve ser fundamentada. A simples menção ao dispositivo legal não será pontuada.

GABARITO COMENTADO

A) No caso em tela, não havendo posição do Pleno ou do órgão Especial do Tribunal de Justiça do Estado M, com base no Art. 97 da CRFB/88, a Segunda Câmara, **entendendo que deva ser reconhecida a inconstitucionalidade**, deverá encaminhar o exame da constitucionalidade do ato normativo em questão à apreciação do Órgão Especial do próprio Tribunal (o que, acrescente-se, não seria necessário se entendesse que o dispositivo não era possuidor de qualquer vício). Afinal, os órgãos fracionários dos Tribunais – Câmaras, Turmas etc. – não podem declarar a inconstitucionalidade de norma arguida por uma das partes, sem que já tenha sido esta objeto de análise pelo Plenário do Tribunal de Justiça ou, como no caso, pelo seu Órgão Especial. No problema acima apresentado, a Segunda Câmara Cível somente poderia analisar o recurso tendo por pressuposto a manifestação do Órgão Especial acerca da constitucionalidade / inconstitucionalidade do dispositivo *sub* análise.

B) Sim, pois quando houver manifestação do plenário do Supremo Tribunal Federal sobre a questão da constitucionalidade / inconstitucionalidade da matéria, dispensa-se o seu envio ao Plenário ou Órgão Especial. O Art. 949, parágrafo único, do Código de Processo Civil, nessa linha, afirma que *"os órgãos fracionários dos tribunais não submeterão ao plenário ou ao órgão especial a arguição de inconstitucionalidade quando já houver pronunciamento destes ou do plenário do Supremo Tribunal Federal sobre a questão".*

Distribuição dos pontos

ITEM	PONTUAÇÃO
A.1) Deverá o órgão fracionário encaminhar o exame da constitucionalidade do ato normativo em questão à apreciação do Órgão Especial do próprio Tribunal (ou ao Pleno, conforme Regimento do Tribunal) (0,40), conforme o Art. 97 da CRFB/88 (0,10),	0,00/0,40/ 0,50
A.2) Posteriormente, a manifestação do órgão especial deverá ser seguida pelo referido órgão fracionário no momento da análise do recurso (0,25)	0,00/0,25
B) Sim, pois quando há manifestação do Plenário do Supremo Tribunal Federal sobre a questão da constitucionalidade / inconstitucionalidade da matéria, dispensa-se o seu envio ao Plenário ou Órgão Especial do Tribunal do qual faz parte o órgão fracionário (0,40). Conforme o Art. 949, parágrafo único, do Código de Processo Civil (0,10)	0,00/0,40/0,50

PRÁTICA CONSTITUCIONAL – 8ª EDIÇÃO • EXERCÍCIOS PRÁTICOS | **73**

5.3. Controle estadual

(**OAB/2ª FASE – XXXII**) Determinado legitimado à deflagração do controle abstrato de constitucionalidade no âmbito do Estado Alfa ajuizou representação de inconstitucionalidade perante o respectivo Tribunal de Justiça. O pedido formulado é o de que seja declarada a inconstitucionalidade do Art. 1º da Lei do Estado Alfa nº 123/2018, por afrontar o Art. 66, § 2º, da CRFB/88, já que o Governador do Estado, ao vetar apenas o vocábulo "não", inverteu o sentido do texto normativo aprovado pela Assembleia Legislativa. Ressalte-se que o referido preceito da CRFB/88 não foi reproduzido na Constituição do Estado Alfa. Sobre o caso apresentado, responda aos itens a seguir.

A) A representação de inconstitucionalidade pode ser conhecida? (Valor: 0,70)

B) O posterior ajuizamento de Ação Direta de Inconstitucionalidade, perante o Supremo Tribunal Federal, impugnando a Lei do Estado Alfa nº 123/2018, produzirá algum reflexo na representação de inconstitucionalidade em tramitação? (Valor: 0,55)

Obs.: o(a) examinando(a) deve fundamentar suas respostas. A mera citação do dispositivo legal não confere pontuação.

O examinando deve fundamentar suas respostas. A mera citação do dispositivo legal não confere pontuação.

GABARITO COMENTADO

A) Sim. Como as normas constitucionais sobre o processo legislativo são de reprodução obrigatória pelas constituições estaduais, em observância ao princípio da simetria, previsto no Art. 25, *caput*, da CRFB/88, o Art. 66, § 2º, da CRFB/88, pode ser utilizado como paradigma de confronto.

B) Sim. Acarretará a suspensão da tramitação da representação por inconstitucionalidade, de modo a resguardar a competência do Supremo Tribunal Federal para conhecer da Ação Direta de Inconstitucionalidade, nos termos do Art. 102, inciso I, alínea *a*, da Constituição da República.

Distribuição dos pontos

ITEM	PONTUAÇÃO
A) Sim. Como as normas constitucionais sobre o processo legislativo são de reprodução obrigatória pelas Constituições Estaduais (0,30), em observância ao princípio da simetria (0,20), previsto no Art. 25, caput, da CRFB/88 ou Art. 11 do ADCT (0,10), o Art. 66, § 2º, da CRFB/88 pode ser utilizado como paradigma de confronto (0,10).	0,00/0,10/0,20/0,30/ 0,40/ 0,50/0,60/0,70
B) Sim. Acarretará a suspensão da tramitação da representação por inconstitucionalidade (0,30), de modo a resguardar a competência do Supremo Tribunal Federal para conhecer da ação direta de inconstitucionalidade (0,15), nos termos do Art. 102, inciso I, alínea a, da CRFB/88 (0,10).	0,00/0,15/0,25/0,30/ 0,40/0,45/0,55

74 ADOLFO NISHIYAMA • BRUNA VIEIRA • TERESA MELO

(OAB/Exame Unificado 2015.1 – 2ª fase) O Governador do Estado X ajuizou Representação de Inconstitucionalidade perante o Tribunal de Justiça local, apontando a violação, pela Lei Estadual nº 1.111, de dispositivos da Constituição do Estado, que se apresentam como normas de reprodução obrigatória.

Considerando o exposto, responda aos itens a seguir.

A) O que são normas de reprodução obrigatória? (Valor: 0,65)

B) Proposta Ação Direta de Inconstitucionalidade perante o Supremo Tribunal Federal arguindo violação dos mesmos dispositivos da Constituição Federal, cuja reprodução pela mesma lei estadual (Lei nº 1.111) era obrigatória na Constituição Estadual, sem que tenha ocorrido o julgamento da Representação de Inconstitucionalidade pelo Tribunal de Justiça local, poderão as duas ações tramitar simultaneamente? (Valor: 0,60)

O examinando deve fundamentar suas respostas. A mera citação do dispositivo legal não confere pontuação.

GABARITO COMENTADO

A) As normas de reprodução obrigatória são aquelas que se inserem compulsoriamente no texto constitucional estadual, como consequência da subordinação à Constituição da República, que é a matriz do ordenamento jurídico parcial dos Estados-membros. A tarefa do constituinte em relação a tais normas, portanto, limita-se a inseri-las no ordenamento constitucional do Estado, por um processo de transplantação. Assim, as normas de reprodução decorrem do caráter compulsório da norma constitucional superior (Art. 25, *caput,* da CFRB).

B) Se a lei estadual for impugnada perante o Tribunal de Justiça local e perante o Supremo Tribunal Federal, com fundamento em norma constitucional de reprodução obrigatória, com base no princípio da simetria, suspende-se a ação direta proposta na Justiça estadual até a decisão final do Supremo Tribunal Federal, que poderá ter efeitos *erga omnes* e eficácia vinculante para o Tribunal de Justiça, se julgada procedente. Aliás, essa é a solução adotada, de longa data, pelo Supremo Tribunal Federal, que indica, como fundamentos a esse entendimento, a primazia da Constituição da República (e, consequentemente, a primazia de sua guarda) e a prejudicialidade do julgamento daquela Corte com relação aos Tribunais de Justiça locais.

Distribuição dos pontos

ITEM	PONTUAÇÃO
A) São normas compulsoriamente inseridas na Constituição do Estado, como consequência da subordinação à Constituição da República, que é a matriz do ordenamento jurídico parcial dos Estados-membros e impõe a transplantação de determinadas diretrizes para o plano estadual. (0,55) Art. 25, *caput,* da CFRB, (0,10)	0,00/0,55/0,65
Obs.: A mera citação do dispositivo legal não confere pontuação.	
B) Não. Deve ser suspensa a ação direta proposta na Justiça estadual até a decisão final do Supremo Tribunal Federal. (0,60)	0,00/0,60

PRÁTICA CONSTITUCIONAL – 8ª EDIÇÃO • EXERCÍCIOS PRÁTICOS **75**

6. DEFESA DO ESTADO, TRIBUTAÇÃO E ORÇAMENTO, ORDEM ECONÔMICA E FINANCEIRA

(OAB/Exame Unificado 2018.3- 2ª fase) Com o objetivo de combater os graves problemas de infra-estrutura verificados no território do Estado Alfa, a Assembleia Legislativa promulgou a Emenda Constitucional nº XX/2018, vinculando 50% da receita arrecadada com o Imposto sobre a Circulação de Mercadorias e Serviços de qualquer natureza (ICMS) às obras de infraestrutura. Além disso, estatuiu, como programa, as estradas a serem reformadas e aquelas que deveriam ser construídas nos próximos dez anos, bem como o percentual dos recursos a ser direcionado a cada uma delas.

A) A vinculação do produto da arrecadação do ICMS aos fins referidos na Emenda Constitucional nº XX/2018 é compatível com a Constituição da República? Justifique. **(Valor: 0,65)**

B) A programação financeira estabelecida pela Emenda Constitucional nº XX/2018 está em harmonia com a Constituição da República? Justifique. **(Valor: 0,60)**

Obs.: o(a) examinando(a) deve fundamentar as respostas. A mera citação do dispositivo legal não confere pontuação.

GABARITO COMENTADO

A) Não. É vedada a vinculação da receita de impostos a despesas específicas, ressalvadas apenas as exceções constitucionais, conforme dispõe o Art. 167, inciso IV, da CRFB/88.

B) Não. A programação financeira deve ser estabelecida na lei orçamentária anual, nos termos do Art. 167, inciso I, da CRFB/88, a qual conta com rito próprio de tramitação e não pode ser substituída pela Constituição do Estado.

Distribuição dos pontos

ITEM	PONTUAÇÃO
A) Não. É vedada a vinculação da receita de impostos a despesas específicas, ressalvadas apenas as exceções constitucionais (0,55), conforme dispõe o Art. 167, inciso IV, da CRFB/88 (0,10).	0,00/0,55/0,65
B) Não. A programação financeira deve ser estabelecida na lei orçamentária anual **OU** A programação financeira não pode ser estabelecida em Emenda Constitucional (0,50), nos termos do Art. 167, inciso I, da CRFB/88 (0,10).	0,00/0,50/0,60

7. ORDEM SOCIAL

(OAB/Exame Unificado 2020.1- 2ª fase) Após o regular processo legislativo, foi promulgada a Lei nº XX/17 do Estado Alfa. Esse diploma normativo impôs a obrigação de o Estado custear bolsas de estudo junto à rede privada de ensino sempre que houvesse falta de vagas na rede pública em áreas próximas à residência do educando, e este demonstrasse não dispor de recursos para arcar com as mensalidades. A Lei nº XX/17 ainda dispôs que as bolsas de estudo poderiam ser direcionadas, dentre outras, a escolas que seguissem uma determinada religião, assim definidas em lei, desde que não tivessem fins lucrativos, aplicassem seus excedentes em educação e destinassem o seu patrimônio a outra escola similar, no caso de encerramento de atividades.

Ao receber do educando João o requerimento de concessão de bolsa de estudo para que ele pudesse frequentar a Escola MM, que seguia a religião WW, o Secretário de Estado competente o indeferiu, sob o argumento de que a Lei nº XX/17 afrontava a Constituição da República.

Considerando que João e a Escola MM preenchiam os requisitos da Lei nº XX/17, responda aos questionamentos a seguir.

A) A Lei nº XX/17 é materialmente compatível com a Constituição da República? Justifique. (Valor: 0,70)

B) Qual é a ação constitucional passível de ser ajuizada por João caso deseje insurgir-se contra a decisão proferida pelo Secretário de Estado? Justifique. (Valor: 0,55)

Obs.: o(a) examinando(a) deve fundamentar suas respostas. A mera citação do dispositivo legal não confere pontuação.

GABARITO COMENTADO

A) Sim. A Lei nº XX/17 é materialmente constitucional, pois é possível a transferência de recursos públicos, sob a forma de bolsa de estudo, às escolas confessionais que preencham os requisitos do Art. 213 da CRFB/88.

B) Como João e a Escola MM preencheram os requisitos da Lei nº XX/17 e a decisão do Secretário de Estado foi ilegal, é possível a impetração de mandado de segurança, nos termos do Art. 5º, inciso LXIX, da CRFB/88.

Distribuição dos pontos

ITEM	PONTUAÇÃO
A) Sim. A Lei nº XX/17 é materialmente constitucional, pois é possível a transferência de recursos públicos sob a forma de bolsa de estudo (0,40), às escolas confessionais (0,20), que preencham os requisitos do Art. 213 da CRFB/88 (0,10).	0,00/0,40/0,50/0,60/0,70
B) Como João e a Escola MM preencheram os requisitos da Lei nº XX/17 e a decisão do Secretário de Estado foi ilegal (0,25), é possível a impetração de mandado de segurança (0,20), nos termos do Art. 5º, inciso LXIX, da CRFB/88 (0,10).	0,00/0,20/0,25/0,30/0,35/ 0,45/0,55

8. DISPOSIÇÕES CONSTITUCIONAIS GERAIS

(OAB/Exame Unificado- 2015.3- 2ª fase) Leonardo, dirigente da tradicional Agremiação X, desconfiado de que o regulamento do campeonato estadual de remo do Estado E estaria beneficiando uma agremiação em detrimento das demais – em completa violação ao princípio da igualdade -, busca auxílio jurídico. Preocupado, porém, em reduzir o tempo de disputa jurídica, Leonardo sugere ao Advogado da Agremiação X que ajuíze ação perante a Justiça comum, sem acionar as instâncias desportivas. Na condição de estudante de Direito, Leonardo fundamentou sua sugestão no princípio da inafastabilidade da jurisdição, nos termos do que indica o Art. 5º, XXXV, da Constituição Federal.

Diante do caso acima narrado, responda aos itens a seguir.

PRÁTICA CONSTITUCIONAL – 8ª EDIÇÃO • EXERCÍCIOS PRÁTICOS 77

A) O encaminhamento sugerido por Leonardo deve ser seguido pelo Advogado da Agremiação X? (Valor: 0,65)

B) A denominada justiça desportiva profere decisões judiciais? Justifique. (Valor: 0,60)

Obs.: Sua resposta deve ser fundamentada. A simples menção ao dispositivo legal não será pontuada.

GABARITO COMENTADO

A) Não, pois, apesar do Art. 5º, inciso XXXV, da Constituição Federal ter previsto que "*a lei não excluirá da apreciação do Poder Judiciário lesão ou ameaça a direito*", no caso, a própria ordem constitucional exige do jurisdicionado a comprovação de exaurimento na esfera administrativa antes de se dirigir ao Poder Judiciário (Art. 217, § 1º, da Constituição Federal). Nesse sentido: "No inciso XXXV do Art. 5º, previu-se que '*a lei não excluirá da apreciação do Poder Judiciário lesão ou ameaça a direito*'. (...) O próprio legislador constituinte de 1988 limitou a condição de ter-se o exaurimento da fase administrativa, para chegar-se à formalização de pleito no Judiciário. Fê-lo no tocante ao desporto, (...) no Art. 217, § 1º, (...). Vale dizer que, sob o ângulo constitucional, o livre acesso ao Judiciário sofre uma mitigação e, aí, consubstanciando o preceito respectivo de exceção, cabe tão só o empréstimo de interpretação estrita. Destarte, a necessidade de esgotamento da fase administrativa está jungida ao desporto e, mesmo assim, tratando-se de controvérsia a envolver disciplina e competições, sendo que a chamada justiça desportiva há de atuar dentro do prazo máximo de sessenta dias, contados da formalização do processo, proferindo, então, decisão final – § 2º do Art. 217 da CF". (ADI 2.139-MC e ADI 2.160-MC, voto do Rel. p/ o ac. Min. Marco Aurélio, julgamento em 13-5-2009, Plenário, DJE de 23-10-2009.)

B) Não. A estrutura do Poder Judiciário brasileiro é aquela estabelecida na Constituição Federal, mais especificamente a partir do Art. 92. As decisões da Justiça desportiva possuem natureza meramente "administrativa", não jurisdicional.

Distribuição dos pontos

ITEM	PONTUAÇÃO
A) Não, pois apesar do Art. 5º, inciso XXXV, da Constituição Federal, ter previsto que '*a lei não excluirá da apreciação do Poder Judiciário lesão ou ameaça a direito*', a própria ordem constitucional pode estabelecer exceções, exigindo do jurisdicionado que comprove ter sido exaurida a esfera administrativa antes de dirigir-se ao Poder Judiciário (0,55). É esse o caso da situação em tela, nos termos do Art. 217, § 1º da Constituição Federal (0,10). *Obs.: a mera citação do dispositivo legal não confere pontuação.*	0,00/0,55/0,65
B) Não. Somente podem proferir decisões judiciais órgãos do Poder Judiciário (0,50) estabelecidos no Art. 92 da Constituição Federal (0,10) (com exceção do Conselho Nacional de Justiça – CNJ). OU Não estando a justiça desportiva enquadrada no âmbito do Poder Judiciário, suas decisões possuem natureza meramente "administrativa" e não jurisdicional (0,50), conforme Art. 92 da Constituição Federal (0,10). *Obs.: a mera citação do dispositivo legal não confere pontuação.*	0,00/0,50/0,60

PEÇAS
PRÁTICO-PROFISSIONAIS

1. INTRODUÇÃO

As peças mais importantes na disciplina de direito constitucional são: a) os **remédios constitucionais** (ação popular, *habeas corpus*, *habeas data*, mandado de segurança, mandado de segurança coletivo e mandado de injunção), b) as **ações de controle de constitucionalidade** (ação direta de inconstitucionalidade, ação direta de inconstitucionalidade por omissão, ação declaratória de constitucionalidade, ação direta de inconstitucionalidade interventiva, arguição de descumprimento de preceito fundamental), c) a **reclamação constitucional** d) os **recursos** (ordinário constitucional, especial e extraordinário).

O primeiro passo para ter sucesso na prova prática é se concentrar no objeto de cada uma delas, para realizar a escolha certa pela peça a ser redigida.

O quadro abaixo visa ajudá-lo na primeira etapa do trabalho:

INSTRUMENTO PROCESSUAL	FUNDAMENTO CONSTITUCIONAL	OBJETO/HIPÓTESE DE CABIMENTO
Ação popular	Art. 5º, LXXIII, da CF	Tutela do patrimônio público, da moralidade administrativa, do meio ambiente e do patrimônio histórico e cultural.
Habeas corpus (HC)	Art. 5º, LXVIII, da CF	Tutela do direito de locomoção; da liberdade de ir vir e permanecer.
Habeas data (HD)	Art. 5º, LXXII, da CF	Tutela do acesso ou da retificação de informações relativas à pessoa do impetrante.
Mandado de segurança (MS)	Art. 5º, LXIX, da CF	Tutela de direito líquido e certo (com exceção dos referentes à liberdade de locomoção e ao acesso ou retificação de dados).
Mandado de segurança coletivo	Art. 5º, LXX, da CF	Tutela de direito líquido e certo individual homogêneo e coletivo (com exceção dos referentes à liberdade de locomoção e ao acesso ou retificação de dados).

INSTRUMENTO PROCESSUAL	FUNDAMENTO CONSTITUCIONAL	OBJETO/HIPÓTESE DE CABIMENTO
Mandado de injunção (MI)	Art. 5º, LXXI, da CF	Tutela de direitos subjetivos inerentes à nacionalidade, à soberania e à cidadania cujo exercício encontra-se obstaculizado pela falta de norma infraconstitucional regulamentadora.
Ação direta de inconstitucionalidade genérica (ADI)	Art. 102, I, "a", da CF	Cabível contra lei ou ato normativo estadual ou federal em face da Constituição Federal para tutelar a ordem jurídica e a higidez constitucional.
Ação direta de inconstitucionalidade por omissão (ADO)	Art. 102, I, "a", da CF	Cabível contra a omissão total ou parcial de qualquer dos Poderes da República, ou mesmo de órgão administrativo, em formular medida para tornar efetiva norma constitucional (tutela o próprio ordenamento constitucional, e não interesses e direitos subjetivos).
Ação declaratória de constitucionalidade (ADC)	Art. 102, I, "a", da CF	Cabível em favor de lei ou ato normativo federal, visando alterar a presunção relativa de constitucionalidade das leis em presunção absoluta, afastando a discussão acerca da aplicabilidade da norma.
Ação direta de inconstitucionalidade interventiva	Art. 36, III, da CF	Cabível contra leis, atos normativos ou omissões do estado-membro que violem os princípios constitucionais sensíveis, ou seja, aqueles listados no art. 34, VII, da CF.
Arguição de descumprimento de preceito fundamental (ADPF)	Art. 102, § 1º, da CF c/c art. 1º, *caput* e parágrafo único, da Lei 9.882/1999.	Cabível para evitar ou reparar lesão a preceito fundamental resultante de ato do poder público ou quando for relevante a controvérsia constitucional sobre lei ou ato normativo federal, estadual, distrital ou municipal, incluídos os anteriores à Constituição.
Reclamação (Rcl)	Art. 102, I, "I", da CF	Cabível para garantir a autoridade das decisões do STF ou para preservar a competência do Tribunal. **Obs. 1**: a reclamação é prevista também para outros tribunais (por exemplo, para o STJ: art. 105, I, "f", da CF). **Obs. 2**: a reclamação para garantir a eficácia das súmulas vinculantes é regida pela Lei 11.417/2006.
Recurso Ordinário Constitucional (ROC)	- Art. 102, II, "a" e "b", da CF – ROC para o STF - Art. 105, II, "a", "b", "c", da CF – ROC para o STJ	**STF:** Art. 102. Compete ao Supremo Tribunal Federal, precipuamente, a guarda da Constituição, cabendo-lhe: II – julgar, em recurso ordinário: a) o habeas corpus, o mandado de segurança, o habeas data e o mandado de injunção decididos em única instância pelos Tribunais Superiores, se denegatória a decisão; b) o crime político;

INSTRUMENTO PROCESSUAL	FUNDAMENTO CONSTITUCIONAL	OBJETO/HIPÓTESE DE CABIMENTO
		STJ: Art. 105. Compete ao Superior Tribunal de Justiça: II – julgar, em recurso ordinário: a) os habeas corpus decididos em única ou última instância pelos Tribunais Regionais Federais ou pelos tribunais dos Estados, do Distrito Federal e Territórios, quando a decisão for denegatória; b) os mandados de segurança decididos em única instância pelos Tribunais Regionais Federais ou pelos tribunais dos Estados, do Distrito Federal e Territórios, quando denegatória a decisão; c) as causas em que forem partes Estado estrangeiro ou organismo internacional, de um lado, e, do outro, Município ou pessoa residente ou domiciliada no País;
Recurso Extraordinário	art. 102, III, da CF	Cabimento do recurso extraordinário: a ser julgado pelo STF, cabe nas causas decididas em única ou última instância, quando a decisão recorrida (art. 102, III, da CF): a) contrariar dispositivo da Constituição; b) declarar a inconstitucionalidade de tratado ou lei federal; c) julgar válida lei ou ato de governo local contestado em face da Constituição; d) julgar válida lei local contestada em face de lei federal.
Recurso Especial	art. 105, III, da CF	Cabimento do recurso especial: a ser julgado pelo STJ, cabe nas causas decididas em única ou última instância pelos TRFs ou TJs quando a decisão recorrida (art. 105, III, da CF): a) contrariar tratado ou lei federal, ou negar-lhes vigência; b) julgar ato de governo local contestado em face de lei federal; c) der a lei federal interpretação divergente da que lhe haja atribuído outro tribunal.

Determinada a petição a ser redigida, leia os artigos da Constituição referentes à peça processual e, caso existentes, também os dispositivos da lei específica que regulamenta o disposto na CF. Esteja atento para a legitimidade (ativa e passiva), para o órgão competente para processamento e julgamento da ação e para outros requisitos formais que a lei imponha.

Não se esqueça de que, mesmo na hipótese de a matéria ser regulada por lei específica, os dispositivos do Código de Processo Civil são subsidiariamente aplicáveis.

Por isso, não é demais relembrar que a elaboração de petições iniciais deve observar o disposto no art. 319, do CPC, que enumera seus requisitos formais (observações entre colchetes):

Art. 319. A petição inicial indicará:

I – o juízo a que é dirigida;

II – os nomes, os prenomes, o estado civil, a existência de união estável, a profissão, o número de inscrição no Cadastro de Pessoas Físicas ou no Cadastro Nacional da Pessoa Jurídica, o endereço eletrônico, o domicílio e a residência do autor e do réu;

III – o fato e os fundamentos jurídicos do pedido;

IV – o pedido com as suas especificações;

V – o valor da causa;

VI – as provas com que o autor pretende demonstrar a verdade dos fatos alegados;

VII – a opção do autor pela realização ou não de audiência de conciliação ou de mediação.

§ 1º Caso não disponha das informações previstas no inciso II, poderá o autor, na petição inicial, requerer ao juiz diligências necessárias a sua obtenção.

§ 2º A petição inicial não será indeferida se, a despeito da falta de informações a que se refere o inciso II, for possível a citação do réu.

§ 3º A petição inicial não será indeferida pelo não atendimento ao disposto no inciso II deste artigo se a obtenção de tais informações tornar impossível ou excessivamente oneroso o acesso à justiça.

No relato **dos fatos** tente reproduzir ao máximo os eventos narrados pelo examinador, até porque o candidato deve se ater estritamente a eles (sem inventar nenhum outro), sob pena de anulação da prova. Lembre-se de adaptar o texto (por exemplo: em vez de José, diga *autor, apelante, impetrante* etc.).

Perceba que a **causa de pedir** (*causa petendi*) não é a simples indicação do dispositivo legal ou constitucional aplicável, mas sim a **aplicação da norma ao caso concreto, que leva ao reconhecimento do direito pleiteado**.

Lembre-se, também, de que a **prova documental deve instruir a petição inicial**, nos termos do art. 320, do CPC, sendo certo que não cabe dilação probatória em mandado de segurança. Aliás, a propósito do *mandamus*, não se esqueça de que é atualmente regulado pela Lei 12.016/2009, que revogou a legislação anterior (notadamente a Lei 1.533/1951). Verifique, ao estudar para o exame, que seu compêndio de legislação possui a lei nova do mandado de segurança.

Outro dado muitíssimo importante: no Exame da OAB **não assine a petição**, nem aponha qualquer sinal que possa ser considerado identificador (iniciais, rubrica, símbolos etc.), sob pena de anulação da prova.

Isso significa também que o candidato **não pode inventar nenhum dado** que não tenha sido fornecido pelo examinador, como nome das partes, RG, CNPJ, endereços, número de registro do advogado na OAB etc.

Ao realizar os exercícios você perceberá que muitas dessas observações já são adotadas sem qualquer esforço. Outras você passará a seguir com a prática aqui proposta e, ao final, irá se sentir muito mais confiante e preparado para a prova.

Por isso, mãos à obra.

2. PEÇAS PRÁTICO-PROFISSIONAIS COBRADAS PELA FGV NOS ÚLTIMOS EXAMES

EXAME	ANO	PEÇA PRÁTICO-PROFISSIONAL
XXXV	2022.2	AÇÃO DIRETA DE INCONSTITUCIONALIDADE
XXXIV	2022.1	MANDADO DE SEGURANÇA INDIVIDUAL
XXXIII	2021.2	AÇÃO DECLARATÓRIA DE CONSTITUCIONALIDADE
XXXII	2021.1	RECLAMAÇÃO CONSTITUCIONAL
XXXI	2020.1	AÇÃO POPULAR
XXX	2019.3	RECURSO ORDINÁRIO CONSTITUCIONAL
XXIX	2019.2	MANDADO DE SEGURANÇA INDIVIDUAL
XXVIII	2019.1	AÇÃO POPULAR
XXVII	2018.3	AÇÃO DIRETA DE INCONSTITUCIONALIDADE
XXVI	2018.2	AÇÃO DIRETA DE INCONSTITUCIONALIDADE
XXV	2018.1	AÇÃO POPULAR
XXIV	2017.3	MANDADO DE SEGURANÇA COLETIVO
XXIII	2017.2	MANDADO DE SEGURANÇA INDIVIDUAL
XXII	2017.1	MANDADO DE INJUNÇÃO COLETIVO
XXI	2016.3	AÇÃO CIVIL PÚBLICA
XX	2016.2	ARGUIÇÃO DE DESCUMPRIMENTO DE PRECEITO FUNDAMENTAL
XIX	2016.1	AÇÃO DIRETA DE INCONSTITUCIONALIDADE POR OMISSÃO
XVIII	2015.3	AÇÃO POPULAR
XVII	2015.2	AÇÃO DIRETA DE INCONSTITUCIONALIDADE / PARECER
XVI	2015.1	AÇÃO DIRETA DE INCONSTITUCIONALIDADE
XV	2014.3	MANDADO DE SEGURANÇA INDIVIDUAL
XIV	2014.2	RECURSO ORDINÁRIO CONSTITUCIONAL
XIII	2014.1	AÇÃO DIRETA DE INCONSTITUCIONALIDADE
XII	2013.3	RECURSO EXTRAORDINÁRIO

XI	2013.2	APELAÇÃO
X	2013.1	RECURSO EXTRAORDINÁRIO
IX	2012.3	AÇÃO PELO PROCEDIMENTO COMUM
VIII	2012.2	RECURSO EXTRAORDINÁRIO
VII	2012.1	AÇÃO DIRETA DE INCONSTITUCIONALIDADE
VI	2011.3	AÇÃO POPULAR
V	2011.2	AÇÃO PELO PROCEDIMENTO COMUM
IV	2011.1	RECURSO ORDINÁRIO CONSTITUCIONAL
III	2010.3	HABEAS DATA
II	2010.2	MANDADO DE SEGURANÇA INDIVIDUAL
I	2010.1	MANDADO DE SEGURANÇA COLETIVO

3. ELABORAÇÃO DE PEÇAS PRÁTICO-PROFISSIONAIS

3.1. Reclamação constitucional

3.1.1. Objetivo: preservar a competência dos tribunais e garantir a autoridade de suas decisões.

3.1.2. Fundamentos: CF (arts. 102, I, "l", 103-A, §3º, 105, I, "f", 111-A, §3º); CPC (art. 988) e Lei 11.417/06 – Súmula Vinculante (art. 7º)

3.1.3. Hipóteses de cabimento:

Na CF:

Art. 102. Compete ao Supremo Tribunal Federal, precipuamente, a guarda da Constituição, cabendo-lhe:

I – processar e julgar, originariamente:

l) a reclamação para a preservação de sua competência e garantia da autoridade de suas decisões;

Art. 103-A, § 3º Do ato administrativo ou decisão judicial que contrariar a súmula aplicável ou que indevidamente a aplicar, caberá reclamação ao Supremo Tribunal Federal que, julgando-a procedente, anulará o ato administrativo ou cassará a decisão judicial reclamada, e determinará que outra seja proferida com ou sem a aplicação da súmula, conforme o caso.

Art. 105. Compete ao Superior Tribunal de Justiça:

I – processar e julgar, originariamente:

f) a reclamação para a preservação de sua competência e garantia da autoridade de suas decisões;

Art. 111-A § 3º Compete ao Tribunal Superior do Trabalho processar e julgar, originariamente, a reclamação para a preservação de sua competência e garantia da autoridade de suas decisões.

PRÁTICA CONSTITUCIONAL – 8ª EDIÇÃO • PEÇAS PRÁTICO-PROFISSIONAIS **85**

No CPC:

Art. 988. Caberá reclamação da parte interessada ou do Ministério Público para:
I – preservar a competência do tribunal;
II – garantir a autoridade das decisões do tribunal;
III – garantir a observância de enunciado de súmula vinculante e de decisão do Supremo Tribunal Federal em controle concentrado de constitucionalidade;
IV – garantir a observância de acórdão proferido em julgamento de incidente de resolução de demandas repetitivas ou de incidente de assunção de competência;

Obs: as hipóteses dos incisos III e IV compreendem a aplicação indevida da tese jurídica e sua não aplicação aos casos que a ela correspondam (art. 988, § 4º, CPC)

Na Lei 11.417/06 – Súmula Vinculante

Art. 7º <u>Da decisão judicial ou do ato administrativo que contrariar enunciado de súmula vinculante, negar-lhe vigência ou aplicá-lo indevidamente caberá reclamação ao Supremo Tribunal Federal</u>, sem prejuízo dos recursos ou outros meios admissíveis de impugnação.
§ 1º Contra omissão ou ato da administração pública, o uso da reclamação só será admitido após esgotamento das vias administrativas.
§ 2º Ao julgar procedente a reclamação, o Supremo Tribunal Federal anulará o ato administrativo ou cassará a decisão judicial impugnada, determinando que outra seja proferida com ou sem aplicação da súmula, conforme o caso.

3.1.4. Natureza jurídica

Prevalece que é uma ação, devendo, portanto, observar os requisitos da petição inicial previstos no art. 319 do CPC.

3.1.5. Procedimento (art. 988, §§ 1º a 3º, e 989, ambos do CPC)

Art. 988, § 1º A reclamação pode ser <u>proposta perante qualquer tribunal</u>, e seu julgamento compete ao órgão jurisdicional <u>cuja competência se busca preservar ou cuja autoridade se pretenda garantir.</u>

Art. 988, § 2º A reclamação deverá ser <u>instruída com prova documental e dirigida ao presidente</u> do tribunal.

Art. 988, § 3º Assim que recebida, a reclamação será autuada e distribuída ao relator do processo principal, sempre que possível.

Art. 989. Ao despachar a reclamação, o relator:

I – requisitará informações da autoridade a quem for imputada a prática do ato impugnado, que as prestará no prazo de 10 (dez) dias;

II – se necessário, ordenará a suspensão do processo ou do ato impugnado para evitar dano irreparável;

III – determinará a citação do beneficiário da decisão impugnada, que terá prazo de 15 (quinze) dias para apresentar a sua contestação.

Art. 990. Qualquer interessado poderá impugnar o pedido do reclamante.

Art. 991. Na reclamação que não houver formulado, o Ministério Público terá vista do processo por 5 (cinco) dias, após o decurso do prazo para informações e para o oferecimento da contestação pelo beneficiário do ato impugnado.

Art. 992. Julgando procedente a reclamação, o tribunal cassará a decisão exorbitante de seu julgado ou determinará medida adequada à solução da controvérsia.

Art. 993. O presidente do tribunal determinará o imediato cumprimento da decisão, lavrando-se o acórdão posteriormente.

3.1.6. Vedações (art. 988, § 5º, CPC)

É inadmissível a reclamação:

I – proposta <u>após o trânsito em julgado</u> da decisão reclamada;

II – proposta para garantir a observância de acórdão de recurso extraordinário com repercussão geral reconhecida ou de acórdão proferido em julgamento de recursos extraordinário ou especial repetitivos, <u>quando não esgotadas as instâncias ordinárias</u>.

§ 6º A inadmissibilidade ou o julgamento do recurso interposto contra a decisão proferida pelo órgão reclamado não prejudica a reclamação.

3.1.7 Casos práticos

(OAB/2ª FASE – XXXII) Após regular aprovação em concurso público de provas e títulos, João da Silva foi nomeado e empossado no cargo de técnico administrativo de nível médio, vinculado ao Poder Executivo do Município Alfa. Exerceu suas funções com grande dedicação por mais de uma década. Durante esse período, também teve oportunidade de concluir o curso de Administração de Empresas. Assim que João concluiu a faculdade, foi editada a Lei Municipal nº 123/18, que permitia aos ocupantes do cargo de provimento efetivo de técnico administrativo de nível médio, desde que preenchessem os requisitos exigidos, optarem pela transposição para o cargo de auditor administrativo de nível superior, passando a integrar a respectiva carreira. Poucos dias após a promulgação da Lei Municipal nº 123/18, um ocupante do cargo de auditor administrativo de nível superior faleceu e, com a vacância, João formulou o requerimento de transposição, o qual foi imediatamente deferido pela Administração Pública. Com isso, Mário, único candidato aprovado no concurso público destinado ao provimento do cargo de auditor administrativo de nível superior, que ainda não fora nomeado, foi preterido. Mário, irresignado com a situação, interpôs recurso, que foi apreciado por todas as instâncias administrativas, não tendo sido acolhida a tese de que a Lei Municipal nº 123/18 afrontava o teor de Súmula Vinculante. Acresça-se que a validade do concurso iria exaurir-se no fim do mês seguinte, e Mário estava desempregado.

À luz desse quadro, como advogado(a), redija a peça processual mais adequada, perante o Supremo Tribunal Federal, para combater a nomeação de João para o cargo de auditor administrativo de nível superior. (Valor: 5,00)

Obs.: a peça deve abranger todos os fundamentos de Direito que possam ser utilizados para dar respaldo à pretensão. A simples menção ou transcrição do dispositivo legal ou de Súmula não confere pontuação.

GABARITO COMENTADO

A peça processual a ser apresentada é a reclamação (Art. 103-A, § 3º, da CRFB/88, ou Art. 988, inciso III, e § 4º, do CPC, ou Art. 7º da Lei nº 11.417/06).

O processamento e o julgamento da Reclamação são de competência do Supremo Tribunal Federal, na forma do Art. 103-A, § 3º, da CRFB/88.

A Reclamação é dirigida ao Ministro Presidente do Supremo Tribunal Federal (Art. 988, § 2º, do CPC). A Reclamação será proposta por Mário (dispõe o Art. 988, *caput*, do CPC, que "caberá reclamação da parte interessada ou do Ministério Público"). O polo passivo será composto pelo Prefeito do Município Alfa, autor do ato e por João, beneficiado pela aplica-

PRÁTICA CONSTITUCIONAL – 8ª EDIÇÃO • PEÇAS PRÁTICO-PROFISSIONAIS   **87**

ção da Lei Municipal nº 123/18 em sede administrativa. De acordo com o Art. 989 do CPC, "ao despachar a reclamação, o relator: I – requisitará informações da autoridade a quem for imputada a prática do ato impugnado, que as prestará no prazo de 10 (dez) dias; [...] III – determinará a citação do beneficiário da decisão impugnada, que terá prazo de 15 (quinze) dias para apresentar a sua contestação." Embora existam decisões do STF anteriores ao CPC no sentido de que seria facultativa a intervenção do interessado no processo de reclamação (Agravo Regimental na Reclamação 8.478/RS e Agravo Regimental na Reclamação 3.375/PI), a previsão de citação trazida no CPC atrai a legitimidade do beneficiário.

Ressaltar que a reclamação é cabível em razão do esgotamento das vias administrativas, nos termos do Art. 7º, § 1º, da Lei nº 11.417/06.

Quanto ao mérito, deve ser afirmado que, ao deferir o requerimento administrativo, o Prefeito Municipal aplicou a Lei Municipal nº 123/18 em detrimento da Constituição da República. Com isso, ofendeu a Súmula Vinculante 43 do STF, segundo a qual "é inconstitucional toda modalidade de provimento que propicie ao servidor investir-se, sem prévia aprovação em concurso público destinado ao seu provimento, em cargo que não integra a carreira na qual anteriormente investido." Prevalece, nesse caso, o entendimento de que a transposição ofende a exigência de prévia aprovação em concurso público para a investidura em cargo público, nos termos do Art. 37, inciso II, da CRFB/88.

Como João já foi nomeado para ocupar o cargo vago, o que acarreta a correlata lesão ao direito de Mário à nomeação, deve ser formulado pedido de tutela de urgência para suspender os efeitos do ato de nomeação, para evitar dano irreparável, consistente no desempenho de uma função pública por quem não preencheu o principal requisito constitucional exigido, a aprovação em concurso público, conforme dispõe o Art. 989, inciso II, do CPC, sendo demonstrada a presença dos requisitos da probabilidade do direito e do perigo de dano (Art. 300 do CPC).

Deverá ser formulado pedido de anulação do ato administrativo que deferiu a transposição do cargo de técnico administrativo de nível médio para o de auditor administrativo de nível superior. Deve ser formulado requerimento de juntada dos documentos anexos, já que a reclamação formará autos autônomos, devendo ser instruída, de modo a subsidiar a decisão do Tribunal, e indicado o valor da causa.

Distribuição dos pontos

ITEM	PONTUAÇÃO
A peça adequada nesta situação é a *reclamação ou reclamação constitucional*	
Endereçamento	
1. Ministro Presidente do Supremo Tribunal Federal (0,10).	0,00/0,10
2. Autor: Mário (0,10).	0,00/0,10
3. Legitimação ativa: é a parte interessada (0,10), nos termos do Art. 988, caput, do CPC (0,10).	0,00/0,10/0,20
4. Polo passivo: Prefeito do Município Alfa (0,10).	0,00/0,10

5. Legitimidade passiva: autor do ato (0,10), nos termos do Art. 988, caput, do CPC (0,10).	0,00/0,10/0,20
6. Beneficiário do ato impugnado: João (0,10), nos termos do Art. 989, inciso III, do CPC (0,10).	0,00/0,10/0,20
Cabimento	
7. A reclamação é cabível (0,20), considerando o exaurimento da instância administrativa (0,10), nos termos do Art. 103-A, § 3º, da CRFB/88, ou do Art. 988, inciso III, do CPC, ou do Art. 7º, § 1º, da Lei nº 11.417/06 (0,10).	0,00/0,10/0,20/ 0,30/0,40
Mérito	
8. O Prefeito Municipal, ao deferir o requerimento administrativo, aplicou a Lei Municipal nº 123/2018 em detrimento da Constituição Federal (0,60), nos termos do Art. 37, inciso II, da CRFB/88 (0,10). OU O Prefeito Municipal violou o princípio da legalidade (0,60), nos termos do Art. 37, caput, da CRFB/88 (0,10).	0,00/0,60/0,70
9. Ofensa à Súmula Vinculante 43 do STF (0,60).	0,00/0,60
Requisitos para a concessão de tutela de urgência/liminar ou de evidência	
10. (Tutela de Urgência/Liminar) Probabilidade do direito, caracterizado pela nítida afronta à Súmula Vinculante 43 do STF e perigo de dano irreparável, consistente no fato de a validade do concurso estar prestes a expirar (0,70), nos termos do Art. 989, II ou Art. 300 do CPC (0,10). OU (Tutela de Evidência) Probabilidade do direito, caracterizado pela nítida afronta à Súmula Vinculante 43 do STF (0,70), nos termos do Art. 989, II ou Art. 311, II do CPC (0,10).	0,00/0,70/0,80
Pedidos	
11. Suspensão dos efeitos do ato de nomeação de João (0,50), conforme dispõe o Art. 989, inciso II, do CPC (tutela de urgência ou tutela de evidência) (0,10).	0,00/0,50/0,60
12. A procedência do pedido, para que seja anulado o ato administrativo que deferiu a transposição do cargo	0,00/0,50
14. Requerimento de gratuidade de justiça (0,10).	0,00/0,10
15. Requerimento de citação de beneficiário (0,10).	0,00/0,10
16. Dá-se a causa o valor de ... (0,10)	0,00/0,10
Fechamento	
17. Local, data..., Advogado... e OAB...(0,10).	0,00/0,10

RECLAMAÇÃO CONSTITUCIONAL
ELABORAÇÃO DA PEÇA PRÁTICO-PROFISSIONAL
ESTRUTURA BÁSICA

[O que estiver entre colchetes constitui observação – não deve constar da peça.]

início da peça

EXCELENTÍSSIMO SENHOR DOUTOR MINISTRO PRESIDENTE DO SUPREMO TRIBUNAL FEDERAL

[Deixe espaço para eventual despacho ou decisão do juiz.]

Mário, (nacionalidade), (estado civil), (profissão), portador de carteira de identidade número ..., inscrito no CPF/MF sob o número ..., residente e domiciliado em (endereço), por seu advogado que firma a presente (procuração anexada), com escritório para recebimento de intimações na (endereço – art. 77, V, do CPC), endereço eletrônico, vem à presença de Vossa Excelência, respeitosamente, propor a presente

RECLAMAÇÃO CONSTITUCIONAL

em face Prefeito do Município Alfa, autor do ato e por João, beneficiado pela aplicação da Lei Municipal nº 123/18 em sede administrativa, nos termos dos artigos (Art. 103-A, § 3º, da CRFB/88, ou Art. 988, inciso III, e § 4º, do CPC, ou Art. 7º da Lei nº 11.417/06).

– Ressaltar que a reclamação é cabível em razão do esgotamento das vias administrativas, nos termos do Art. 7º, § 1º, da Lei nº 11.417/06.

1. DOS FATOS

Relatar os fatos de acordo com as informações trazidas no enunciado. Não criar informações.

2. DO DIREITO

Conforme expressa previsão... (parafrasear os dispositivos constitucionais e/ou legais encontrados e relacioná-los aos fatos)

Ao deferir o requerimento administrativo, o Prefeito Municipal aplicou a Lei Municipal nº 123/18 em detrimento da Constituição da República. Com isso, ofendeu a Súmula Vinculante 43 do STF, segundo a qual "é inconstitucional toda modalidade de provimento que propicie ao servidor investir-se, sem prévia aprovação em concurso público destinado ao seu provimento, em cargo que não integra a carreira na qual anteriormente investido."

Prevalece, nesse caso, o entendimento de que a transposição ofende a exigência de prévia aprovação em concurso público para a investidura em cargo público, nos termos do Art. 37, inciso II, da CRFB/88.

3. DA MEDIDA LIMINAR

Obs: demonstrada a presença dos requisitos da probabilidade do direito e do perigo de dano – (*fumus boni iuris* e *periculum in mora*) – (Art. 300 do CPC)

Como João já foi nomeado para ocupar o cargo vago, o que acarreta a correlata lesão ao direito de Mário à nomeação, o pedido de tutela de urgência deve ser deferido para suspender os efeitos do ato de nomeação, para evitar dano irreparável, consistente no desempenho de uma função pública por quem não preencheu o principal requisito constitucional exigido, a aprovação em concurso público, conforme dispõe o Art. 989, inciso II, do CPC.

Sendo assim, a reclamante requer que seja deferida a medida liminar, tendo em vista a relevância do fundamento (*fumus boni iuris*, representado pela usurpação da competência do STF) e o perigo na demora da decisão (*periculum in mora* – que, caso proferida apenas ao final, coloca em risco...

4. DO PEDIDO

Por todo o exposto, o reclamante requer que seja:

a) Que seja deferido o requerimento de juntada dos documentos anexos, já que a reclamação formará autos autônomos, devendo ser instruída, de modo a subsidiar a decisão do Tribunal, e indicado o valor da causa.

b) Que seja deferida a medida liminar...

c) Que seja anulado o ato administrativo que deferiu a transposição do cargo de técnico administrativo de nível médio para o de auditor administrativo de nível superior.

[Obs.: de acordo com a jurisprudência do STF e do STJ, não há condenação em honorários advocatícios em reclamação.]

Dá à causa o valor de R$ ... (valor por extenso), conforme previsão do art. 291 do CPC.

Termos em que pede deferimento

Local, data ... .

Advogado ...

OAB ...

[Não assine, rubrique ou, de outra forma, identifique sua prova!]

fim da peça

3.2. Mandado de Segurança Individual

3.2.1. Objetivo

Evitar a violação a direito líquido e certo ou reparar a violação praticada por meio de ilegalidade ou o abuso de poder por parte de autoridade pública ou de agente de pessoa jurídica no exercício de atribuições do Poder Público. Tutela de direito líquido e certo (com exceção dos referentes à liberdade de locomoção e ao acesso ou retificação de dados). Direito líquido e certo – aquele em que há prova documental pré-constituída. Lembrar do caráter subsidiário: "não amparado por *habeas corpus* e *habeas data*

3.2.2. Fundamentos

✓ Art. 5º, LXIX da CF e Lei nº 12.016/09 – Lei do MS. Súmulas – diversas

3.2.3. Hipóteses de não cabimento

✓ A) **contra lei em tese** – Súmula 266 do STF: Não cabe mandado de segurança contra lei em tese;

✓ B) **contra coisa julgada** – art. 5º, III, da Lei 12.016/09 – Não se concederá mandado de segurança quando se tratar: III – de decisão judicial transitada em julgado, art. 966 do CPC – A decisão de mérito, transitada em julgado, pode ser rescindida quando: IV – ofender a coisa julgada e art. 59 da Lei 9.099/95 (nem rescisória cabe aqui).

✓ C) **contra atos *interna corporis*** – caso de correição parcial, não MS.

✓ D) **contra ato do qual caiba recuso administrativo com efeito suspensivo e independente de caução** – art. 5º, I, da Lei 12.016/09 – porque essa decisão não produz efeitos antes da interposição do recurso.

✓ E) **contra decisão judicial da qual caiba recurso com efeito suspensivo** – art. 5º, II, da Lei 12.016/09. Em suma: contra ato judicial só em dois casos: quando a lei proíba o efeito suspensivo ou contra decisões irrecorríveis. Exemplo: Súmula 376 do STJ – Compete a turma recursal processar e julgar o mandado de segurança contra ato de juizado especial.

✓ F) **contra atos de gestão comercial** – art. 1º, § 2º, da Lei 12.016/09: Não cabe mandado de segurança contra os atos de gestão comercial praticados pelos administradores de empresas públicas, de sociedade de economia mista e de concessionárias de serviço público

3.2.4. Legitimidade

✓ **Legitimidade ativa:** daquele que detém o direito líquido e certo (não amparado por HC ou HD). Poder ser: pessoa natural ou jurídica, nacional ou estrangeira, pública ou privada. Além disso, aqueles que possuem apenas capacidade judiciária, por exemplo, massa falida e espólio.

✓ **Legitimidade passiva:** o MS deverá ser impetrado em face do ATO comissivo ou omissivo da autoridade coatora que deverá vir em litisconsórcio necessário com a pessoa jurídica a que está vinculada.

3.2.5. Competência

A autoridade coatora definirá a competência.

* Competência **funcional** (foro por prerrogativa de função)

✓ STF: art. 102, I, "d" e "r";

✓ STJ: 105, I, "b";

✓ TRF: art. 108, I, "c";

✓ Justiça Federal: art. 109, VIII;

✓ Justiça do Trabalho: art. 114, IV;

STF: Art. 102, I, "d", da CF:

Art. 102. Compete ao Supremo Tribunal Federal, precipuamente, a guarda da Constituição, cabendo-lhe: I – processar e julgar, originariamente: **d)** o habeas corpus, sendo paciente qualquer das pessoas referidas nas alíneas anteriores; **o mandado de segurança** e o habeas data **contra atos do Presidente da República, das Mesas da Câmara dos Deputados e do Senado Federal, do Tribunal de Contas da União, do Procurador-Geral da República e do próprio Supremo Tribunal Federal;**

STF – Art. 102, I, "r", da CF:

Art. 102. Compete ao Supremo Tribunal Federal, precipuamente, a guarda da Constituição, cabendo-lhe: I – processar e julgar, originariamente: **r)** as ações contra o Conselho Nacional de Justiça e contra o Conselho Nacional do Ministério Público;

STJ: 105, I, "b", da CF:

Art. 105. Compete ao Superior Tribunal de Justiça:

I – processar e julgar, originariamente: **b)** os **mandados de segurança** e os habeas data **contra ato de Ministro de Estado, dos Comandantes da Marinha, do Exército e da Aeronáutica ou do próprio Tribunal;**

TRF: art. 108, I, "c", da CF

Art. 108. Compete aos Tribunais Regionais Federais: I – processar e julgar, originariamente: c) os **mandados de segurança** e os habeas data **contra ato do próprio Tribunal ou de juiz federal;**

Justiça Federal: art. 109, VIII, da CF

Art. 109. Aos **juízes federais** compete processar e julgar: VIII – os **mandados de segurança** e os *habeas data* contra ato de autoridade federal, excetuados os casos de competência dos tribunais federais;

Justiça do Trabalho: art. 114, IV, da CF

Art. 114. **Compete à Justiça do Trabalho** processar e julgar: IV os **mandados de segurança**, habeas corpus e *habeas data*, quando o ato questionado envolver matéria sujeita à sua jurisdição;

Obs: autoridades municipais (ex. secretários), prefeitos – competência – juízo Cível ou Vara da Fazenda Pública. Há previsão em Constituições Estaduais atribuindo foro por prerrogativa de função a eles, por exemplo: art. 74, III, da Constituição do Estado de SP: Compete ao Tribunal de Justiça, além das atribuições previstas nesta Constituição, processar e julgar originariamente: III – os **mandados de segurança** e os habeas data contra atos do Governador, da Mesa e da Presidência da Assembleia, do próprio Tribunal ou de algum de seus membros, dos Presidentes dos Tribunais de Contas do Estado e do Município de São Paulo, do Procurador-Geral de Justiça, **do Prefeito** e do Presidente da Câmara Municipal da Capital;

3.2.6. Prazo

Art. 23 da Lei 12.016/09: o direito de requerer mandado de segurança extinguir-se-á decorridos **120** (cento e vinte) dias (decadencial), **contados da ciência**, pelo interessado, do ato impugnado.

✓ Após, vias ordinárias.

✓ Prazo no repressivo, não no preventivo (medida que inibe a ocorrência da lesão). Art. 64, § 4°, do CPC: Salvo decisão judicial em sentido contrário, conservar-se-ão os efeitos de decisão proferida pelo juízo incompetente até que outra seja proferida, se for o caso, pelo juízo competente. Ou seja: se o MS for impetrado dentro do prazo legal, mas houver erro quanto ao órgão competente para julgamento não haverá caducidade.

3.2.7. Trâmite

Prioridade de tramitação – art. 20 da Lei 12.016/09: Os processos de **mandado de segurança e os respectivos recursos** terão **prioridade** sobre todos os atos judiciais, salvo *habeas corpus*; Art. 7°, § 4°, da Lei 12.016/09 – Deferida a medida **liminar**, o processo terá **prioridade** para julgamento.

3.2.8. Liminar

É permitida e o fundamento está no art. 7°, III, da Lei: suspensão do ato que deu motivo ao pedido, quando houver fundamento relevante e do ato impugnado quando puder resultar a ineficácia da medida, caso seja finalmente deferida, sendo facultado exigir do impetrante caução, fiança ou depósito, com o objetivo de assegurar o ressarcimento à pessoa jurídica.

3.2.9. Requerimentos/pedidos

✓ Que seja concedida a medida liminar para suspender o ato lesivo, assegurando o impetrante...; (art. 7°, III, da Lei 12.016/09)

✓ Que seja notificada a autoridade coatora sobre o conteúdo da petição inicial, enviando-lhe a segunda via apresentada com as cópias dos documentos, a fim de que, no prazo de 10 (dez) dias, preste as informações; (art. 7°, I, da Lei 12.016/09)

✓ Que se dê ciência do feito ao órgão de representação judicial da pessoa jurídica interessada, enviando-lhe cópia da inicial sem documentos, para que, querendo, ingresse no feito; (art. 7°, I, da Lei 12.016/09)

✓ Que seja intimado o representante do Ministério Público para opinar, dentro do prazo improrrogável de 10 (dez) dias; (art. 12 da Lei 12.016/09).

✓ Ao final, confirmada a liminar deferida, que seja concedido definitivamente o mandado de segurança com o fim de... (colocar o objetivo específico do MS ou apenas: "assegurar o direito líquido e certo do impetrante");

ADOLFO NISHIYAMA • BRUNA VIEIRA • TERESA MELO

✓ Todas as provas necessárias para a configuração da liquidez e da certeza do direito encontram-se anexadas à inicial, satisfazendo o requisito da prova pré-constituída.

3.2.10. Atenção!!

✓ Não há peça de interposição;

✓ Não há dilação probatória em mandado de segurança, portanto não há pedido de provas;

✓ O endereçamento estará vinculado ao órgão competente para julgamento

✓ Na liminar devem ser demonstrados o *fumus boni iuris* (fumaça do bom direito) e o *periculum in mora* (perigo na demora – demonstrar o prejuízo trazido pela demora no provimento jurisdicional.

3.2.11. Casos práticos

(OAB/2ª FASE – XXXIV) João, pessoa de muita fé, com estrita observância das regras legais vigentes, construiu um templo para que pudesse realizar as reuniões de oração afetas à religião que professava.

Em razão da seriedade de sua atividade, as reuniões passaram a ser frequentadas por um elevado quantitativo de pessoas, as quais também passaram a organizar, no interior do templo, no intervalo das orações, as denominadas *"reuniões de civilidade"*. Nessas reuniões, eram discutidos temas de interesse geral, especialmente a qualidade dos serviços públicos, daí resultando a criação de um "boletim", editado pelo próprio João, no qual era descrita a situação desses serviços, principalmente a respeito de suas instalações, do nível do atendimento e do tempo de espera.

Na medida em que tanto as reuniões como o boletim passaram a ter grande influência junto à coletividade, ocorreu o aumento exponencial das cobranças sobre as autoridades constituídas. Em razão desse quadro e da grande insatisfação de alguns gestores, o Prefeito Municipal instaurou um processo administrativo para apurar as atividades desenvolvidas no templo. Por fim, decidiu cassar o alvará concedido a João, que deverá paralisar imediatamente todas as atividades, sob pena de aplicação de multa. Ao fundamentar sua decisão, ressaltou que:

(i) o alvará de localização somente permitia a realização de atividades religiosas no local; (ii) as reuniões não foram antecedidas de autorização específica; e (iii) o boletim não fora legalizado junto ao Município, sendo, portanto, ilícito.

Ao ser formalmente notificado do inteiro teor da decisão, a ser imediatamente cumprida, João, que estava impedido de exercer suas atividades sob pena de receber uma multa, procurou você, como advogado(a), para ajuizar a ação constitucional cabível.

Elabore a peça processual cabível. (Valor: 5,00)

Obs.: a peça deve abranger todos os fundamentos de Direito que possam ser utilizados para dar respaldo à pretensão. A simples menção ou transcrição do dispositivo legal não confere pontuação.

PRÁTICA CONSTITUCIONAL – 8ª EDIÇÃO • PEÇAS PRÁTICO-PROFISSIONAIS | **95**

GABARITO COMENTADO

A peça adequada nesta situação é a *petição inicial de Mandado de Segurança*.

A petição deve ser endereçada ao Juízo Cível da Comarca X ou ao Juízo de Fazenda Pública da Comarca X, já que os dados constantes do enunciado não permitem identificar a organização judiciária do local, portanto, o X não indica uma localidade específica.

O examinando deve indicar, na qualificação das partes, o impetrante João e, como autoridade coatora, o Prefeito Municipal. A legitimidade ativa de João decorre do fato de ser o titular do direito de cuja proteção postula. A legitimidade passiva do Prefeito Municipal, por sua vez, é justificada pelo fato de ser o responsável pela decisão que afronta o direito de João.

O examinando deve indicar, no mérito, que a decisão proferida afrontou:

(I)   o livre exercício dos cultos religiosos, amparado pelo Art. 5º, inciso VI, da CRFB/88, pois foi determinado o fechamento do templo;

(II) a liberdade de reunião, nos termos do Art. 5º, inciso XVI, da CRFB/88, que independe de qualquer autorização para a sua realização;

(III) a liberdade de expressão, consoante o Art. 5º, inciso IX, da CRFB/88, que independe de autorização; e

(IV) a liberdade de publicação de veículo impresso de comunicação, nos termos do Art. 220, § 6º, da CRFB/88, que não é condicionada à licença de autoridade.

Essa base normativa justifica a escolha do instrumento processual (MS) previsto no Art. 5º, inciso LXIX, da CRFB **ou** no Art. 1º, *caput*, da Lei nº 12.016/09. Há direito líquido e certo lastreado em prova pré-constituída, o que decorre da notificação formal de João, realizada pelo Prefeito Municipal.

O examinando deve sustentar que, além do fundamento relevante do direito de João, ele continuará a ser violado se a liminar não for deferida, tendo em vista que as reuniões foram paralisadas e o boletim não mais poderá ser editado.

A peça deve conter os requerimentos de

(i)   concessão da medida liminar, para que João possa continuar a desenvolver as suas atividades e a autoridade coatora se abstenha de aplicar-lhe multa; e, ao final,

(ii) procedência do pedido, com confirmação da concessão da ordem, atribuindo-se caráter definitivo à tutela liminar.

O examinando deve, ainda, qualificar-se como advogado e atribuir valor à causa.

Distribuição dos pontos

ITEM	PONTUAÇÃO
Endereçamento	
1. A petição deve ser endereçada ao Juízo Cível da Comarca X ou ao Juízo de Fazenda Pública da Comarca X (0,10).	0,00/0,10
2. Impetrante: João (0,10).	0,00/0,10

3. Autoridade coatora: Prefeito Municipal (0,10).	0,00/0,10
4. Legitimidade ativa de João: decorre do fato de ser o titular do direito que postula (0,10).	0,00/0,10
5. Legitimidade passiva do Prefeito Municipal é justificada pelo fato de ter proferido a decisão que afronta o direito de João (0,10).	0,00/0,10
Cabimento	
6. Há prova pré-constituída, já que foi feita uma notificação formal a João (0,20).	0,00/0,20
7. Ofensa ao direito líquido e certo (0,20), conforme Art. 5°, inciso LXIX, da CRFB ou no Art. 1°, caput, da Lei n° 12.016/09 (0,10).	0,00/0,20/0,30
Fundamentos de mérito	
8. A decisão afrontou:	
8.1. o livre exercício dos cultos religiosos (0,40), nos termos do Art. 5°, inciso VI, da CRFB/88 (0,10), pois foi determinado o fechamento do templo (0,10);	0,00/0,20/ 0,40/0,50/0,60
8.2 a liberdade de reunião (0,40), nos termos do Art. 5°, inciso XVI, da CRFB/88(0,10), que independe de qualquer autorização para a sua realização (0,10);	0,00/0,20/ 0,40/0,50/0,60
8.3. a liberdade de expressão (0,40), consoante o Art. 5°, inciso IX, da CRFB/88 (0,10), que independe de autorização (0,10);	0,00/0,20/ 0,40/0,50/0,60
8.4. a liberdade de publicação de veículo impresso de comunicação (0,40), nos termos do Art. 220, § 6°, da CRFB/88 (0,10), que independe de licença de autoridade (0,10).	0,00/0,20/ 0,40/0,50/0,60
Fundamentos da liminar	
9. A solidez do direito está expressa nos fundamentos de mérito (0,20).	0,00/0,20
10. Risco de dano: paralisação das atividades (0,15) sob pena de aplicação de multa (0,15) com base no Art. 7°, inciso III, da Lei 12016/09 ou Art. 300, do CPC (0,10).	0,00/0,15/0,25 0,30/0,40
Pedidos	
11. Notificação da autoridade coatora (0,10).	0,00/0,10
12. Concessão da medida liminar, para que João possa continuar a desenvolver as suas atividades (0,20) e a autoridade coatora se abstenha de aplicar-lhe multa (0,20).	0,00/0,20/0,40
13. Ao final, procedência do pedido, com confirmação da concessão da ordem, atribuin-do-se caráter definitivo à tutela liminar (0,30).	0,00/0,30
14. Valor da causa (0,10).	0,00/0,10
Fechamento	
15. Local, data, advogado e OAB (0,10).	0,00/0,10

PRÁTICA CONSTITUCIONAL – 8ª EDIÇÃO • PEÇAS PRÁTICO-PROFISSIONAIS **97**

(OAB/Exame Unificado 2019.2 – 2ª fase) João, cidadão politicamente atuante e plenamente consciente dos deveres a serem cumpridos pelos poderes constituídos em suas relações com a população, decidiu fiscalizar a forma de distribuição dos recursos aplicados na área de educação no Município Alfa, sede da Comarca X e vizinho àquele em que residia, considerando as dificuldades enfrentadas pelos moradores do local. Para tanto, compareceu à respectiva Secretaria Municipal de Educação e requereu o fornecimento de informações detalhadas a respeito das despesas com educação no exercício anterior, a discriminação dos valores gastos com pessoal e custeio em geral e os montantes direcionados a cada unidade escolar, já que as contratações eram descentralizadas.

O requerimento formulado foi indeferido por escrito, pelo Secretário Municipal de Educação, sob o argumento de que João não residia no Município Alfa; os gastos com pessoal eram sigilosos, por dizerem respeito à intimidade dos servidores; as demais informações seriam disponibilizadas para o requerente e para o público em geral, via *Internet*, quando estivesse concluída a estruturação do "portal da transparência", o que estava previsto para ocorrer em 2 (dois) anos. João não informou de que modo usaria as informações.

Inconformado com o indeferimento do requerimento que formulara, João contratou os seus serviços como advogado(a) poucos dias após a prolação da decisão e solicitou o ajuizamento da medida cabível, de modo que pudesse obter, com celeridade, as informações almejadas, o que permitiria sua divulgação à população interessada, permitindo-lhe avaliar a conduta do Prefeito Municipal, candidato à reeleição no processo eleitoral em curso.

Elabore a petição da medida judicial adequada, considerando-se como tal aquela que não exija instrução probatória. **(Valor: 5,00)**

Obs.: a peça deve abranger todos os fundamentos de Direito que possam ser utilizados para dar respaldo à pretensão. A simples menção ou transcrição do dispositivo legal não confere pontuação.

GABARITO COMENTADO

A peça adequada, nesta situação, é a *petição inicial de mandado de segurança*.

A petição deve ser endereçada ao Juízo Cível da Comarca X ou ao Juízo de Fazenda Pública da Comarca X, já que os dados constantes do enunciado não permitem identificar a organização judiciária do local.

O examinando deve indicar, na qualificação das partes, o impetrante João e, como autoridade coatora, o Secretário Municipal de Educação do Município Alfa. A legitimidade ativa de João decorre do fato de ter o direito de acesso à informação, sendo titular do direito que postula. A legitimidade passiva do Secretário, por sua vez, é justificada pelo fato de ser o responsável pelo indeferimento do requerimento formulado.

O examinando deve indicar, no mérito, que é assegurado a todos o acesso à informação, nos termos do Art. 5º, inciso XIV, da CRFB/88 e o direito de receber dos órgãos públicos as informações de interesse coletivo ou geral, conforme dispõe o Art. 5º, inciso XXXIII, da CRFB/88. Os usuários, ademais, têm assegurado o seu acesso ao teor dos atos de governo, nos termos do Art. 37, § 3º, inciso II, da CRFB/88, informação que deve ser fornecida no prazo estabelecido pelo Art. 11 da Lei nº 12.527/11, independentemente de qualquer esclarecimento a respeito dos motivos determinantes da solicitação, nos termos do Art. 10, § 3º, da Lei nº 12.527/11. As informações relativas aos gastos com pessoal não dizem respeito à

ADOLFO NISHIYAMA • BRUNA VIEIRA • TERESA MELO

intimidade dos servidores, pois refletem a maneira de gasto do dinheiro público, apresentando indiscutível interesse público. O fato de João não residir no Município é irrelevante, pois os entes federados não podem criar distinções entre brasileiros, nos termos do Art. 19, inciso III, da CRFB/88.

Essa base normativa justifica a escolha do instrumento processual (MS) previsto no Art. 5º, inciso LXIX, da CRFB/88 OU no Art. 1º, *caput*, da Lei nº 12.016/09. Há direito líquido e certo lastreado em prova pré-constituída, o que decorre do indeferimento, por escrito, do requerimento formulado por João.

O examinando deve sustentar que, além do fundamento relevante do direito de João, há o risco de ineficácia da medida final se a liminar não for deferida, tendo em vista a urgência da situação, já que as informações servirão para que a população interessada avalie o desempenho do prefeito municipal, candidato à reeleição.

A peça deve conter os requerimentos de (i) concessão da medida liminar, para que a autoridade coatora forneça os dados solicitados por João; e, ao final, (ii) procedência do pedido, com confirmação da concessão da ordem, atribuindo-se caráter definitivo à tutela liminar.

O examinando ainda deve qualificar-se como advogado e atribuir valor à causa.

Distribuição dos pontos

ITEM	PONTUAÇÃO
A peça adequada nesta situação é a *petição inicial de mandado de segurança*.	
Endereçamento	
1. A petição deve ser endereçada ao Juízo Cível da Comarca X ou ao Juízo de Fazenda Pública da Comarca X (0,10).	0,00/0,10
Identificação das Partes	
2. Impetrante: João (0,10).	0,00/0,10
3. Autoridade coatora: Secretário Municipal de Educação (0,10).	0,00/0,10
4. Pessoa jurídica a que se vincula a autoridade: Município Alfa (0,10).	0,00/0,10
5. Legitimidade ativa de João: decorre do fato de ter o direito de acesso à informação, sendo titular do direito que postula (0,30).	0,00/0,30
6. Legitimidade passiva do Secretário Municipal de Educação do Município Alfa: é justificada pelo fato de ter indeferido o requerimento de João (0,30).	0,00/0,30
Fundamentos de mérito	
7. É assegurado a todos o acesso à informação (0,30), nos termos do Art. 5º, inciso XIV, da CRFB/88 (0,10).	0,00/0,30/0,40
8. É assegurado a todos o direito de receber dos órgãos públicos as informações de interesse coletivo ou geral (0,30), conforme dispõe o Art. 5º, inciso XXXIII, da CRFB/88 (0,10).	0,00/0,30/0,40

PRÁTICA CONSTITUCIONAL – 8ª EDIÇÃO • PEÇAS PRÁTICO-PROFISSIONAIS 99

9. Os usuários têm assegurado o seu acesso ao teor dos atos de governo (0,30), nos termos do Art. 37, § 3º, inciso II, da CRFB/88 (0,10);	0,00/0,30/0,40
9.1. A informação deve ser fornecida de imediato (0,20), nos termos do Art. 11 da Lei nº 12.527/11 (0,10),	0,00/0,20/0,30
9.2. Independentemente de qualquer esclarecimento a respeito dos motivos determinantes da solicitação, (0,20) nos termos do Art. 10, § 3º, da Lei nº 12.527/11 (0,10).	0,00/0,20/0,30
10. As informações relativas aos gastos com pessoal não dizem respeito à intimidade dos servidores, pois refletem o modo de emprego do dinheiro público, apresentando indiscutível interesse público (0,40).	0,00/0,40
11. O fato de João não residir no Município é irrelevante, pois os entes federados não podem criar distinções entre brasileiros (0,30), nos termos do Art. 19, inciso III, da CRFB/88 (0,10).	0,00/0,30/0,40
12. O direito líquido e certo do impetrante decorre da prova pré-constituída quanto à negativa de acesso à informação (0,40).	0,00/0,40
Fundamentos da liminar	
13. Demonstração da relevância dos fundamentos da impetração, conforme as razões de mérito (itens 7 a 11) (0,20).	0,00/0,20
14. Há risco de ineficácia da medida final se a liminar não for deferida, tendo em vista a urgência da situação, já que as informações servirão para que a população interessada avalie o desempenho do Prefeito Municipal, candidato à reeleição (0,20).	0,00/0,20
Pedidos	
15. Concessão da medida liminar, para determinar que a autoridade coatora forneça os dados solicitados por João (0,20).	0,00/0,20
16. Ao final, a concessão da ordem em definitivo, com confirmação da tutela liminar (0,20).	0,00/0,20
Fechamento	
17. Valor da causa (0,10).	0,00/0,10
18. Local, data, assinatura e OAB (0,10).	0,00/0,10

MANDADO DE SEGURANÇA INDIVIDUAL
ELABORAÇÃO DA PEÇA PRÁTICO-PROFISSIONAL
ESTRUTURA BÁSICA

COMPETÊNCIA	De acordo com a sede da autoridade coatora (responsável pelo ato) e a sua categoria funcional. Pode ser: STF, STJ, Tribunais Superiores, Tribunais Regionais Federais, Tribunais de Estados e do DF, Juízes Federais, Juízes do Trabalho, Juízes Estaduais – artigos da CF: 102, I, "d"; 105, I, "b"; 108, I, "c"; 109, VIII; 125, § 1°). Além disso, o âmbito da organização judiciária estadual.
PARTES	Legitimado ativo/Impetrante: pessoa natural ou jurídica que comprove a violação do direito líquido e certo, não amparado por *habeas corpus ou habeas data* Legitimado passivo/Impetrado: autoridade pública (coatora) e a pessoa jurídica que essa autoridade está vinculada (ver art. 1°, §1°, da Lei 12.016/09– equiparados).
HIPÓTESES DE CABIMENTO	Para proteção de direito individual, líquido e certo, não amparado por *habeas data* ou *habeas corpus*, lesado ou ameaçado de lesão, por ato de autoridade pública ou agente de pessoa jurídica no exercício de atribuições do Poder Público.
PRAZO	120 dias a contar do conhecimento oficial do ato.
FUNDAMENTO LEGAL	– Constituição Federal: art. 5°, LXIX. – Lei 12.016/09.
FUNDAMENTAÇÃO JURÍDICA	Ilegalidade do ato da autoridade coatora violando direito líquido e certo do impetrante.
PEDIDO	a) concessão da liminar, se for o caso; b) notificação da autoridade coatora para prestar informações; c) o pedido de notificação de litisconsortes passivos, conforme o caso; d) intimação da pessoa jurídica à qual está vinculada a autoridade coatora, para contestar; e) oitiva do representante do Ministério Público; f) concessão da segurança.
PROVAS	É vedada em sede de mandado de segurança a produção de prova. Dessa forma, só cabe a ação se houver prova pré-constituída.
HONORÁRIOS	Súmula 512 do STF: "Não cabe condenação em honorários de advogado na ação de mandado de segurança".
CUSTAS	De acordo com a lei local.
VALOR DA CAUSA E PARTE FINAL DA PEÇA	Para fins de alçada. Dá-se à causa o valor de... Termos em que pede deferimento ou Nesses termos, pede deferimento Local e data Advogado OAB n°

PRÁTICA CONSTITUCIONAL – 8ª EDIÇÃO • PEÇAS PRÁTICO-PROFISSIONAIS | **101**

(OAB/ Exame Unificado 2017.2 – 2º fase) Edson, idoso aposentado por invalidez pelo regime geral de previdência social, recebe um salário mínimo por mês. Durante mais de três décadas, esteve exposto a agentes nocivos à saúde, foi acometido por doença que exige o uso contínuo de medicamento controlado, cuja ministração fora da forma exigida pode colocar em risco a sua vida.

Em razão de sua situação pessoal, todo dia 5 comparece ao posto de saúde existente na localidade em que reside, retirando a quantidade necessária do medicamento para os próximos trinta dias. No último dia 5, foi informado, pelo Diretor do referido posto, que a central de distribuição não entregara o medicamento, já que o Município, em razão da crise financeira, não pagava os fornecedores havia cerca de seis meses.

Inconformado com a informação recebida, Edson formulou, logo no dia seguinte, requerimento endereçado ao Secretário Municipal de Saúde, autoridade responsável pela administração das dotações orçamentárias destinadas à área de saúde e pela aquisição dos medicamentos encaminhados à central de distribuição, órgão por ele dirigido. Na ocasião, esclareceu que a ausência do medicamento poderia colocar em risco sua própria vida. Em resposta escrita, o Secretário reconheceu que Edson tinha necessidade do medicamento, o que fora documentado pelos médicos do posto de saúde, e informou que estavam sendo adotadas as providências necessárias à solução da questão, mas que tal somente ocorreria dali a 160 (cento e sessenta) dias, quando o governador do Estado prometera repassar receitas a serem aplicadas à saúde municipal. Nesse meio-tempo, sugeriu que Edson procurasse o serviço de emergência sempre que o seu estado de saúde apresentasse alguma piora.

Edson, de posse de toda a prova documental que por si só basta para demonstrar os fatos narrados, em especial a resposta do Secretário Municipal de Saúde, procura você, uma semana depois, para contratar seus serviços como advogado(a), solicitando o ajuizamento da medida judicial que ofereça resultados mais céleres, sem necessidade de longa instrução probatória, para que consiga obter o medicamento de que necessita.

Levando em consideração as informações expostas, ciente da desnecessidade da dilação probatória, elabore a medida judicial adequada, com todos os fundamentos jurídicos que conferem sustentação ao direito de Edson. (Valor: 5,00)

Obs.: a peça deve abranger todos os fundamentos de Direito que possam ser utilizados para dar respaldo à pretensão. A simples menção ou transcrição do dispositivo legal não confere pontuação.

GABARITO COMENTADO

A peça adequada nessa situação é a Petição Inicial de Mandado de Segurança. A petição deve ser endereçada ao Juízo Cível da Comarca X ou ao Juízo de Fazenda Pública da Comarca X, já que os dados constantes do enunciado não permitem identificar a organização judiciária do local.

O examinando deve indicar, na qualificação das partes, o impetrante Edson e, como autoridade coatora, o Secretário Municipal de Saúde. A legitimidade ativa de Edson decorre do fato de necessitar do medicamento para preservar sua saúde, sendo titular do direito que postula. A legitimidade passiva do Secretário, por sua vez, é justificada pelo fato de ser o responsável pela aquisição dos medicamentos e de dirigir a central de distribuição.

O examinando deve indicar, no mérito, que a saúde é direito de todos e dever do Poder Público, nos termos do Art. 196, caput, da CRFB/88 e também do art. 6º. Acresça-se que o serviço de saúde oferecido pelo Município deve assegurar o "atendimento integral", conforme prevê o Art. 198, inciso II, da CRFB/88, o que inclui o fornecimento de medicamentos. Há aplicação imediata das normas sobre direitos fundamentais consoante art. 5º, § 1º da CRFB. Em razão das características pessoais de Edson, como a ausência do medicamento pode colocar em risco a sua vida, é evidente a sua exigibilidade como forma de materializar a dignidade humana, contemplada no Art. 1º, inciso III, da CRFB/88. Portanto, deve ser assegurada a efetividade do direito social à saúde. Essa base normativa justifica a escolha do instrumento processual (MS) previsto no Art. 5º, inciso LXIX, da CRFB/88 e/ou no Art. 1º, *caput*, da Lei 12.016/09. Há direito líquido e certo lastreado em prova pré-constituída, já que o próprio Secretário de Saúde reconheceu que Edson necessita do medicamento, bem como que o seu fornecimento está suspenso.

O examinando deve sustentar que, além do fundamento relevante do direito de Edson, há o risco de ineficácia da medida final se a liminar não for deferida, tendo em vista a urgência da situação, já que Edson corre risco de morte.

A peça deve conter os pedidos de

(i) concessão da medida liminar, para que a autoridade coatora reestabeleça o fornecimento do medicamento de que Edson necessita; e, ao final,

(ii) procedência do pedido, com confirmação da concessão da ordem, atribuindo-se caráter definitivo à tutela liminar.

O examinando deve ainda se qualificar como advogado e atribuir valor à causa.

Distribuição dos pontos

ITEM	PONTUAÇÃO
A peça adequada nesta situação é a Petição Inicial de Mandado de Segurança.	
Endereçamento:	0,00/0,10
A petição deve ser endereçada ao Juízo Cível da Comarca X ou ao Juízo de Fazenda Pública da Comarca X (0,10).	0,00/0,10
Impetrante: Edson (0,10).	0,00/0,20
Autoridade coatora: Secretário Municipal de Saúde (0,10).	0,00/0,20
Legitimidade ativa de Edson: decorre do fato de necessitar do medicamento para preservar sua saúde, sendo titular do direito que postula (0,20).	0,00/0,20
Legitimidade passiva do Secretário: é justificada pelo fato de ser o responsável pela aquisição dos medicamentos e de dirigir central de distribuição (0,20).	0,00/0,20
Fundamentos de mérito:	0,00/0,50/0,60
1 – A saúde é direito de todos e dever do Poder Público (0,50), nos termos do Art. 6º OU Art. 196, caput, ambos da CRFB/88 (0,10);	0,00/0,50/0,60
2 – O serviço de saúde oferecido pelo Município deve assegurar o "atendimento integral" (0,50), conforme prevê o Art. 198, inciso II, da CRFB/88 (0,10), o que inclui o fornecimento de medicamentos (0,10);	0,00/0,10/0,50/ 0,60/0,70

PRÁTICA CONSTITUCIONAL – 8ª EDIÇÃO • PEÇAS PRÁTICO-PROFISSIONAIS **103**

3 – A ausência do medicamento pode colocar em risco a vida de Edson, o que afronta a dignidade humana (0,50), contemplada no Art. 1º, inciso III, OU Art. 5º, *caput*, ambos da CRFB/88 (0,10);	0,00/0,50/0,60
4 – Deve ser assegurada a efetividade do direito social á saúde (0,30), conforme Art. 5º, § 1º, da CRFB (0,10);	0,00/0,50/0,60 0,00/0,30/0,40
5 – Os fundamentos constitucionais do direito á saúde justificam a escolha do MS (0,10), previsto no Art. 5º, inciso LXIX, da CRFB/88 OU no Art. 1º, caput, da Lei 12.016/09 (0,10);	0,00/0,10/0,20
6 – Há prova pré-constituída, já que o próprio Secretário de Saúde reconheceu que Edson necessita do medicamento (0,20) e de que o seu fornecimento fora suspenso (0,20).	0,00/0,20/0,40
A relevância da fundamentação está expressa nos argumentos de mérito (0,40);	0,00/0,40
Há risco de ineficácia da medida final se a liminar não for deferida, tendo em vista a urgência da situação, pois Edson corre risco de morte (0,40);	0,00/0,40
Pedidos: Concessão da medida liminar, para que a autoridade coatora reestabeleça o fornecimento do medicamento que Edson necessita (0,20); Ao final, procedência do pedido, com confirmação da concessão da ordem, atribuindo-se caráter definitivo à tutela liminar (0,20).	
Valor da Causa (0,10)	0,00/0,10
Fechamento: local, data assinatura e OAB (0,10)	0,00/0,10

(OAB/Exame Unificado – 2010.1 – 2ª fase) O secretário de administração do estado-membro Y, com a finalidade de incentivar o aprimoramento profissional de certa categoria de servidores públicos, criou, por meio de lei específica, tabela de referências salariais com incremento de 10% entre uma e outra, estando a mudança de referência baseada em critérios de antiguidade e merecimento. O pagamento do mencionado percentual seria feito em seis parcelas mensais e sucessivas. Os servidores que adquiriram todas as condições para o posicionamento na referência salarial subsequente já haviam recebido o pagamento de três parcelas quando sobreveio a edição de medida provisória revogando a sistemática estabelecida na lei. Assim, no mês seguinte à edição dessa medida, o valor correspondente à quarta parcela foi excluído da folha de pagamento. Em decorrência dessa exclusão, os servidores requereram à Secretaria Estadual de Planejamento e Gestão a respectiva inserção na folha de pagamento, sob pena de submeter a questão ao Poder Judiciário. Em resposta, o secretário indeferiu o pedido, fundado nos seguintes argumentos:

a) em razão da revogação da lei, promovida pela medida provisória, os servidores não mais teriam direito ao recebimento do percentual;

b) seria possível a alteração do regime remuneratório, em face da ausência de direito adquirido a regime jurídico, conforme já reconhecido pelo Supremo Tribuna Federal;

c) os servidores teriam, na hipótese, mera expectativa de direito, e não direito adquirido;

d) não cabe ao Poder Judiciário atuar em área própria do Poder Executivo e conceder o reajuste pleiteado, sob pena de ofensa ao princípio constitucional da separação dos poderes.

ADOLFO NISHIYAMA • BRUNA VIEIRA • TERESA MELO

Em face da situação hipotética apresentada, na qualidade de advogado(a) contratado(a) pelo sindicato dos servidores, redija a medida judicial cabível para impugnação do ato da autoridade que determinou a exclusão do pagamento dos servidores dos percentuais previstos em lei, destacando os argumentos necessários à adequada defesa dos interesses de seus clientes.

ORGANIZAÇÃO DE IDEIAS

Observando o quadro presente na Introdução, a peça a ser elaborada é o mandado de segurança, pois os servidores tiveram seu direito líquido e certo ao recebimento do percentual atingido pelo ato do Secretário Estadual de Planejamento e Gestão.

Note que o mandado de segurança pode ser impetrado por pessoa física ou jurídica (art. 1º da Lei 12.016/2009).

Para elaboração da peça **é essencial que o candidato leia atentamente a Lei 12.016/20009**, que regula o mandado de segurança, bem como o quadro esquemático do mandado de segurança, reproduzido nos comentários à primeira questão (2006.1).

Aplicando as noções ao caso concreto, temos que:

a) Legitimidade ativa – Sindicato dos servidores (mandado de segurança coletivo).

b) Legitimidade passiva – Secretário de Planejamento e Gestão do Estado Y.

c) Pessoa jurídica que a autoridade coatora integra – Estado Y.

d) Ato coator – ato que suspendeu o pagamento das parcelas 4, 5 e 6.

e) Mérito – inconstitucionalidade do ato por violação do direito adquirido (art. 5º, XXXVI, da CF) e da irredutibilidade de vencimentos dos servidores públicos (art. 37, XV, da CF).

f) Competência jurisdicional – Juiz de Direito da Vara Cível da Comarca da Capital do Estado Y (a questão não menciona a existência de foro privilegiado para secretários de estado).

g) Outros requisitos formais – observância do prazo de decadência; prova pré-constituída; pedido de liminar; pedido de notificação da autoridade coatora para prestar informações; pedido de ciência da pessoa jurídica para ingressar no feito; pedido de intimação do MP; pedido de prioridade de julgamento (após deferida a liminar); pedido de ratificação da liminar e de julgamento de procedência do pedido principal; valor da causa.

Eis a estrutura argumentativa (silogismo):

1. FATO: lei específica do Estado Y cria tabela de referências salariais com incremento de 10% entre uma e outra, baseada em critérios de antiguidade e merecimento. Servidores que adquiriram as condições legais para o enquadramento na tabela começam a receber o adicional, pago parceladamente em 6 vezes. Após edição de medida provisória que revogou a lei, o pagamento das parcelas subsequentes foi suspenso e o pedido administrativo de continuidade do pagamento das parcelas faltantes foi indeferido;

2. DIREITO: Art. 5º, XXXVI, da CF: "a lei não prejudicará o direito adquirido, o ato jurídico perfeito e a coisa julgada"; Art. 37, XV, da CF: "o subsídio e os vencimentos dos ocupantes de cargos e empregos públicos são irredutíveis, ressalvado o disposto nos incisos XI e XIV deste artigo e nos arts. 39, § 4º, 150, II, 153, III, e 153, § 2º, I";

PRÁTICA CONSTITUCIONAL – 8ª EDIÇÃO • PEÇAS PRÁTICO-PROFISSIONAIS **105**

3. CONCLUSÃO: **logo, é inválida a suspensão do pagamento do percentual de 10% pela Administração Estadual, com fundamento em medida provisória, pois o valor já havia sido incorporado ao patrimônio jurídico dos servidores e sua suspensão corresponde à redução salarial.**

ELABORAÇÃO DA PEÇA PRÁTICO-PROFISSIONAL

[O que estiver entre colchetes constitui observação – não deve constar da peça.]

início da peça

Excelentíssimo Senhor Doutor Juiz de Direito da ... Vara Cível da Comarca da Capital do Estado Y.

[Deixe espaço de aproximadamente 10 cm para eventual despacho ou decisão do juiz.]

Sindicato dos Servidores Públicos do Estado Y, estabelecido em (endereço), inscrito no CNPJ sob o número ..., por seu advogado que firma a presente (procuração anexada), com escritório para recebimento de intimações em (endereço – art. 106, I, do CPC), vem à presença de Vossa Excelência, respeitosamente, impetrar o presente

MANDADO DE SEGURANÇA COLETIVO
COM PEDIDO DE LIMINAR

em face do Secretário Estadual de Planejamento e Gestão, nos termos do artigo 5º, inciso LXIX, da Constituição Federal, e do art. 1º da Lei nº 12.016/2009, pelas razões a seguir aduzidas:

1. DOS FATOS

O secretário de administração do estado-membro Y, com a finalidade de incentivar o aprimoramento profissional de certa categoria de servidores públicos, criou, por meio de lei específica, tabela de referências salariais com incremento de 10% entre uma e outra, estando a mudança de referência baseada em critérios de antiguidade e merecimento.

O pagamento do mencionado percentual seria feito em seis parcelas mensais e sucessivas. Os servidores que adquiriram todas as condições para o posicionamento na referência salarial subsequente, como é o caso dos membros do sindicato impetrante, já haviam recebido o pagamento de três parcelas quando sobreveio a edição de medida provisória revogando a sistemática estabelecida na lei.

Assim, no mês seguinte à edição dessa medida, o valor correspondente à quarta parcela foi excluído da folha de pagamento. Em decorrência dessa exclusão, os servidores requereram à Secretaria Estadual de Planejamento e Gestão a respectiva inserção na folha de pagamento, sob pena de submeter a questão ao Poder Judiciário. Em resposta, o secretário indeferiu o pedido, fundado nos seguintes argumentos (doc. em anexo):

a) em razão da revogação da lei, promovida pela medida provisória, os servidores não mais teriam direito ao recebimento do percentual;

b) seria possível a alteração do regime remuneratório, em face da ausência de direito adquirido a regime jurídico, conforme já reconhecido pelo Supremo Tribuna Federal;

c) os servidores teriam, na hipótese, mera expectativa de direito, e não direito adquirido;

d) não cabe ao Poder Judiciário atuar em área própria do Poder Executivo e conceder o reajuste pleiteado, sob pena de ofensa ao princípio constitucional da separação dos poderes.

Como será visto a seguir, o ato administrativo que indeferiu o pagamento é inconstitucional e deve ser declarado nulo, restabelecendo-se o pagamento do percentual de 10% na forma da Lei estadual.

2. DO DIREITO

Conforme estabelecido na Constituição de 1988, a lei não pode atingir o direito adquirido, o ato jurídico perfeito e a coisa julgada (art. 5º, XXXVI, da CF).

No caso em análise o direito adquirido dos servidores ao pagamento do percentual de 10% foi atingido, pois quando da publicação da medida provisória que revogou o aumento o direito ao seu recebimento já havia sido incorporado ao patrimônio jurídico dos servidores.

Com efeito, a Administração Estadual já havia reconhecido que os servidores faziam jus ao acréscimo pecuniário, tanto que já vinham recebendo as parcelas na forma da lei. Repita-se, por relevante: o percentual já lhes havia sido deferido, apenas a forma de pagamento era feita parceladamente, por razões financeiras.

Dessa forma, negar o pagamento do percentual aos servidores que já haviam adquirido o direito à sua percepção na forma da lei vigente à época corresponde a diminuir seus rendimentos, em afronta também ao princípio da irredutibilidade de vencimentos, presente no art. 37, XV, da CF.

Diante do exposto, os membros do sindicato impetrante têm direito líquido e certo ao recebimento do percentual de 10% na forma da lei instituidora, pois preencheram todos os requisitos ao seu recebimento na época em que a lei estava em vigor, não podendo ser afetados pela revogação de suas disposições, sob pena de violação do princípio da irredutibilidade salarial.

3. DA LIMINAR

Como acima exposto, o ato da autoridade coatora de indeferir o pagamento do percentual de 10% já incorporado ao patrimônio dos servidores é inconstitucional e, por isso, não pode produzir efeitos. Caso a liminar não seja concedida, os impetrantes serão privados do recebimento de parcelas de natureza alimentar e deverão suportar sozinhos o ônus do tempo do processo quando seu direito é líquido e certo.

Sendo assim, a associação impetrante requer que seja deferida a medida liminar antes mesmo da notificação da autoridade coatora, nos termos do art. 7º, III, da Lei 12.016/2009, tendo em vista a relevância do fundamento (*fumus boni iuris*, representado pela inconstitucionalidade do ato administrativo, que viola o direito adquirido – art. 5º, XXXVI, da CF – e a irredutibilidade de vencimentos – art. 37, XV, da CF) e o perigo na demora da decisão

PRÁTICA CONSTITUCIONAL – 8ª EDIÇÃO • PEÇAS PRÁTICO-PROFISSIONAIS 107

(*periculum in mora* – que, caso proferida apenas ao final, impede a percepção de valores de natureza alimentar).

4. DO PEDIDO

Por todo o exposto, obedecido o prazo decadencial de 120 dias (art. 23 da Lei 12.016/2009), a impetrante requer que seja:

a) deferida a medida liminar, *inaudita altera pars*, até a decisão final do presente mandado de segurança para determinar que a autoridade coatora restabeleça o pagamento do percentual das parcelas 4, 5 e 6 aos associados da impetrante (art. 7º, III, da Lei 12.016/2009);

b) determinada a notificação da autoridade coatora, enviando-lhe todas as cópias dos documentos que instruem a inicial, para que preste todas as informações necessárias, no prazo de 10 dias (art. 7º, I, da Lei 12.016/2009);

c) dada ciência ao Estado Y, por intermédio de sua procuradoria, enviando-lhe cópia da inicial para que, querendo, ingresse no feito (art. 7º, II, da Lei 12.016/2009);

d) ouvido o representante do Ministério Público para que opine no prazo de 10 dias (art. 12 da Lei 12.016/2009);

e) reconhecida a prioridade do julgamento da causa, caso deferida a liminar (art. 7º, § 4º, da Lei 12.016/2009);

f) ao final, confirmada a liminar deferida, concedendo-se definitivamente a segurança pleiteada para que o ato de suspensão do pagamento seja declarado nulo por violar princípios e preceitos constitucionais.

[Obs.: toda a prova deve ser juntada à inicial, pois o direito é líquido e certo e não se admite dilação probatória. Não há condenação em honorários advocatícios em mandado de segurança: Súmulas 512/STF 105/STJ.]

Todas as provas necessárias para a configuração da liquidez e da certeza do direito alegado encontram-se anexadas à petição inicial (protocolada em duas vias – art. 6º da Lei 12.016/2009), satisfazendo o requisito da prova pré-constituída para impetração do mandado de segurança.

Dá à causa o valor de R$ ... (valor por extenso), conforme previsão do art. 291, do CPC.

Termos em que pede deferimento

Capital do Estado Y, data ... .

Advogado ...

OAB ...

[Não assine, rubrique ou, de outra forma, identifique sua prova!]

GABARITO COMENTADO PELA BANCA EXAMINADORA – CESPE

Deve-se elaborar mandado de segurança, com fundamento no art. 5º, LXIX, da CF, bem como no art. 1º da Lei nº 12.016/2009, em face da autoridade máxima do órgão. Após breve relato da situação fática, devem ser apontados os seguintes argumentos fundamentais: a) A autoridade coatora é o secretário de Administração, devendo também ser notificado o estado Y, como pessoa jurídica à qual a autoridade coatora está vinculada; b) De fato, a teor de entendimento consolidado na jurisprudência, o servidor público não tem direito adquirido a regime jurídico. Assim, a administração pública pode promover, legitimamente, alterações na composição dos vencimentos dos servidores, inclusive mediante a exclusão de vantagens, gratificações ou reajustes; c) Na ocasião da edição da medida provisória, os servidores já haviam adquirido todas as condições para o recebimento do percentual relativo a referência salarial subsequente, tanto que já vinham percebendo o pagamento de forma parcelada. Por conseguinte, os servidores já haviam adquirido, por força da legislação específica, o direito ao recebimento do percentual. O pagamento é que foi efetuado de forma parcelada, ou seja, o direito ao recebimento do percentual já havia integrado o patrimônio dos servidores, quando da edição da medida provisória, muito embora a implementação estivesse sendo feita de modo parcelado. Logo, não poderia tal espécie legislativa desrespeitar direito já incorporado ao patrimônio, sob pena de afronta ao disposto no art. 5º, XXXVI, da Constituição Federal, segundo o qual "a lei não prejudicara o direito adquirido". Pode, todavia, a administração retirar o benefício para os servidores que ainda não completaram tal direito; d) A subtração das parcelas a que fariam jus os servidores também implica afronta ao disposto no art. 37, XV, da Constituição Federal, segundo o qual os vencimentos dos ocupantes de cargos e empregos públicos são irredutíveis. Isso porque, como o direito já havia sido incorporado ao patrimônio dos servidores, sua exclusão configura clara afronta ao princípio da irredutibilidade de vencimentos. O entendimento do Supremo Tribunal Federal é pacífico nesse sentido. Assim, apesar de ser constitucional a modificação do regime remuneratório dos servidores, tal alteração não pode ocorrer de forma alheia a observância dos comandos constitucionais, em especial da vedação de decesso remuneratório; e) Estão presentes os requisitos indispensáveis à concessão da liminar: o *fumus boni iuris*, em razão dos mencionados princípios constitucionais, e o *periculum in mora*, decorrente do dano causado aos impetrantes. Deve-se requerer a prestação de informações da autoridade coatora e da entidade da qual ele faça parte, a oitiva do Ministério Público e, no mérito, a declaração definitiva de nulidade do ato que determinou a exclusão da parcela do reajuste na folha de pagamento. Por fim, deve-se formular pedido, destacando-se que, diante da ocorrência de ofensa, pelo poder público, ao direito adquirido dos servidores e à irredutibilidade de vencimentos, a hipótese é de concessão da ordem para que seja assegurada aos servidores públicos a implementação do reajuste. Pedido liminar para garantir o pagamento da 4ª, da 5ª e da 6ª parcela, em razão do seu caráter alimentar.

Observações para a correção:

1. Atribuir pontuação integral às respostas em que esteja expresso o conteúdo do dispositivo legal, ainda que não seja citado, expressamente, o número do artigo.

2. Considerar secretário de Estado o secretário de administração ou o secretário estadual de planejamento e gestão.

3. Atribuir pontuação integral ao mandado de segurança endereçado ao juiz de 1º grau, visto que algumas constituições estaduais não fazem previsão de foro para secretários.

PRÁTICA CONSTITUCIONAL – 8ª EDIÇÃO • PEÇAS PRÁTICO-PROFISSIONAIS **109**

OAB/ Exame Unificado 2015.1- 2ª fase) João, sócio-diretor da empresa MM Ltda., foi surpreendido com uma notificação do Município X para pagar multa de R$ 10.000,00 (dez mil reais) e encerrar as atividades empresariais na cidade em um período de até 90 (noventa) dias. Atônito, João, ao ler a notificação, descobre que foi aberto um processo administrativo para apurar denúncia de violação ao Decreto Municipal nº 5.678, de 2014, sem lastro em prévia lei municipal, que veda a instalação de lojas de produtos eletrônicos em bairros de perfil residencial, determina a aplicação de multa e estabelece um prazo de até 90 (noventa) dias para o encerramento das atividades empresariais no Município. Após a abertura do processo e instrução com registro fotográfico, foi proferida decisão, pelo Secretário de Posturas do Município, sem prévia oitiva da empresa, determinando a aplicação da multa, no valor indicado, bem como fixando o prazo de 90 (noventa) dias para o encerramento das atividades empresariais, sob pena de interdição e lacre do estabelecimento, na forma do Decreto Municipal. A notificação vem acompanhada de cópia integral daquele processo administrativo.

Você foi contratado como advogado para ajuizar a medida necessária à defesa dos interesses do cliente – afastar a exigência da multa e garantir a permanência das atividades empresariais.

Elabore a peça adequada, considerando-se aquela que tem, em tese, o rito mais célere e considerando que, desde o recebimento da notificação, já se passaram 60 (sessenta) dias, tendo transcorrido *in albis* o prazo para eventual recurso administrativo. (Valor: 5,00)

A peça deve abranger todos os fundamentos de Direito que possam ser utilizados para dar respaldo à pretensão.

GABARITO COMENTADO

A peça a ser elaborada consiste em uma petição inicial de mandado de segurança. O examinando deve endereçar a petição a algum Juízo de Fazenda Pública da Comarca X (admitindo-se, ainda, o endereçamento a "Juízo Cível" ou "Juízo", uma vez que os dados constantes do enunciado não permitem identificar a organização judiciária local).

O examinando deve indicar, na qualificação das partes, o impetrante (MM Ltda.) e a autoridade coatora (o Secretário de Posturas).

Devem ser indicados ainda os fundamentos para a concessão da medida liminar, quais sejam: o fundamento relevante e o risco de ineficácia da medida final, caso não seja deferida a liminar.

No mérito, devem ser apontados os fundamentos pelos quais se pretende impugnar a autuação sofrida. Em primeiro lugar, o examinando deve indicar a flagrante violação ao contraditório e à ampla defesa e devido processo legal, garantias inscritas no Art. 5º da Constituição, uma vez que tramitou um processo administrativo com aplicação de penalidade sem que fosse dada oportunidade à oitiva da empresa, a fim de apresentar defesa.

O Decreto viola ainda o princípio da razoabilidade/proporcionalidade, tendo em vista que a própria exigência e, sobretudo, as cominações previstas nele são manifestamente excessivas, configurando intervenções desmedidas sobre o patrimônio e sobre a atividade econômica exercida pelo particular.

Por fim, o Decreto viola o princípio da legalidade, uma vez que, consoante a fórmula consagrada no Art. 5º, II, da Constituição, "ninguém será obrigado a fazer ou deixar de fazer alguma coisa senão em virtude de lei". Dessa forma, eventual restrição à livre concorrência e à livre iniciativa somente podem ser veiculadas por lei em sentido formal, não pelo Decreto.

Devem ser formulados pedidos de notificação da autoridade coatora, para prestar informações de ciência do feito ao órgão de representação judicial da pessoa jurídica interessada, de concessão da medida liminar, de anulação da multa e de anulação do ato que determinou o encerramento das atividades empresariais.

Por fim, devem ser juntados os documentos comprobatórios do direito do autor, consubstanciados na cópia integral do processo administrativo.

Deve ser requerida a notificação do Ministério Público e atribuído valor à causa.

Distribuição dos pontos

ITEM	PONTUAÇÃO
Endereçamento da petição inicial	
Juízo de alguma das varas de Fazenda Pública da Comarca X OBS.: Admite-se também o endereçamento a "Juízo Cível" ou "Juízo"	0,00 – 0,10
Qualificação das partes	
MM Ltda. (0,10) / Secretário de Posturas (0,10)	0,00 – 0,10 – 0,20
Fundamentação para a pretensão	
1. inconstitucionalidade do Decreto, por violação ao princípio da legalidade (0,65); Art. 5°, II ou Art. 37 da CRFB (0,10).	0,00- 0,65 – 0,75
2. violação ao contraditório e ampla defesa (0,40). Art. 5°, LV da CRFB (0,10).	0,00 – 0,40 – 0,50
3. violação ao devido processo legal (0,40). Art. 5°, LIV da CRFB (0,10).	0,00 – 0,40 – 0,50
4. inconstitucionalidade do Decreto, por ofensa à razoabilidade/ proporcionalidade (0,65)	0,00-0,65
Fundamentos para a concessão da liminar	
Fundamento relevante (0,30) e o risco de ineficácia da medida final (0,30), caso não seja deferida a liminar	0,00 – 0,30 – 0,60
Pedidos	
1. notificação da autoridade coatora para prestar informações (0,30)	0,00 – 0,30
2. ciência ao órgão de representação judicial do Município (0,30)	0,00 – 0,30
3. concessão da medida liminar para suspender o ato do secretário de posturas (0,40)	0,00– 0,40
4. procedência do pedido para afastar a exigência da multa (0,20) e garantir a permanência das atividades empresariais. (0,20)	0,00 – 0,20– 0,40
Requerimento de oitiva do Ministério Público	0,00 – 0,10
Valor da Causa	0,00 – 0,10
Fechamento da peça: Local ou Município, Data, Advogado e OAB	0,00 – 0,10

3.3. Mandado de Segurança Coletivo

3.3.1. Objetivo

Tutelar direitos coletivos em sentido amplo. Direito difuso não é protegido pelo mandado de segurança coletivo. Art. 21, parágrafo único, da Lei 12.016/09 – Os direitos protegidos pelo mandado de segurança coletivo podem ser:

- ✓ I – coletivos, assim entendidos, para efeito desta Lei, os transindividuais, de natureza indivisível, de que seja titular grupo ou categoria de pessoas ligadas entre si ou com a parte contrária por uma relação jurídica básica;
- ✓ II – individuais homogêneos, assim entendidos, para efeito desta Lei, os decorrentes de origem comum e da atividade ou situação específica da totalidade ou de parte dos associados ou membros do impetrante.

3.3.2. Legitimidade ativa

Art. 5º, LXX, da CF e art. 21 da Lei 12.016/09

- ✓ partido político com representação no Congresso Nacional, na defesa de seus interesses legítimos relativos a seus integrantes ou à finalidade partidária;
- ✓ organização sindical;
- ✓ entidade de classe;
- ✓ associação legalmente constituída e em funcionamento há, pelo menos, 1 (um) ano, em defesa de direitos líquidos e certos da totalidade, ou de parte, dos seus membros ou associados, na forma dos seus estatutos e desde que pertinentes às suas finalidades, dispensada, para tanto, autorização especial.

Atenção! São aplicadas as regras gerais do MS, além dessas peculiaridades

3.3.3. Casos práticos

(OAB/Exame Unificado 2017.3- 2ª fase) Após anos de defasagem salarial, milhares de trabalhadores que integravam o mesmo segmento profissional reuniram-se na sede do Sindicato W, legalmente constituído e em funcionamento há vinte anos, que representava os interesses da categoria, em assembleia geral convocada especialmente para deliberar a respeito das medidas a serem adotadas pelos sindicalizados.

Ao fim de ampla discussão, decidiram que, em vez da greve, que causaria grande prejuízo à população e à economia do país, iriam se encontrar nas praças da capital do Estado Alfa, com o objetivo de debater publicamente os interesses da categoria de forma organizada e ordeira, e ainda fariam passeatas semanais pelas principais ruas da capital. Em situações dessa natureza, a lei dispõe que seria necessária a prévia comunicação ao comandante da Polícia Militar.

No mesmo dia em que recebeu a comunicação dos encontros e das passeatas semanais, que teriam início em dez dias, o comandante da Polícia Militar, em decisão formalmente comunicada ao Sin-

112 ADOLFO NISHIYAMA • BRUNA VIEIRA • TERESA MELO

dicato W, decidiu indeferi-los, sob o argumento de que atrapalhariam o direito ao lazer nas praças e a tranquilidade das pessoas, os quais são protegidos pela ordem jurídica.

Inconformado com a decisão do comandante da Polícia Militar, o Sindicato W procurou um advogado e solicitou o manejo da ação judicial cabível, que dispensasse instrução probatória, considerando a farta prova documental existente, para que os trabalhadores pudessem cumprir o que foi deliberado na assembleia da categoria, no prazo inicialmente fixado, sob pena de esvaziamento da força do movimento. **(Valor: 5,00)**

Obs.: a peça deve abranger todos os fundamentos de Direito que possam ser utilizados para dar respaldo à pretensão. A simples menção ou transcrição do dispositivo legal não confere pontuação.

GABARITO COMENTADO

A peça adequada nesta situação é a petição inicial de *Mandado de Segurança Coletivo.*

A petição deve ser endereçada ao Juízo Cível da Comarca X ou ao Juízo de Fazenda Pública da Comarca X, já que os dados constantes do enunciado não permitem identificar a organização judiciária do local.

O examinando deve indicar, na qualificação das partes, o Sindicato W, impetrante e, como autoridade coatora, o comandante da Polícia Militar.

A legitimidade ativa do Sindicato W decorre do fato de ser uma organização sindical legalmente constituída e em funcionamento há mais de um ano, estando em defesa de direitos líquidos e certos de parte dos trabalhadores da categoria, conforme é da essência dos sindicatos profissionais, tal qual autorizado pelo Art. 21 da Lei nº 12.016/09 ou pelo Art. 5º, inciso LXX, alínea *b*, da CRFB/88. A legitimidade passiva do comandante da Polícia Militar decorre do fato de ter exarado decisão impedindo a realização das reuniões e das passeatas, o que violaria direito líquido e certo dos trabalhadores sindicalizados, daí a incidência do Art. 1º da Lei nº 12.016/12.

O examinando deve esclarecer que a Constituição da República ampara os direitos fundamentais à livre manifestação do pensamento (Art. 5º, inciso IV), à liberdade de expressão (Art. 5º, inciso IX) e à reunião pacífica (Art. 5º, inciso XVI). Neste último caso, a comunicação ao Comandante da Polícia Militar visava apenas a evitar a frustração de reunião anteriormente convocada para o mesmo local.

Como a reunião independe de autorização, o indeferimento violou direito líquido e certo de parte dos associados do Sindicato W. Como estamos perante direitos coletivos, é cabível a impetração do mandado de segurança coletivo, nos termos do Art. 21, parágrafo único, da Lei nº 12.016/12, sendo certo que há prova pré-constituída, consistente na decisão publicada no diário oficial.

O examinando deve sustentar que, além do fundamento relevante do direito dos trabalhadores sindicalizados, há o risco de ineficácia da medida final se a liminar não for deferida, tendo em vista a urgência da situação, já que as reuniões nas praças e as passeatas começariam em poucos dias, de modo que o seu adiamento esvaziaria a força do movimento.

A peça deve conter os pedidos de (I) concessão da medida liminar, para que a autoridade coatora se abstenha de adotar qualquer medida que impeça a realização das reuniões e das passeatas; e, ao final, (II) procedência do pedido, com confirmação da concessão da ordem, atribuindo-se caráter definitivo à tutela liminar.

O examinando ainda deve se qualificar como advogado e atribuir valor à causa.

PRÁTICA CONSTITUCIONAL – 8ª EDIÇÃO • PEÇAS PRÁTICO-PROFISSIONAIS 113

Distribuição dos pontos

ITEM	PONTUAÇÃO
Endereçamento	
A petição deve ser endereçada ao Juízo Cível **OU** ao Juízo de Fazenda Pública da Comarca X **OU** da Capital do Estado Alfa (0,10).	0,00/0,10
Partes	
Impetrante: Sindicato W (0,10).	0,00/0,10
Autoridade coatora: comandante da Polícia Militar (0,10).	0,00/0,10
Pessoa jurídica interessada (art. 7º, II, da Lei nº 12.016/09): Estado Alfa (0,10).	0,00/0,10
Legitimidade ativa do Sindicato W: organização sindical legalmente constituída e em funcionalmente há mais de um ano (0,10), estando em defesa de direitos líquidos e certos de parte dos trabalhadores da categoria (0,10), tal qual autorizado pelo Art. 21 da Lei nº 12.016/2009 **OU** Art. 5º, inciso LXX, alínea *b*, da CRFB/88 (0,10).	0,00/0,10/0,20/0,30
Legitimidade passiva do comandante da Polícia Militar: exarou decisão impedindo a realização das reuniões e das passeatas (0,10).	0,00/0,10
Fundamentos de mérito:	
1. Os trabalhadores têm o direito fundamental à livre manifestação do pensamento (0,50), conforme Art. 5º, inciso IV, da CRFB/88 (0,10).	0,00/0,50/0,60
2. Os trabalhadores têm o direito fundamental à liberdade de expressão (0,50), conforme Art. 5º, inciso IX, da CRFB/88 (0,10).	0,00/0,50/0,60
3. Os trabalhadores têm o direito fundamental à reunião pacífica (0,50), conforme Art. 5º, inciso XVI, da CRFB/88 (0,10).	0,00/0,50/0,60
4. A comunicação ao comandante da Polícia Militar visava apenas a evitar a frustração de reunião anteriormente convocada para o mesmo local, o que não era o caso (0,20). Como a reunião **independe de autorização**, o indeferimento violou os direitos de parte dos associados do Sindicato W **OU** o direito líquido e certo (0,20), sendo cabível a medida nos termos do Art. 1º da Lei nº 12.016/09 (0,10)	0,00/0,20/0,30/0,40/0,50
5. Na medida em que estamos perante direitos coletivos (0,50), é cabível a impetração de Mandado de Segurança Coletivo, nos termos do Art. 21, parágrafo único, da Lei nº 12.016/09 (0,10).	0,00/0,50/0,60
6. Há prova pré-constituída, consistente na decisão proferida pela autoridade coatora e formalmente comunicada ao Sindicato W (0,30).	0,00/0,30
Fundamentos da liminar:	
1. A relevância da argumentação está expressa nos fundamentos de mérito (violação a direitos fundamentais) (0,20).	0,00/0,20

2. Há o risco de ineficácia da medida final se a liminar não for deferida, tendo em vista a urgência da situação, já que as reuniões nas praças e as passeatas começariam em poucos dias (0,20).	0,00/0,20
Pedidos:	
1. Concessão da medida liminar, para que a autoridade coatora se abstenha de adotar qualquer medida que impeça a realização das reuniões e das passeatas (0,20).	0,00/0,20
2. Ao final, procedência do pedido, com confirmação da concessão da ordem, atribuindo-se caráter definitivo à tutela liminar (0,20).	0,00/0,20
Valor da causa (0,10).	0,00/0,10
Fechamento: local, data, assinatura, OAB (0,10).	0,00/0,10

MANDADO DE SEGURANÇA COLETIVO – ESTRUTURA BÁSICA

COMPETÊNCIA	De acordo com a sede da autoridade coatora e sua categoria funcional.
PARTES	Impetrante: partido político com representação no Congresso Nacional, organismo sindical, entidade de classe e associação legalmente constituída e em funcionamento há pelo menos um ano, em defesa dos interesses de seus membros ou associados.
	Impetrado: autoridade pública. Se os associados estiverem sob a área de atuação de autoridades diferentes, a impetrada será a que estiver sobre todos, ainda que não tenha praticado o ato.
HIPÓTESES DE CABIMENTO	O mandado de segurança coletivo pode ser impetrado por partido político com representação no Congresso Nacional, na defesa de seus interesses legítimos relativos a seus integrantes ou à finalidade partidária, ou por organização sindical, entidade de classe ou associação legalmente constituída e em funcionamento há, pelo menos, 1 (um) ano, em defesa de direitos líquidos e certos da totalidade, ou de parte, dos seus membros ou associados, na forma dos seus estatutos e desde que pertinentes às suas finalidades, dispensada, para tanto, autorização especial.
	Os direitos protegidos pelo mandado de segurança coletivo podem ser:
	I – coletivos, assim entendidos, para efeito desta Lei, os transindividuais, de natureza indivisível, de que seja titular grupo ou categoria de pessoas ligadas entre si ou com a parte contrária por uma relação jurídica básica;
	II – individuais homogêneos, assim entendidos, para efeito desta Lei, os decorrentes de origem comum e da atividade ou situação específica da totalidade ou de parte dos associados ou membros do impetrante.
PRAZO	120 dias a contar do conhecimento oficial do ato.
FUNDAMENTO LEGAL	– Constituição Federal: art. 5º, LXIX. – Lei 12.016/09

PRÁTICA CONSTITUCIONAL – 8ª EDIÇÃO • PEÇAS PRÁTICO-PROFISSIONAIS **115**

FUNDAMENTAÇÃO JURÍDICA	Ilegalidade do ato da autoridade coatora violando direito líquido e certo do impetrante.
PEDIDO	a) concessão da liminar, se for o caso (verificar o 22, § 2º, da Lei 12.016/09); b) notificação da autoridade coatora para prestar informações; c) intimação da pessoa jurídica à qual está vinculada a autoridade coatora, para contestar (art. 7º, II, da Lei 12.016/09); d) oitiva do representante do Ministério Público; e) concessão da segurança.
PROVAS	É vedado em sede de mandado de segurança a produção de prova. Dessa forma, só cabe a ação se houver prova pré-constituída.
HONORÁRIOS	Súmula 512 do STF: "Não cabe condenação em honorários de advogado na ação de mandado de segurança".
CUSTAS	De acordo com a lei local.
VALOR DA CAUSA	Para fins de alçada.

(OAB/Exame Unificado – 2010.1 – 2ª fase) O secretário de administração do estado-membro Y, com a finalidade de incentivar o aprimoramento profissional de certa categoria de servidores públicos, criou, por meio de lei específica, tabela de referências salariais com incremento de 10% entre uma e outra, estando a mudança de referência baseada em critérios de antiguidade e merecimento. O pagamento do mencionado percentual seria feito em seis parcelas mensais e sucessivas. Os servidores que adquiriram todas as condições para o posicionamento na referência salarial subsequente já haviam recebido o pagamento de três parcelas quando sobreveio a edição de medida provisória revogando a sistemática estabelecida na lei. Assim, no mês seguinte à edição dessa medida, o valor correspondente à quarta parcela foi excluído da folha de pagamento. Em decorrência dessa exclusão, os servidores requereram à Secretaria Estadual de Planejamento e Gestão a respectiva inserção na folha de pagamento, sob pena de submeter a questão ao Poder Judiciário. Em resposta, o secretário indeferiu o pedido, fundado nos seguintes argumentos:

a) em razão da revogação da lei, promovida pela medida provisória, os servidores não mais teriam direito ao recebimento do percentual;

b) seria possível a alteração do regime remuneratório, em face da ausência de direito adquirido a regime jurídico, conforme já reconhecido pelo Supremo Tribuna Federal;

c) os servidores teriam, na hipótese, mera expectativa de direito, e não direito adquirido;

d) não cabe ao Poder Judiciário atuar em área própria do Poder Executivo e conceder o reajuste pleiteado, sob pena de ofensa ao princípio constitucional da separação dos poderes.

Em face da situação hipotética apresentada, na qualidade de advogado(a) contratado(a) pelo sindicato dos servidores, redija a medida judicial cabível para impugnação do ato da autoridade que determinou a exclusão do pagamento dos servidores dos percentuais previstos em lei, destacando os argumentos necessários à adequada defesa dos interesses de seus clientes.

ORGANIZAÇÃO DE IDEIAS

Observando o quadro presente na Introdução, a peça a ser elaborada é o mandado de segurança, pois os servidores tiveram seu direito líquido e certo ao recebimento do percentual atingido pelo ato do Secretário Estadual de Planejamento e Gestão.

Note que o mandado de segurança pode ser impetrado por pessoa física ou jurídica (art. 1º da Lei 12.016/2009).

Para elaboração da peça **é essencial que o candidato leia atentamente a Lei 12.016/20009**, que regula o mandado de segurança, bem como o quadro esquemático do mandado de segurança, reproduzido nos comentários à primeira questão (2006.1).

Aplicando as noções ao caso concreto, temos que:

a) Legitimidade ativa – Sindicato dos servidores (mandado de segurança coletivo).

b) Legitimidade passiva – Secretário de Planejamento e Gestão do Estado Y.

c) Pessoa jurídica que a autoridade coatora integra – Estado Y.

d) Ato coator – ato que suspendeu o pagamento das parcelas 4, 5 e 6.

e) Mérito – inconstitucionalidade do ato por violação do direito adquirido (art. 5º, XXXVI, da CF) e da irredutibilidade de vencimentos dos servidores públicos (art. 37, XV, da CF).

f) Competência jurisdicional – Juiz de Direito da Vara Cível da Comarca da Capital do Estado Y (a questão não menciona a existência de foro privilegiado para secretários de estado).

g) Outros requisitos formais – observância do prazo de decadência; prova pré-constituída; pedido de liminar; pedido de notificação da autoridade coatora para prestar informações; pedido de ciência da pessoa jurídica para ingressar no feito; pedido de intimação do MP; pedido de prioridade de julgamento (após deferida a liminar); pedido de ratificação da liminar e de julgamento de procedência do pedido principal; valor da causa.

Eis a estrutura argumentativa (silogismo):

1. FATO: lei específica do Estado Y cria tabela de referências salariais com incremento de 10% entre uma e outra, baseada em critérios de antiguidade e merecimento. Servidores que adquiriram as condições legais para o enquadramento na tabela começam a receber o adicional, pago parceladamente em 6 vezes. Após edição de medida provisória que revogou a lei, o pagamento das parcelas subsequentes foi suspenso e o pedido administrativo de continuidade do pagamento das parcelas faltantes foi indeferido;

2. DIREITO: Art. 5º, XXXVI, da CF: "a lei não prejudicará o direito adquirido, o ato jurídico perfeito e a coisa julgada"; Art. 37, XV, da CF: "o subsídio e os vencimentos dos ocupantes de cargos e empregos públicos são irredutíveis, ressalvado o disposto nos incisos XI e XIV deste artigo e nos arts. 39, § 4º, 150, II, 153, III, e 153, § 2º, I";

3. CONCLUSÃO: **logo, é inválida a suspensão do pagamento do percentual de 10% pela Administração Estadual, com fundamento em medida provisória, pois o valor já havia sido incorporado ao patrimônio jurídico dos servidores e sua suspensão corresponde à redução salarial.**

ELABORAÇÃO DA PEÇA PRÁTICO-PROFISSIONAL

[O que estiver entre colchetes constitui observação – não deve constar da peça.]

início da peça

Excelentíssimo Senhor Doutor Juiz de Direito da ... Vara Cível da Comarca da Capital do Estado Y.

[Deixe espaço de aproximadamente 10 cm para eventual despacho ou decisão do juiz.]

Sindicato dos Servidores Públicos do Estado Y, estabelecido em (endereço), inscrito no CNPJ sob o número ..., por seu advogado que firma a presente (procuração anexada), com escritório para recebimento de intimações em (endereço – art. 77106, VI, do CPC), vem à presença de Vossa Excelência, respeitosamente, impetrar o presente

MANDADO DE SEGURANÇA COLETIVO
COM PEDIDO DE LIMINAR

em face do Secretário Estadual de Planejamento e Gestão, nos termos do artigo 5º, inciso LXIX, da Constituição Federal, e do art. 1º da Lei nº 12.016/2009, pelas razões a seguir aduzidas:

1. DOS FATOS

O secretário de administração do estado-membro Y, com a finalidade de incentivar o aprimoramento profissional de certa categoria de servidores públicos, criou, por meio de lei específica, tabela de referências salariais com incremento de 10% entre uma e outra, estando a mudança de referência baseada em critérios de antiguidade e merecimento.

O pagamento do mencionado percentual seria feito em seis parcelas mensais e sucessivas. Os servidores que adquiriram todas as condições para o posicionamento na referência salarial subsequente, como é o caso dos membros do sindicato impetrante, já haviam recebido o pagamento de três parcelas quando sobreveio a edição de medida provisória revogando a sistemática estabelecida na lei.

Assim, no mês seguinte à edição dessa medida, o valor correspondente à quarta parcela foi excluído da folha de pagamento. Em decorrência dessa exclusão, os servidores requereram à Secretaria Estadual de Planejamento e Gestão a respectiva inserção na folha de pagamento, sob pena de submeter a questão ao Poder Judiciário. Em resposta, o secretário indeferiu o pedido, fundado nos seguintes argumentos (doc. em anexo):

a) em razão da revogação da lei, promovida pela medida provisória, os servidores não mais teriam direito ao recebimento do percentual;

b) seria possível a alteração do regime remuneratório, em face da ausência de direito adquirido a regime jurídico, conforme já reconhecido pelo Supremo Tribunal Federal;

c) os servidores teriam, na hipótese, mera expectativa de direito, e não direito adquirido;

ADOLFO NISHIYAMA • BRUNA VIEIRA • TERESA MELO

d) não cabe ao Poder Judiciário atuar em área própria do Poder Executivo e conceder o reajuste pleiteado, sob pena de ofensa ao princípio constitucional da separação dos poderes.

Como será visto a seguir, o ato administrativo que indeferiu o pagamento é inconstitucional e deve ser declarado nulo, restabelecendo-se o pagamento do percentual de 10% na forma da Lei estadual.

2. DO DIREITO

Conforme estabelecido na Constituição de 1988, a lei não pode atingir o direito adquirido, o ato jurídico perfeito e a coisa julgada (art. 5º, XXXVI, da CF).

No caso em análise o direito adquirido dos servidores ao pagamento do percentual de 10% foi atingido, pois quando da publicação da medida provisória que revogou o aumento o direito ao seu recebimento já havia sido incorporado ao patrimônio jurídico dos servidores.

Com efeito, a Administração Estadual já havia reconhecido que os servidores faziam jus ao acréscimo pecuniário, tanto que já vinham recebendo as parcelas na forma da lei. Repita-se, por relevante: o percentual já lhes havia sido deferido, apenas a forma de pagamento era feita parceladamente, por razões financeiras.

Dessa forma, negar o pagamento do percentual aos servidores que já haviam adquirido o direito à sua percepção na forma da lei vigente à época corresponde a diminuir seus rendimentos, em afronta também ao princípio da irredutibilidade de vencimentos, presente no art. 37, XV, da CF.

Diante do exposto, os membros do sindicato impetrante têm direito líquido e certo ao recebimento do percentual de 10% na forma da lei instituidora, pois preencheram todos os requisitos ao seu recebimento na época em que a lei estava em vigor, não podendo ser afetados pela revogação de suas disposições, sob pena de violação do princípio da irredutibilidade salarial.

3. DA LIMINAR

Como acima exposto, o ato da autoridade coatora de indeferir o pagamento do percentual de 10% já incorporado ao patrimônio dos servidores é inconstitucional e, por isso, não pode produzir efeitos. Caso a liminar não seja concedida, os impetrantes serão privados do recebimento de parcelas de natureza alimentar e deverão suportar sozinhos o ônus do tempo do processo quando seu direito é líquido e certo.

Sendo assim, a associação impetrante requer que seja deferida a medida liminar antes mesmo da notificação da autoridade coatora, nos termos do art. 7º, III, da Lei 12.016/2009, tendo em vista a relevância do fundamento (*fumus boni iuris*, representado pela inconstitucionalidade do ato administrativo, que viola o direito adquirido – art. 5º, XXXVI, da CF – e a irredutibilidade de vencimentos – art. 37, XV, da CF) e o perigo na demora da decisão (*periculum in mora* – que, caso proferida apenas ao final, impede a percepção de valores de natureza alimentar).

4. DO PEDIDO

Por todo o exposto, obedecido o prazo decadencial de 120 dias (art. 23 da Lei 12.016/2009), a impetrante requer que seja:

PRÁTICA CONSTITUCIONAL – 8ª EDIÇÃO • PEÇAS PRÁTICO-PROFISSIONAIS **119**

a) deferida a medida liminar, *inaudita altera pars*, até a decisão final do presente mandado de segurança para determinar que a autoridade coatora restabeleça o pagamento do percentual das parcelas 4, 5 e 6 aos associados da impetrante (art. 7º, III, da Lei 12.016/2009);

b) determinada a notificação da autoridade coatora, enviando-lhe todas as cópias dos documentos que instruem a inicial, para que preste todas as informações necessárias, no prazo de 10 dias (art. 7º, I, da Lei 12.016/2009);

c) dada ciência ao Estado Y, por intermédio de sua procuradoria, enviando-lhe cópia da inicial para que, querendo, ingresse no feito (art. 7º, II, da Lei 12.016/2009);

d) ouvido o representante do Ministério Público para que opine no prazo de 10 dias (art. 12 da Lei 12.016/2009);

e) reconhecida a prioridade do julgamento da causa, caso deferida a liminar (art. 7º, § 4º, da Lei 12.016/2009);

f) ao final, confirmada a liminar deferida, concedendo-se definitivamente a segurança pleiteada para que o ato de suspensão do pagamento seja declarado nulo por violar princípios e preceitos constitucionais.

[Obs.: toda a prova deve ser juntada à inicial, pois o direito é líquido e certo e não se admite dilação probatória. Não há condenação em honorários advocatícios em mandado de segurança: Súmulas 512/STF 105/STJ.]

Todas as provas necessárias para a configuração da liquidez e da certeza do direito alegado encontram-se anexadas à petição inicial (protocolada em duas vias – art. 6º da Lei 12.016/2009), satisfazendo o requisito da prova pré-constituída para impetração do mandado de segurança.

Dá à causa o valor de R$ ... (valor por extenso), conforme previsão do art. 291, do CPC.

Termos em que pede deferimento

Capital do Estado Y, data ... .

Advogado ...

OAB ...

[Não assine, rubrique ou, de outra forma, identifique sua prova!]

GABARITO COMENTADO PELA BANCA EXAMINADORA – CESPE

Deve-se elaborar mandado de segurança, com fundamento no art. 5º, LXIX, da CF, bem como no art. 1º da Lei nº 12.016/2009, em face da autoridade máxima do órgão. Após breve relato da situação fática, devem ser apontados os seguintes argumentos fundamentais: a) A autoridade coatora é o secretário de Administração, devendo também ser notificado o estado Y, como pessoa jurídica à qual a autoridade coatora está vinculada; b) De fato, a teor de entendimento consolidado na jurisprudência, o servidor público não tem direito adquirido a regime jurídico. Assim, a administração pública pode promover, legitimamente, alterações na composição dos vencimentos dos servidores, inclusive mediante a exclusão de vantagens, gratificações ou reajustes; c) Na ocasião da edição da medida provisória, os servidores já haviam adquirido todas as condições para o recebimento do percentual relativo a referência salarial subsequente, tanto que já vinham percebendo o pagamento de forma parcelada. Por conseguinte, os servidores já haviam adquirido, por força da legislação específica, o direito ao recebimento do percentual. O pagamento é que foi efetuado de forma parcelada, ou seja, o direito ao recebimento do percentual já havia integrado o patrimônio dos servidores, quando da edição da medida provisória, muito embora a implementação estivesse sendo feita de modo parcelado. Logo, não poderia tal espécie legislativa desrespeitar direito já incorporado ao patrimônio, sob pena de afronta ao disposto no art. 5º, XXXVI, da Constituição Federal, segundo o qual "a lei não prejudicara o direito adquirido". Pode, todavia, a administração retirar o benefício para os servidores que ainda não completaram tal direito; d) A subtração das parcelas a que fariam jus os servidores também implica afronta ao disposto no art. 37, XV, da Constituição Federal, segundo o qual os vencimentos dos ocupantes de cargos e empregos públicos são irredutíveis. Isso porque, como o direito já havia sido incorporado ao patrimônio dos servidores, sua exclusão configura clara afronta ao princípio da irredutibilidade de vencimentos. O entendimento do Supremo Tribunal Federal é pacífico nesse sentido. Assim, apesar de ser constitucional a modificação do regime remuneratório dos servidores, tal alteração não pode ocorrer de forma alheia a observância dos comandos constitucionais, em especial da vedação de decesso remuneratório; e) Estão presentes os requisitos indispensáveis à concessão da liminar: o *fumus boni iuris*, em razão dos mencionados princípios constitucionais, e o *periculum in mora*, decorrente do dano causado aos impetrantes. Deve-se requerer a prestação de informações da autoridade coatora e da entidade da qual ele faça parte, a oitiva do Ministério Público e, no mérito, a declaração definitiva de nulidade do ato que determinou a exclusão da parcela do reajuste na folha de pagamento. Por fim, deve-se formular pedido, destacando-se que, diante da ocorrência de ofensa, pelo poder público, ao direito adquirido dos servidores e à irredutibilidade de vencimentos, a hipótese é de concessão da ordem para que seja assegurada aos servidores públicos a implementação do reajuste. Pedido liminar para garantir o pagamento da 4ª, da 5ª e da 6ª parcela, em razão do seu caráter alimentar.

Observações para a correção:

1. Atribuir pontuação integral às respostas em que esteja expresso o conteúdo do dispositivo legal, ainda que não seja citado, expressamente, o número do artigo.

2. Considerar secretário de Estado o secretário de administração ou o secretário estadual de planejamento e gestão.

3. Atribuir pontuação integral ao mandado de segurança endereçado ao juiz de 1º grau, visto que algumas constituições estaduais não fazem previsão de foro para secretários.

3.4. Mandado de Injunção

3.4.1. Objetivo

Tutelar direitos subjetivos inerentes à nacionalidade, à soberania e à cidadania cujo exercício encontra-se obstaculizado pela falta de norma infraconstitucional regulamentadora. Lembrar das normas de eficácia limitada

3.4.2. Fundamentos

Art. 5º, LXXI, da CF e Lei nº 13.300/16
Art. 5º, LXXI, da CF – conceder-se-á mandado de injunção sempre que a falta de norma regulamentadora torne **inviável o exercício dos direitos e liberdades constitucionais e das prerrogativas inerentes à nacionalidade, à soberania e à cidadania.**

3.4.3. Legitimidade

Ativa (impetrante): as pessoas naturais ou jurídicas que se afirmam titulares dos direitos, das liberdades ou das prerrogativas inerentes à nacionalidade, à soberania e à cidadania (art. 3º da Lei 13.300/16) cujo exercício se manifesta inviável em virtude da ausência e/ou insuficiência de norma regulamentadora.

Passiva (impetrado): o Poder, o órgão ou a autoridade com atribuição para editar a norma regulamentadora (art. 3º da Lei 13.300/16), além da pessoa jurídica a que o ente integra ou está vinculado (art. 4º da Lei 13.300/16).

3.4.4. Competência

Será definida pelo Poder, órgão ou autoridade com atribuição para editar a norma regulamentadora.

- STF (competência originária): art. 102, I, "q", da CF;
- STF(recurso ordinário): art. 102, II, "a", da CF;
- STF e STJ (competência implícita): RE ou REsp. contra decisões proferidas em mandado de injunção (arts. 102, III, "a", e 105, III, "a", ambos da CF)
- STJ (competência originária): art. 105, I, "q", da CF;
- Justiça Militar, Eleitoral ou do Trabalho quando a omissão da regulamentação tiver relação com essas matérias: art. 105, I, "h", da CF (interpretação *a contrario sensu*);
- TSE (competência recursal): art. 121, §4º, V, da CF;
- Âmbito estadual: a Constituição Estadual do respectivo estado é que deve definir a competência para o processo e julgamento do MI (art. 125 da CF)

STF – Art. 102, I, "q", da CF (competência originária):

Art. 102. Compete ao Supremo Tribunal Federal, precipuamente, a guarda da Constituição, cabendo-lhe: I – processar e julgar, originariamente: **q) o mandado de injunção, quando a elaboração da norma regulamentadora for atribuição do Presidente da República, do Congresso Nacional, da Câmara dos Deputados, do Senado Federal, das Mesas de uma dessas Casas Legislativas, do Tribunal de Contas da União, de um dos Tribunais Superiores, ou do próprio Supremo Tribunal Federal.**

STF – Art. 102, II, "a", da CF (recurso ordinário):

Art. 102. Compete ao Supremo Tribunal Federal, precipuamente, a guarda da Constituição, cabendo-lhe: II – julgar, em recurso ordinário:

a) o *habeas corpus*, o mandado de segurança, o *habeas data* e o **mandado de injunção decididos em** <u>única</u> **instância pelos Tribunais Superiores, se** <u>denegatória</u> a decisão;

STF e STJ (competência implícita): RE ou REsp. contra decisões proferidas em mandado de injunção (arts. 102, III, "a", e 105, III, "a", ambos da CF)

Art. 102. Compete ao Supremo Tribunal Federal, precipuamente, a guarda da Constituição, cabendo-lhe: III – julgar, mediante recurso extraordinário, as causas decididas em única ou última instância, quando a decisão recorrida:

a) contrariar dispositivo desta Constituição;

STF e STJ (competência implícita): RE ou REsp. contra decisões proferidas em mandado de injunção (arts. 102, III, "a", e 105, III, "a", ambos da CF)

Art. 105. Compete ao Superior Tribunal de Justiça: III – julgar, em recurso especial, as causas decididas, em única ou última instância, pelos Tribunais Regionais Federais ou pelos tribunais dos Estados, do Distrito Federal e Territórios, quando a decisão recorrida:

a) contrariar tratado ou lei federal, ou negar-lhes vigência;

TSE (competência recursal) – art. 121, § 4º, V, da CF:

§ 4º Das decisões dos Tribunais Regionais Eleitorais somente caberá recurso quando:

V – **denegarem** *habeas corpus*, mandado de segurança, *habeas data* ou **mandado de injunção.**

Justiça Militar, Eleitoral ou do Trabalho quando a omissão da regulamentação tiver relação com essas matérias: art. 105, I, "h", da CF (interpretação *a contrario sensu*).

Âmbito estadual: a Constituição Estadual do respectivo estado é que deve definir a competência para o processo e julgamento do MI (art. 125 da CF)

Art. 125. Os Estados organizarão sua Justiça, observados os princípios estabelecidos nesta Constituição.

§ 1º A competência dos tribunais será definida na Constituição do Estado, sendo a lei de organização judiciária de iniciativa do Tribunal de Justiça.

3.4.5. Procedimento

Art. 4º da Lei 13.300/16 – A petição inicial deverá preencher os requisitos estabelecidos pela lei processual (art. 319 do CPC) e indicará, **além do órgão impetrado, a pessoa jurídica que ele integra ou a que está vinculado.**

Art. 319 do CPC. A **petição inicial** indicará:

PRÁTICA CONSTITUCIONAL – 8ª EDIÇÃO • PEÇAS PRÁTICO-PROFISSIONAIS **123**

✓ I – o juízo a que é dirigida;

✓ II – os nomes, os prenomes, o estado civil, a existência de união estável, a profissão, o número de inscrição no Cadastro de Pessoas Físicas ou no Cadastro Nacional da Pessoa Jurídica, o endereço eletrônico, o domicílio e a residência do autor e do réu;

✓ III – o fato e os fundamentos jurídicos do pedido;

✓ IV – o pedido com as suas especificações;

✓ V – o valor da causa;

✓ VI – as **provas** com que o autor pretende demonstrar a verdade dos fatos alegados;

✓ VII – a opção do autor pela realização ou não de audiência de conciliação ou de mediação.

Art. 4º, §2º, da Lei 13.300/16 – **Quando o documento necessário à prova do alegado encontrar-se em repartição ou estabelecimento público**, em poder de autoridade ou de terceiro, **havendo recusa em fornecê-lo** por certidão, no original, ou em cópia autêntica, **será ordenada, a pedido do impetrante, a exibição do documento no prazo de 10 (dez) dias,** devendo, nesse caso, ser juntada cópia à segunda via da petição.

Art. 6º, parágrafo único, da Lei 13.300/16 – A petição inicial será desde logo **indeferida** quando a impetração for **manifestamente incabível ou manifestamente improcedente.**

Parágrafo único. Da decisão de relator que indeferir a petição inicial, **caberá agravo, em 5** (cinco) dias, para o órgão colegiado competente para o julgamento da impetração.

Art. 5º da Lei 13.300/16 – Recebida a petição inicial, será ordenada:

I – **a notificação do impetrado** sobre o conteúdo da petição inicial, devendo-lhe ser enviada a segunda via apresentada com as cópias dos documentos, a fim de que, **no prazo de 10** (dez) dias, **preste informações;**

II – a **ciência** do ajuizamento da ação ao **órgão de representação judicial da pessoa jurídica interessada**, devendo-lhe ser enviada cópia da petição inicial, para que, **querendo, ingresse no feito.**

Art. 7º da Lei 13.300/16 – **Findo o prazo para apresentação das informações, será ouvido o Ministério Público,** que opinará **em 10 (dez)** dias, após o que, com ou sem **parecer,** os autos serão conclusos para decisão.

Art. 11, parágrafo único, da Lei 13.300/16 – Estará **prejudicada a impetração se a norma regulamentadora for editada antes da decisão**, caso em que o processo será extinto sem resolução de mérito.

ATENÇÃO!!

– Não há previsão legal (Lei 13.300/16) sobre a possibilidade de liminar e/ou tutela antecipada;

– A jurisprudência majoritária também não traz essa possibilidade;

– Não há condenação em honorários advocatícios;

– É possível a impetração do MI Coletivo;

– A ausência ou insuficiência de norma regulamentadora deve ter relação direta com a impossibilidade de exercício do direito alegado.

124 ADOLFO NISHIYAMA • BRUNA VIEIRA • TERESA MELO

3.4.6. Caso prático

(OAB/Exame Unificado – 2ª fase – cobrado antes da edição da súmula vinculante nº 33) Joana Augusta laborou, durante vinte e seis anos, como enfermeira do quadro do hospital universitário ligado a determinada universidade federal, mantendo, no desempenho de suas tarefas, em grande parte de sua carga horária de trabalho, contato com agentes nocivos causadores de moléstias humanas bem como com materiais e objetos contaminados. Em conversa com um colega, Joana obteve a informação de que, em razão das atividades que ela desempenhava, poderia requerer aposentadoria especial, com base no § 4º do art. 40 da Constituição Federal de 1988. A enfermeira, então, requereu administrativamente sua aposentadoria especial, invocando como fundamento de seu direito o referido dispositivo constitucional. No dia 30 de novembro de 2008, Joana recebeu notificação de que seu pedido havia sido indeferido, tendo a administração pública justificado o indeferimento com base na ausência de lei que regulamente a contagem diferenciada do tempo de serviço dos servidores públicos para fins de aposentadoria especial, ou seja, sem uma lei que estabeleça os critérios para a contagem do tempo de serviço em atividades que possam ser prejudiciais à saúde dos servidores públicos, a aposentadoria especial não poderia ser concedida.

Nessa linha de entendimento, Joana deveria continuar em atividade até que completasse o tempo necessário para a aposentadoria por tempo de serviço. Inconformada, Joana procurou escritório de advocacia, objetivando ingressar com ação para obter sua aposentadoria especial. Em face dessa situação hipotética, na qualidade de advogado(a) contratado(a) por Joana, redija a petição inicial da ação cabível para a defesa dos interesses de sua cliente, atentando, necessariamente, para os seguintes aspectos:

- competência do órgão julgador;
- legitimidade ativa e passiva;
- argumentos de mérito;
- requisitos formais da peça judicial proposta.

ORGANIZAÇÃO DE IDEIAS

No caso, deve ser proposto mandado de injunção (art. 5º, LXXI, da CF), garantia individual que visa tutelar *in concreto* os direitos subjetivos violados diante da falta de norma jurídica que regulamente dispositivo constitucional. Os principais aspectos a serem abordados são:

a) Legitimidade ativa – Joana Augusta.

b) Legitimidade passiva – Presidente da República (art. 61, § 1º, II, "c", da CF).

c) Competência jurisdicional – Supremo Tribunal Federal (art. 102, I, "q", da CF).

d) Mérito – cabimento do mandado de injunção (art. 5º, LXXI); aplicação imediata das normas de definem direitos fundamentais (art. 5º, § 1º, da CF); Fundamentação legal: Lei nº 13.300, de 23 de junho de 2016 – cabimento do MI, omissão quanto à regulamentação do art. 40, § 4º, III, da CF; aplicação direta do art. 57, *caput* e § 1º, da Lei 8.213/1991.

e) Pessoa jurídica – União.

f) Outros requisitos formais:

PRÁTICA CONSTITUCIONAL – 8ª EDIÇÃO • PEÇAS PRÁTICO-PROFISSIONAIS | **125**

- Que seja notificado o impetrado sobre o conteúdo da petição inicial, devendo-lhe ser enviada a segunda via apresentada com as cópias dos documentos, a fim de que, no prazo de 10 (dez) dias, preste informações (art. 5º, I, da Lei 13.300/16);

- Que seja dada ciência do ajuizamento da ação ao órgão de representação judicial da pessoa jurídica interessada, devendo-lhe ser enviada cópia da petição inicial, para que, querendo, ingresse no feito. (art. 5º, II, da Lei 13.300/16);

- Que seja ouvido o MP, após a apresentação das informações, em 10 (dez) dias (art. 7º da Lei 13.300/16);

- Pedidos: devem ser de reconhecimento da omissão e do estado de mora legislativa, a fim de que seja concedida a ordem de injunção coletiva para: (i) ser determinado prazo razoável para que o Presidente da República promova a edição da norma regulamentadora (art. 8º, I, da Lei 13.300/16); (ii) seja suprida a omissão normativa garantindo-se a efetividade do direito por meio da aplicação direta da Lei 8.213/1991. Valor da causa. Local, data. Advogado. OAB.

EIS A ESTRUTURA ARGUMENTATIVA (SILOGISMO):

1. FATO: Joana Augusta trabalhou por vinte e seis anos exercendo atividades prejudiciais à saúde e à integridade física. Seu requerimento de aposentadoria com base no art. 40, § 4º, da CF, foi negado pela Administração Pública em razão da ausência de lei que regulamentasse o dispositivo constitucional;

2. DIREITO: A CF permite a adoção de critérios especiais de aposentadoria para os servidores públicos cujas atividades são exercidas sob condições especiais que prejudiquem a saúde ou a integridade física (art. 40, § 4º, III), cujos requisitos devem ser definidos em lei. A Lei 8.213/1991 prevê a aposentadoria especial para as pessoas abrangidas pelo Regime Geral da Previdência Social em seu art. 57, *caput* e § 1º;

3. CONCLUSÃO: logo, diante da omissão inconstitucional do Presidente da República em regulamentar a aposentadoria especial do Regime Próprio de Previdência Social, Joana Augusta tem direito a se aposentar nos termos do art. 40, § 4º, III, da CF, observando os requisitos da aposentadoria especial do Regime Geral de Previdência Social.

ELABORAÇÃO DA PEÇA PRÁTICO-PROFISSIONAL

EXCELENTÍSSIMO SENHOR DOUTOR MINISTRO PRESIDENTE DO SUPREMO TRIBUNAL FEDERAL

Joana Augusta – qualificação – (nacionalidade), (estado civil), enfermeira, (endereço), portadora de carteira de identidade número ... e inscrita no CPF/MF sob o número ..., por seu advogado que firma a presente (procuração anexada), com escritório para recebimento de intimações em..., endereço eletrônico..., vem à presença de Vossa Excelência, respeitosamente, impetrar o presente

MANDADO DE INJUNÇÃO

em face do Exmo. Sr. Presidente da República, nos termos do artigo 5º, inciso LXXI, da Constituição Federal e da Lei 13.300/16, pelas razões a seguir aduzidas:

1. DOS FATOS

A impetrante laborou, durante vinte e seis anos, como enfermeira do quadro do hospital universitário ligado a determinada universidade federal, mantendo, no desempenho de suas tarefas, em grande parte de sua carga horária de trabalho, contato com agentes nocivos causadores de moléstias humanas bem como com materiais e objetos contaminados.

Com base no § 4º do art. 40 da Constituição Federal de 1988, a enfermeira requereu administrativamente sua aposentadoria especial.

No dia 30 de novembro de 2008, a impetrante recebeu notificação de que seu pedido havia sido indeferido, tendo a administração pública justificado o indeferimento com base na ausência de lei que regulamente a contagem diferenciada do tempo de serviço dos servidores públicos para fins de aposentadoria especial, ou seja, sem uma lei que estabeleça os critérios para a contagem do tempo de serviço em atividades que possam ser prejudiciais à saúde dos servidores públicos, a aposentadoria especial não poderia ser concedida.

Para a Administração Pública, portanto, a impetrante deveria continuar em atividade até completar o tempo necessário para a aposentadoria por tempo de serviço.

Entretanto, a mora legislativa não pode impedir a impetrante de gozar de direito fundamental previsto na Constituição Federal, como abaixo se passa a expor.

2. DO DIREITO

2.1. PRELIMINARMENTE

a) Competência para julgamento

A competência para processar e julgar o mandado de injunção é determinada de acordo com a autoridade responsável pela edição da norma faltante.

No caso, tratando-se de ato omissivo de autoridade submetida à jurisdição do Supremo Tribunal Federal (vale dizer, do Presidente da República, *ex vi* do art. 61, § 1º, II, "c", da CF), ao STF cabe processar e julgar originariamente o mandado de injunção, por força do art. 102, I, "q", da Constituição Federal.

b) Legitimidade ativa e passiva

Todo aquele que tiver sua esfera jurídica atingida pela omissão legislativa referente à nacionalidade, à soberania e à cidadania é legitimado ativo para a propositura de mandado de injunção, conforme o art. 3º da Lei 13.300/16. É o caso da impetrante, que não pode gozar do direito constitucional à aposentadoria especial diante da ausência de norma jurídica que regulamente o disposto no art. 40, § 4º, III, da CF. Não há dúvidas, portanto, quanto à legitimidade ativa.

Por outro lado, a legitimidade passiva no MI é da autoridade responsável pela edição do ato normativo faltante, aquela que se encontra omissa, de acordo com o art. 3º da Lei 13.300/16.

Dessa forma, o Presidente da República deve ocupar o polo passivo da presente impetração, já que é dele a iniciativa privativa dos projetos de lei que disponham sobre aposentadoria dos servidores públicos da União (art. 61, § 1º, II, "c", da CF).

2.2. MÉRITO

O art. 40, § 4º, III, da CF, é claro ao possibilitar a adoção de critérios diferenciados para a aposentadoria dos servidores públicos cujas atividades são exercidas sob condições especiais. Confira-se a redação do dispositivo:

"Art. 40.

(...)

§ 4º É vedada a adoção de requisitos e critérios diferenciados para a concessão de aposentadoria aos abrangidos pelo regime de que trata este artigo, ressalvados, nos termos definidos em leis complementares, os casos de servidores:

(...)

III cujas atividades sejam exercidas sob condições especiais que prejudiquem a saúde ou a integridade física. "

Ocorre que esses critérios ainda não foram definidos em lei, uma vez que o Presidente da República encontra-se omisso em iniciar o processo legislativo referente ao tema, obrigação constitucional que lhe foi imposta pelo art. 61, § 1º, II, "c", da CF, como abaixo se lê:

Art. 61, § 1º – São de iniciativa privativa do Presidente da República as leis que: (...)

II – disponham sobre:

(...) c) servidores públicos da União e Territórios, seu regime jurídico, provimento de cargos, estabilidade e aposentadoria;

A omissão do Presidente da República em regulamentar o disposto no art. 40, § 4º, III, da CF é irrazoável, pois já que se passaram anos sem que o projeto de lei fosse remetido ao Congresso Nacional.

Por outro lado, o direito à aposentadoria especial já foi assegurado aos filiados ao Regime Geral de Previdência Social, na forma do art. 57, *caput*, e § 1º, da Lei 8.213/2009, que assim regulou a matéria:

Art. 57. A aposentadoria especial será devida, uma vez cumprida a carência exigida nesta Lei, ao segurado que tiver trabalhado sujeito a condições especiais que prejudiquem a saúde ou a integridade física, durante 15 (quinze), 20 (vinte) ou 25 (vinte e cinco) anos, conforme dispuser a lei.

§ 1º A aposentadoria especial, observado o disposto no art. 33 desta Lei, consistirá numa renda mensal equivalente a 100% (cem por cento) do salário de benefício.

No caso em análise, a impetrante já laborou durante vinte e seis anos em condições especiais para o Regime Próprio de Previdência Social, tempo que a legitimaria a requerer aposentadoria especial na forma do art. 57 da Lei 8.213/1991, caso estivesse filiada ao Regime Geral de Previdência Social.

Por isso, visando assegurar o disposto no art. 40, § 4º, III, da CF, deve-se aplicar ao caso, por analogia, as normas do art. 57, *caput* e § 1º da Lei 8.213/1991, declarando-se o direito à aposentadoria especial da impetrante.

3. DO PEDIDO

Por todo o exposto, a impetrante requer que seja:

- notificado Presidente da República sobre o conteúdo da petição inicial, devendo-lhe ser enviada a segunda via apresentada com as cópias dos documentos, a fim de que, no prazo de 10 (dez) dias, preste informações (art. 5º, I, da Lei 13.300/16);
- dada ciência do ajuizamento da ação à União, representada pela Advocacia-Geral da União, devendo-lhe ser enviada cópia da petição inicial, para que, querendo, ingresse no feito. (art. 5º, II, da Lei 13.300/16);
- ouvido o Ministério Público, após a apresentação das informações, em 10 (dez) dias (art. 7º da Lei 13.300/16);
- reconhecida a omissão inconstitucional do Presidente da República em iniciar o processo legislativo na forma do art. 61, § 1º, II, "c", da CF, a fim de que seja concedida a ordem de injunção coletiva para:
- (i) ser determinado prazo razoável para que o Presidente da República promova a edição da norma regulamentadora;
- (ii) seja suprida a omissão normativa garantindo-se a efetividade do direito por meio da aplicação direta da Lei 8.213/1991. (Art. 8º, I e II, da Lei 13.300/16)

Por fim, declara que a procuração de seu advogado, bem como as provas necessárias à configuração de seu direito à aposentadoria especial encontram-se anexadas à petição inicial.

Dá à causa o valor de R$ ... (valor por extenso)

Termos em que pede deferimento,

Local ..., data ... .

Advogado ...

OAB nº ...

Súmula Vinculante 33

Aplicam-se ao servidor público, no que couber, as regras do regime geral da previdência social sobre aposentadoria especial de que trata o artigo 40, § 4º, inciso III da Constituição Federal, até a edição de lei complementar específica.

3.5. Mandado de Injunção Coletivo

3.5.1. Objetivo

Tutelar os direitos, as liberdades e as prerrogativas pertencentes, indistintamente, a uma coletividade indeterminada de pessoas ou determinada por grupo, classe ou categoria (art. 12, parágrafo único, da Lei 13.300/16).

3.5.2. Peculiaridade

Embora não haja previsão constitucional, a lei 13.300/16 trouxe essa previsão que já era admitida pela jurisprudência do STF.

3.5.3. Legitimados ativos

PRÁTICA CONSTITUCIONAL – 8ª EDIÇÃO • PEÇAS PRÁTICO-PROFISSIONAIS **129**

Art. 12 da Lei 13.300/16
O mandado de injunção coletivo pode ser promovido:
I – pelo Ministério Público, quando a tutela requerida for especialmente relevante para a defesa da ordem jurídica, do regime democrático ou dos interesses sociais ou individuais indisponíveis;
II – por partido político com representação no Congresso Nacional, para assegurar o exercício de direitos, liberdades e prerrogativas de seus integrantes ou relacionados com a finalidade partidária;
III – por organização sindical, entidade de classe ou associação legalmente constituída e em funcionamento há pelo menos 1 (um) ano, para assegurar o exercício de direitos, liberdades e prerrogativas em favor da totalidade ou de parte de seus membros ou associados, na forma de seus estatutos e desde que pertinentes a suas finalidades, dispensada, para tanto, autorização especial;
IV – pela Defensoria Pública, quando a tutela requerida for especialmente relevante para a promoção dos direitos humanos e a defesa dos direitos individuais e coletivos dos necessitados, na forma do inciso LXXIV do art. 5º da Constituição Federal .

3.5.4. Coisa julgada

No mandado de injunção coletivo, a sentença fará coisa julgada limitadamente às pessoas integrantes da coletividade, do grupo, da classe ou da categoria substituídos pelo impetrante, sem prejuízo do disposto nos §§ 1º e 2º do art. 9º (art. 13 da Lei 13.300/16).

Art. 9º A decisão terá eficácia subjetiva limitada às partes e produzirá efeitos até o advento da norma regulamentadora.

§ 1º Poderá ser conferida eficácia *ultra partes* ou *erga omnes* à decisão, quando isso for inerente ou indispensável ao exercício do direito, da liberdade ou da prerrogativa objeto da impetração.

§ 2º Transitada em julgado a decisão, seus efeitos poderão ser estendidos aos casos análogos por decisão monocrática do relator.

3.5.5. Demanda individual e coletiva

O mandado de injunção coletivo não induz litispendência em relação aos individuais, mas os efeitos da coisa julgada não beneficiarão o impetrante que não requerer a desistência da demanda individual no prazo de 30 (trinta) dias a contar da ciência comprovada da impetração coletiva (art. 13, parágrafo único, da Lei 13.300/16).

3.5.6. Caso prático

(**OAB/Exame Unificado 2017.1 – 2ª fase**) Servidores públicos do Estado Beta, que trabalham no período da noite, procuram o Sindicato ao qual são filiados, inconformados por não receberem adicional noturno do Estado, que se recusa a pagar o referido benefício em razão da inexistência de lei estadual que regulamente as normas constitucionais que asseguram o seu pagamento. O Sindicato resolve, então, contratar escritório de advocacia para ingressar com o adequado remédio judicial, a fim de viabilizar o exercício em concreto, por seus filiados, da supramencionada prerrogativa constitucional, sabendo que há a previsão do valor de vinte por cento, a título de adicional noturno, no Art. 73 da Consolidação das Leis do Trabalho. Considerando os dados acima, na condição de advogado(a) contratado(a) pelo Sindicato, utilizando o instrumento constitucional adequado, elabore a medida judicial cabível. (Valor: 5,00) Obs.: a peça deve abranger todos os fundamentos de Direito que possam ser utilizados para dar respaldo à pretensão. A simples menção ou transcrição do dispositivo legal não confere pontuação.

GABARITO COMENTADO

Fundamentação constitucional: o enunciado acima indica o cabimento de um Mandado de Injunção Coletivo ajuizado pelo Sindicato, na medida em que visa à defesa dos interesses dos seus filiados na proteção do direito ao adicional noturno, conforme o disposto no Art. 5º, inciso LXXI, da CRFB/88 ("conceder-se-á mandado de injunção sempre que a falta de norma regulamentadora torne inviável o exercício dos direitos e liberdades constitucionais e das prerrogativas inerentes à nacionalidade, à soberania e à cidadania.") Fundamentação legal: Lei nº 13.300, de 23 de junho de 2016.

As partes: O impetrante será o Sindicato, na forma do Art. 12, inciso III, da Lei nº 13.300/16, dispensada a autorização dos filiados. O impetrado será o governador do Estado Beta, pois é a parte legítima para integrar o polo passivo da presente ação constitucional, haja vista que, no processo legislativo estadual, é quem detém competência privativa para iniciar o processo legislativo no presente caso, vez que as regras constitucionais estaduais de competência devem observar, por simetria, o que determina a CRFB/88. No caso, o Art. 61, § 1º, alínea d, da CRFB/88.

Competência: Do Tribunal de Justiça do Estado Beta, uma vez que a Constituição da República Federativa do Brasil repartiu a competência para julgamento com base na fonte de onde deveria ter emanado a norma faltante e procurou concentrar a competência para processamento e julgamento do Mandado de Injunção nos Tribunais Superiores, sendo que no plano estadual, a competência do Mandado de Injunção pode ser definida pelas Constituições dos Estados (Art. 125, § 1º, da CRFB/88), observando-se o princípio da simetria entre os entes federativos.

Fundamentos da mora legislativa: O direito ao benefício de adicional noturno é concedido aos servidores públicos que exercem atividade laboral noturna e é garantido em razão de previsão constitucional contida no Art. 7º, inciso IX, e no Art. 39, § 3º, ambos da CRFB/88, devendo cada ente federativo regulamentar o referido benefício por meio de lei.

Pedidos: Os pedidos devem ser de reconhecimento da omissão e do estado de mora legislativa, a fim de que seja concedida a ordem de injunção coletiva para: (i) ser determinado prazo razoável para que o Governador promova a edição da norma regulamentadora; (ii) seja suprida a omissão normativa garantindo-se a efetividade do direito à percepção do adicional noturno no percentual de 20% em relação à hora normal de trabalho, conforme disposições, aplicáveis por analogia, contidas no Art. 73 da Consolidação das Leis do Trabalho, com eficácia para todos os servidores estaduais no exercício de atividade laboral noturna, caso não seja suprida a mora legislativa no prazo determinado (Art. 8º, incisos I e II, e Art. 13, ambos da Lei 13.300/16.

PRÁTICA CONSTITUCIONAL – 8ª EDIÇÃO • PEÇAS PRÁTICO-PROFISSIONAIS

131

Distribuição dos pontos

ITEM	PONTUAÇÃO
A peça adequada nesta situação é o mandado de injunção coletivo	
Endereçamento	
Endereçamento do Mandado de Injunção: Tribunal de Justiça do Estado Beta (0,10)	0,00/0,10
Partes	
O impetrante será o Sindicato (0,10) e o impetrado o Governador do Estado (0,10), com indicação do Estado Beta para fins do art. 4º da Lei nº 13.300/16 (0,10)	0,00/0,10/0,20/0,30
Legitimidade:	
O Sindicato possui legitimidade ativa para defender os interesses da categoria (0,20), dispensada autorização especial dos filiados (0,10), na forma do Art. 12, inciso III, da Lei 13.300/16 (0,10).	0,00/0,10/0,20/0,30/ 0,40
O Governador possui legitimidade passiva na medida em que as regras constitucionais estaduais de competência devem observar, por simetria, (0,20) o que determina o Art. 61, § 1º, II, alínea 'a', da CRFB/88. (0,10)	0,00/0,10/0,20/0,30
Cabimento do Mandado de Injunção	
Visa à defesa dos interesses dos seus filiados na proteção do direito ao adicional noturno, em razão de omissão legislativa (0,50), conforme o disposto no Art. 5º, inciso LXXI, da CRFB/88 **OU** na Lei nº 13.300/16. (0,10)	0,00/0,50/0,60
Fundamentos da mora legislativa	
O direito ao benefício de adicional noturno é concedido aos servidores públicos que exercem atividade laboral noturna (0,60) e é garantido em razão da previsão constitucional contida no Art. 7º, inciso IX **OU** no Art. 39, § 3º, ambos da CRFB/88 (0,10).	0,00/0,60/0,70
Pedidos	
(i) reconhecimento da omissão e do estado de mora legislativa, a fim de que seja concedida a ordem de injunção coletiva (0,70).	0,00/0,70
(ii) ser determinado prazo razoável para que o Governador promova a edição da norma regulamentadora (0,60), nos termos do Art. 8º, inciso I, da Lei nº 13.300/16 (0,10);	0,00/0,60/0,70
(iii) seja suprida a omissão normativa, garantindo-se a efetividade do direito à percepção do adicional noturno (0,60) no percentual de 20% conforme disposições contidas no Art. 73 da CLT (0,20), nos termos do Art. 8º, incisos II, da Lei nº 13.300/16 (0,10)	0,00/0,60/0,70/0,80/ 0,90
(iv) intimação do Ministério Público	0,00/0,10
Valor da causa: De acordo com o Art. 319 do CPC/15. (0,10)	0,00/0,10
Fechamento da peça: Local..., Data..., Advogado... e OAB... (0,10)	0,00/0,10

3.6. *Habeas Data*

3.6.1. Objetivo

Tutela do acesso, complementação ou da retificação de informações relativas à pessoa do impetrante.

3.6.2. Fundamentos

Art. 5º, LXXII, da CF e Lei nº 9.507/97.

Art. 5º, LXXII, da CF – conceder-se-á *habeas data*:

– a) para assegurar o conhecimento de informações relativas à pessoa do impetrante, constantes de registros ou bancos de dados de entidades governamentais ou de caráter público;

– b) para a retificação de dados, quando não se prefira fazê-lo por processo sigiloso, judicial ou administrativo;

3.6.3. Informações

De "caráter público": Art. 1º, parágrafo único, da Lei 9.507/97. Considera-se de caráter público todo registro ou banco de dados contendo informações que sejam ou que **possam ser transmitidas a terceiros ou que não sejam de uso privativo** do órgão ou entidade produtora ou depositária das informações.

3.6.4. *Habeas data* e o direito à informação – aspecto geral

Art. 5º, XXXIII, da CF – todos têm direito a receber dos órgãos públicos informações de seu interesse particular, ou de interesse coletivo ou geral, que serão prestadas no prazo da lei, sob pena de responsabilidade, ressalvadas aquelas cujo sigilo seja imprescindível à segurança da sociedade e do Estado;

Atenção: recusa no fornecimento de informações de terceiros ou de certidões – remédio cabível: mandado de segurança

3.6.5. Súmula 2 do STJ

Não cabe o *habeas data* (cf, art. 5., LXXII, letra "a") se não houve recusa de informações por parte da autoridade.

3.6.6. Inicial

Art. 8º, parágrafo único, da Lei 9.507/97.

A petição inicial deverá ser instruída com prova:

– I – da recusa ao **acesso** às informações ou do decurso de mais de dez dias sem decisão;

– II – da recusa em fazer-se a **retificação** ou do decurso de mais de quinze dias, sem decisão; ou

– III – da recusa em fazer-se a **anotação** a que se refere o § 2º do art. 4º ou do decurso de mais de quinze dias sem decisão.

3.6.7. Legitimidade

Ativa: daquele que pretende ter acesso, retificar ou complementar informações relativas a sua pessoa, constantes de bancos de dados de entidades governamentais ou de caráter público. Poder ser pessoa natural ou jurídica.

Exceção!! Herdeiros do *de cujus* com a finalidade de corrigir dados relacionados ao falecido.

Passiva: o HD deverá ser impetrado em face da entidade (governamental ou de natureza privada) que possui em seu banco de dados as informações que dizem respeito ao impetrante.

3.6.8. Competência

Leva em conta a autoridade impetrada. É semelhante a competência do MS.

✓ STF (originária): art. 102, I, "d", da CF e art. 20, I, "a", da Lei 9.507/97

✓ STF (recurso ordinário): art. 102, II, "a", da CF;

✓ STJ: 105, I, "b", da CF;

✓ TRF: art. 108, I, "c" e art. 108, II, ambos da CF;

✓ Juízes federais: art. 109, VIII, da CF;

✓ Justiça eleitoral: art. 121, §4º, V, da CF;

✓ Tribunais estaduais e juízes estaduais: art. 125, §1º, da CF

✓ Justiça do Trabalho: art. 114, IV, da CF.

✓ STJ (recurso especial): art. 105, III, da CF e art. 20, II, "b", da Lei 9.507/97.

Obs: autoridades municipais (ex. secretários), prefeitos – competência – juízo Cível ou Vara da Fazenda Pública. Há previsão em Constituições Estaduais atribuindo foro por prerrogativa de função a eles.

3.6.9. Trâmite

<u>Fase administrativa:</u> súmula 2 do STJ
Art. 2º da Lei 9.507/97 – O requerimento será apresentado ao órgão ou entidade depositária do registro ou banco de dados e será deferido ou indeferido no prazo de quarenta e oito horas.
Parágrafo único. A decisão será comunicada ao requerente em vinte e quatro horas.
Art. 3º da Lei 9.507/97 Ao deferir o pedido, o depositário do registro ou do banco de dados marcará dia e hora para que o requerente tome conhecimento das informações.
Art. 4º da Lei 9.507/97 Constatada a inexatidão de qualquer dado a seu respeito, o interessado, em petição acompanhada de documentos comprobatórios, poderá requerer sua retificação. § 1º Feita a retificação em, no máximo, dez dias após a entrada do requerimento, a entidade ou órgão depositário do registro ou da informação dará ciência ao interessado.
Art. 4º, § 2º, da Lei 9.507/97 Ainda que não se constate a inexatidão do dado, se o interessado apresentar explicação ou contestação sobre o mesmo, justificando possível pendência sobre o fato objeto do dado, tal explicação será anotada no cadastro do interessado.

Fase judicial – PI – requisitos do art. 319 do CPC. Duas vias, além dos documentos e as suas cópias na segunda via.

Art. 319 do CPC. A **petição inicial** indicará:
I – o juízo a que é dirigida;
II – os nomes, os prenomes, o estado civil, a existência de união estável, a profissão, o número de inscrição no Cadastro de Pessoas Físicas ou no Cadastro Nacional da Pessoa Jurídica, o endereço eletrônico, o domicílio e a residência do autor e do réu;
III – o fato e os fundamentos jurídicos do pedido;
IV – o pedido com as suas especificações;
V – o valor da causa;
VI – as **provas** com que o autor pretende demonstrar a verdade dos fatos alegados;
VII – a opção do autor pela realização ou não de audiência de conciliação ou de mediação.

Além disso, a prova da recusa (art. 8º da Lei 9.507/97)

Art. 8º, I a III, da Lei 9.507/97 A petição inicial deverá ser instruída com prova:
– I – da **recusa ao acesso às informações** ou do decurso de **mais de dez dias sem decisão**;
– II – da **recusa em fazer-se a retificação** ou do decurso de **mais de quinze dias**, sem decisão; ou
– III – da **recusa em fazer-se a anotação** a que se refere o § 2º do art. 4º ou do decurso de **mais de quinze dias sem decisão**.

Art. 9º da Lei 9.507/97 – Ao despachar a inicial, o juiz ordenará que se **notifique o coator** do conteúdo da petição, entregando-lhe a segunda via apresentada pelo impetrante, com as cópias dos documentos, a fim de que, no **prazo de dez dias**, preste as **informações** que julgar necessárias.

Art. 12 da Lei 9.507/97 – Findo o prazo a que se refere o art. 9º, e **ouvido o representante do Ministério Público** dentro de cinco dias, os autos serão conclusos ao juiz para decisão a ser proferida em cinco dias.

Art. 19 da Lei 9.507/97 – Os processos de *habeas data* terão prioridade sobre todos os atos judiciais, exceto *habeas corpus* e mandado de segurança. Na instância superior, deverão ser levados a julgamento na primeira sessão que se seguir à data em que, feita a distribuição, forem conclusos ao relator.

3.6.10. Isenção de custas

Art. 21 da Lei 9.507/97 – São gratuitos o procedimento administrativo para acesso a informações e retificação de dados e para anotação de justificação, bem como a ação de *habeas data*.

Obs.: atribuir valor à causa para efeitos procedimentais (art. 291 do CPC)

Art. 18. O pedido de *habeas data* **poderá ser renovado se a decisão denegatória não lhe houver apreciado o mérito.**

PRÁTICA CONSTITUCIONAL – 8ª EDIÇÃO • PEÇAS PRÁTICO-PROFISSIONAIS 135

3.6.11. Caso prático

(OAB/Exame Unificado – 2010.3 – 2ª fase) Tício, brasileiro, casado, engenheiro, na década de setenta, participou de movimentos políticos que faziam oposição ao Governo então instituído. Por força de tais atividades, foi vigiado pelos agentes estatais e, em diversas ocasiões, preso para averiguações. Seus movimentos foram monitorados pelos órgãos de inteligência vinculados aos órgãos de Segurança do Estado, organizados por agentes federais. Após longos anos, no ano de 2010, Tício requereu acesso à sua ficha de informações pessoais, tendo o seu pedido indeferido, em todas as instâncias administrativas. Esse foi o último ato praticado pelo Ministro de Estado da Defesa, que lastreou seu ato decisório, na necessidade de preservação do sigilo das atividades do Estado, uma vez que os arquivos públicos do período desejado estão indisponíveis para todos os cidadãos. Tício, inconformado, procura aconselhamentos com seu sobrinho Caio, advogado, que propõe apresentar ação judicial para acessar os dados do seu tio.

Na qualidade de advogado contratado por Tício, redija a peça cabível ao tema, observando: a) competência do Juízo; b) legitimidade ativa e passiva; c) fundamentos de mérito constitucionais e legais vinculados; d) os requisitos formais da peça inaugural.

ORGANIZAÇÃO DE IDEIAS

A peça cabível é remédio constitucional, denominado *habeas data*, com fundamento no art. art. 5º, LXXII, que determina que conceder-se-á *habeas-data*: a) para assegurar o conhecimento de informações relativas à pessoa do impetrante, constantes de registros ou bancos de dados de entidades governamentais ou de caráter público; b) para a retificação de dados, quando não se prefira fazê-lo por processo sigiloso, judicial ou administrativo.

O impetrante (ou legitimado ativo) é o Tício, pois foi ele quem teve negado o acesso a informações. Vale lembrar que essas informações dizem respeito a pessoa do impetrante. Não há possibilidade da impetração da ordem de habeas data, visando a assegurar o acesso a informações de terceiros.

Figurará como impetrado (ou legitimado passivo, ou autoridade coatora) o Ministro de Estado da Defesa, pois foi quem denegou o pedido de informações em último lugar.

A competência para a análise desse habeas data é do Superior Tribunal de Justiça, com base no art. 105, I, "b", da Constituição Federal e no art. 20, I, b da Lei 9.507/97 (lei que regulamenta o *habeas data*), ordinário é da competência do Superior Tribunal de Justiça. Os

A fundamentação é encontrada em diversos dispositivos constitucionais, em especial, aqueles relacionados ao direito de informação. Desse modo, as normas constitucionais e legais que devem pautar a peça têm a ver com direito de acesso a informações (art. 5º, XXXIII, da CF), com o cabimento da habeas data (art. 5º, LXXII, da CF) e o abuso de autoridade (art. 4º, "h", da Lei n. 4.898/65).

ELABORAÇÃO DA PEÇA PRÁTICO-PROFISSIONAL

[O que estiver entre colchetes constitui observação – não deve constar da peça.]

Início da peça

EXCELENTÍSSIMO SENHOR MINISTRO PRESIDENTE DO COLENDO SUPERIOR TRIBUNAL DE JUSTIÇA

[Deixe espaço de aproximadamente 10 cm para eventual despacho ou decisão do juiz.]

Tício, brasileiro, casado, engenheiro, residente e domiciliado na ..., portador do RG ... e do CPF ..., por seu advogado que firma a presente (instrumento de mandato anexo), com escritório para recebimento de intimações na ... (CPC, art. 77, V) vem à presença de Vossa Excelência, respeitosamente, impetrar contra o Senhor Ministro da Defesa, o presente

HABEAS DATA

nos termos do artigo 5°, inciso LXXII, da Constituição Federal e da Lei n° 9.507/97, pelas razões a seguir aduzidas.

I – DOS FATOS

O impetrante é brasileiro e, na década de setenta, participou de diversos movimentos políticos que faziam oposição ao Governo então instituído.

Em decorrência dessas atividades, foi vigiado pelos agentes estatais e, em diversas ocasiões, preso para averiguações. Seus movimentos foram monitorados pelos órgãos de inteligência vinculados aos órgãos de Segurança do Estado, organizados por agentes federais.

Anos após esses fatos, precisamente em 2010, o impetrante requereu acesso à sua ficha de informações pessoais (doc. 1), e, para a sua surpresa, teve o seu pedido indeferido, em todas as instâncias administrativas (doc. 2).

A última negativa foi dada pelo Ministro de Estado da Defesa, que lastreou seu ato decisório, na necessidade de preservação do sigilo das atividades do Estado, uma vez que os arquivos públicos do período desejado estão indisponíveis para todos os cidadãos.

Inconformado, Tício resolveu impetrar o presente *habeas data* a fim de tomar conhecimento das informações que lhe foram negadas.

II – DO DIREITO

Em primeiro lugar cabe a análise o artigo 5°, XXXIII, da Constituição Federal que assegura a todos o direito de receber dos órgãos públicos informações de seu interesse particular, ou de interesse coletivo ou geral. Informações essas que devem ser prestadas no prazo legal, sob pena de responsabilidade.

Vale lembrar que tal direito está previsto no rol de direitos e garantias individuais, rol esse que não pode ser suprimido sequer pelo poder derivado reformador, ou seja, por meio

PRÁTICA CONSTITUCIONAL – 8ª EDIÇÃO • PEÇAS PRÁTICO-PROFISSIONAIS **137**

da elaboração de emendas à Constituição. Trata-se de uma das cláusulas pétreas, prevista no art. 60, §4º, IV, do texto maior.

Visando assegurar esse direito à informação, a própria Constituição, em seu art. 5º, LXXII, estabelece que é cabível o *habeas data* quando se tem os seguintes objetivos: a) para assegurar o conhecimento de informações relativas à pessoa do impetrante, constantes de registro ou bancos de dados de entidades governamentais ou de caráter público; b) para a retificação de dados, quando não se prefira fazê-lo por processo sigiloso, judicial ou administrativo.

A garantia do *habeas data* está regulamentada na Lei 9.507/97, lei essa que estabelece como requisito da petição inicial prova que demonstre a recusa da autoridade em dar acesso às informações solicitadas ou em fazer a retificação ou anotação devidas.

Assim, percebe-se que existem vários requisitos para o ingresso com o *habeas data*. São eles: a) necessidade de acesso, retificação ou anotação de informações ou dados constantes de registro ou bancos de dados públicos; b) informações ou dados relativos à pessoa do impetrante; c) prova da recusa da autoridade e dar o acesso ou proceder à retificação ou anotação. Tais pressupostos foram devidamente cumpridos pelo impetrante.

O requisito "a" está cumprido, pois as informações em relação às quais se deseja são constantes de registro ou banco de dado de entidade governamental, no caso o Ministério de Estado da Defesa da União.

O requisito "b" também está cumprido, pois as informações solicitadas dizem respeito à própria pessoa do impetrante.

E, em relação ao requisito "c", é verificado o seu cumprimento pelo fato de o impetrante ter feito pedido de acesso à sua ficha de informações pessoais, o qual foi indeferido, em todas as instâncias administrativas.

No caso em tela, foi negado ao impetrante acesso a documentos que dizem respeito a sua pessoa. Tais documentos, como seu viu, constam de registros de entidade governamental, no caso de Ministério da União.

Assim, estão cumpridos todos os requisitos para a concessão da presente ordem de *habeas data*.

Além de todos os dispositivos mencionados, que já seriam suficientes para a concessão da ordem, o ato praticado pelo Ministro de Estado da Defesa de negar acesso às informações configura verdadeiro abuso de autoridade, previsto no artigo 4º, alínea "h", da Lei n. 4.898/65, pois fere a própria honra do impetrante.

Desse modo, alternativa não restou ao impetrado, para ver o seu direito fundamental assegurado, que não a impetração do presente remédio constitucional.

III – DO PEDIDO

Ante o exposto requer que Vossa Excelência se digne de:

a) deferir a juntada dos documentos comprobatórios que acompanham a inicial, conforme disposição do artigo 8º, parágrafo único, da Lei 9.507/97.

b) determinar a notificação do coator para, querendo, apresentar as informações no prazo de 10 (dez) dias.

b) após, determinar a remessa dos autos para o representante do Ministério Público para emitir parecer, nos termos do art. 12 da Lei 9.507/97.

c) em seguida, julgando procedente o pedido, marcando dia e hora para que as informações sejam prestadas ao impetrante, advertindo o coator das responsabilidades decorrentes de eventual descumprimento de tal determinação judicial.

Dá à causa o valor de R$ 1.000,00.

Local ..., data...

Advogado ...

OAB ....

Distribuição dos pontos pela FGV

ITEM	PONTUAÇÃO
Competência e endereçamento	0 / 0,5 / 1,0
Legitimidade ativa e passiva	0 / 0,3 / 0,6
Fundamentação – (I) direito à informação pessoal – (II) abuso de autoridade. (III) Normas constitucionais, direitos individuais. (0,3 para cada um)	0 / 0,3 / 0,6 / 0,9
Requerimento de juntada de documentos essenciais (art. 8º, parágrafo único, Lei 9507/97)	0 / 0,25 / 0,5
Valor da causa – R$ 1.000,00, para efeitos procedimentais	0 / 0,5
Postulação – procedência do habeas data	0 / 0,25 / 0,5
Requerimento de intervenção do Ministério Público	0 / 0,25 / 0,5
Requerimento de notificação da autoridade coatora	0 / 0,25 / 0,5

3.7. Ação Popular

3.7.1. Objetivo

Tutela do patrimônio público, da moralidade administrativa, do meio ambiente e do patrimônio histórico e cultural. É um instrumento da democracia direta. Visa evitar ou reparar danos/ controle de legalidade dos atos administrativos

3.7.2. Fundamentos

Art. 5º, LXXIII, da CF e Lei nº 4.717/65

✓ Art. 5º, LXXIII, da CF – qualquer cidadão é parte legítima para propor ação popular que vise a anular ato lesivo ao patrimônio público ou de entidade de que o Estado participe, à moralidade administrativa, ao meio ambiente e ao patrimônio histórico e cultural, ficando o autor, salvo comprovada má-fé, isento de custas judiciais e do ônus da sucumbência.

PRÁTICA CONSTITUCIONAL – 8ª EDIÇÃO • PEÇAS PRÁTICO-PROFISSIONAIS **139**

✓ Art. 1º da Lei 4.717/65 – Qualquer **cidadão** (título de eleitor) será parte legítima para pleitear a **anulação ou a declaração de nulidade de atos lesivos ao patrimônio** da União, do DF, dos Estados, dos Municípios, de entidades autárquicas, de sociedades de economia mista, de sociedades mútuas de seguro nas quais a União represente os segurados ausentes, de empresas públicas, de serviços sociais autônomos, de instituições ou fundações para cuja criação ou custeio o tesouro público haja concorrido ou concorra com mais de 50% do patrimônio ou da receita ânua, de empresas incorporadas ao patrimônio da União, do DF, dos Estados e dos Municípios, e de quaisquer pessoas jurídicas ou entidades subvencionadas pelos cofres públicos.

✓ **Menos de 50%:** art. 1º, § 2º, da Lei 4.717/65 – Em se tratando de instituições ou fundações, para cuja criação ou custeio o tesouro público concorra com menos de 50% do patrimônio ou da receita ânua, bem como de pessoas jurídicas ou entidades subvencionadas, **as consequências patrimoniais da invalidez dos atos lesivos terão por limite a repercussão deles sobre a contribuição dos cofres públicos.**

3.7.3. Legitimidade

Ativa: cidadão (art. 5º, LXXIII, da CF e art. 1º da Lei 4.717/65). Comprovação por meio do título de eleitor. Deve estar no exercício dos direitos políticos.

Legitimidade passiva: a ação popular deverá ser proposta em face da pessoa jurídica cujo patrimônio se busca tutelar: U, DF, EM, M, entidades autárquicas, sociedades de economia mista, sociedades mútuas de seguro nas quais a União represente os segurados ausentes, empresas públicas, serviços sociais autônomos, instituições ou fundações para cuja criação ou custeio o tesouro público haja concorrido ou concorra com mais de 50%, de empresas incorporadas ao patrimônio da U, DF, EM, M ou quaisquer pessoas jurídicas ou entidades subvencionadas pelos cofres públicos (art. 1º da Lei 4.717/65).

Art. 6º da Lei 4.717/65 – A ação será proposta **contra** as **pessoas** públicas ou privadas e as **entidades referidas no art. 1º, contra** as autoridades, funcionários ou administradores que **houverem autorizado, aprovado, ratificado ou praticado o ato impugnado, ou que, por omissas, tiverem dado oportunidade à lesão, e contra** os beneficiários **diretos do mesmo.**

Art. 6º, § 1º, da Lei 4.717/65 – Se não houver benefício direto do ato lesivo, ou se for ele indeterminado ou desconhecido, a ação será proposta somente contra as outras pessoas indicadas neste artigo.

Atenção!

Art. 6º, § 3º, da Lei 4.717/65 – A **pessoa** jurídica de direito público ou de direito privado, **cujo ato seja objeto de impugnação, poderá abster-se de contestar o pedido, ou poderá atuar ao lado do autor, desde** que isso se afigure **útil ao interesse público,** a juízo do respectivo representante legal ou dirigente.

3.7.4. Comprovação da cidadania dos portugueses equiparados

Art. 12, § 1º, da CF – Aos portugueses com residência permanente no País, se houver reciprocidade em favor de brasileiros, serão atribuídos os direitos inerentes ao brasileiro, salvo os casos previstos nesta Constituição.

- Certificado de equiparação
- Título de eleitor

3.7.5. Vedações

- menores de 16 anos;
- os que não fizeram o alistamento eleitoral;
- estrangeiros;
- pessoas jurídicas (súmula 365 do STF);
- apátridas;
- brasileiros que tenham perdido os direitos políticos ou que estejam com eles suspensos (art. 15 da CF);
- Ministério Público (art. 9º da Lei 4.717/65)

3.7.6. Atuação do MP

Art. 6º, § 4º, da Lei 4.717/65 – O Ministério Público acompanhará a ação, cabendo-lhe **apressar a produção da prova e promover a responsabilidade, civil ou criminal**, dos que nela incidirem, sendo-lhe **vedado**, em qualquer hipótese, **assumir a defesa do ato impugnado ou dos seus autores.**

Art. 9º Se o **autor desistir** da ação ou der motiva à absolvição da instância, serão publicados editais nos prazos e condições previstos no art. 7º, inciso II, ficando assegurado a qualquer cidadão, bem como ao representante do **Ministério Público**, dentro do prazo de 90 (noventa) dias da última publicação feita, **promover o prosseguimento da ação.**

3.7.7. Competência

Não há fixação no texto constitucional. Não há foro por prerrogativa de função em ação popular, de modo que a ação deverá ser proposta perante o juiz de primeiro grau da Justiça Comum (federal ou estadual).

Em regra, a ação popular NÃO começa em Tribunal.

Exceção: STF (originária) – Art. 102, I, "f" e "n", da CF: STF (originária) – Art. 102, I, "f", da CF:
Art. 102. Compete ao Supremo Tribunal Federal, precipuamente, a guarda da Constituição, cabendo-lhe: I – processar e julgar, originariamente:
f) as causas e os conflitos entre a União e os Estados, a União e o Distrito Federal, ou entre uns e outros, inclusive as respectivas entidades da administração indireta;

Ex: demarcação da área indígena Raposa Serra do Sol

STF (originária) – Art. 102, I, "n", da CF:
Art. 102. Compete ao Supremo Tribunal Federal, precipuamente, a guarda da Constituição, cabendo-lhe: I – processar e julgar, originariamente:
n) a ação em que todos os membros da magistratura sejam direta ou indiretamente interessados, e aquela em que mais da metade dos membros do tribunal de origem estejam impedidos ou sejam direta ou indiretamente interessado.

PRÁTICA CONSTITUCIONAL – 8ª EDIÇÃO • PEÇAS PRÁTICO-PROFISSIONAIS **141**

3.7.8. Inicial

Art. 1º, § 4º, da Lei 4.717/65 – Para instruir a inicial, o **cidadão poderá requerer às entidades**, a que se refere este artigo, as **certidões e informações** que julgar necessárias, bastando para isso indicar a finalidade das mesmas. Art. 1º, § 5º, da Lei 4.717/65 – As certidões e informações, a que se refere o parágrafo anterior, deverão ser **fornecidas dentro de 15 (quinze) dias** da entrega, sob recibo, dos respectivos requerimentos, e só poderão ser utilizadas para a instrução de ação popular.

Art. 1º, § 6º, da Lei 4.717/65 – Somente nos casos em que o **interesse público**, devidamente **justificado, impuser sigilo**, poderá ser **negada certidão** ou informação.

Art. 1º, § 7º, da Lei 4.717/65 – Ocorrendo a hipótese do parágrafo anterior, a ação poderá ser proposta **desacompanhada das certidões** ou informações negadas, cabendo ao juiz, após apreciar os motivos do indeferimento, e salvo em se tratando de razão de segurança nacional, requisitar umas e outras; feita a requisição, o processo correrá em segredo de justiça, que cessará com o trânsito em julgado de sentença condenatória.

3.7.9. Procedimento

Art. 7º A ação obedecerá ao procedimento ordinário, previsto no Código de Processo Civil, observadas as seguintes normas modificativas:

I – Ao despachar a inicial, o juiz ordenará: a) além da **citação dos réus, a intimação do representante do Ministério Público**; b) **a requisição**, às entidades indicadas na petição inicial, **dos documentos** que tiverem sido referidos pelo autor (art. 1º, § 6º), bem como a de outros que se lhe afigurem necessários ao esclarecimento dos fatos, ficando prazos de 15 (quinze) a 30 (trinta) dias para o atendimento.

Art. 7º, § 2º, da Lei 4.717/65 – Se os **documentos e informações** não puderem ser oferecidos nos prazos assinalados, o juiz poderá autorizar **prorrogação** dos mesmos, por **prazo razoável**.

Art. 7º, § 2º, IV, da Lei 4.717/65 – O **prazo de contestação é de 20 (vinte) dias, prorrogáveis por mais 20 (vinte)**, a requerimento do interessado, **se particularmente difícil a produção de prova documen**tal, e será comum a todos os interessados, correndo da entrega em cartório do mandado cumprido, ou, quando for o caso, do decurso do prazo assinado em edital.

3.7.9.1. Possibilidade de julgamento antecipado

Art. 7º, § 2º, V, da Lei 4.717/65 – Caso não requerida, até o despacho saneador, a produção de prova testemunhal ou pericial, o juiz ordenará vista às partes por 10 (dez) dias, para alegações, sendo-lhe os autos conclusos, para sentença, 48 (quarenta e oito) horas após a expiração desse prazo; havendo requerimento de prova, o processo tomará o rito ordinário.

3.7.9.2. Sentença

Art. 11 da Lei 4.717/65 – sentença que, julgando procedente a ação popular, decretar a **invalidade do ato** impugnado, **condenará ao pagamento de perdas e danos os responsáveis pela sua prática e os beneficiários dele**, ressalvada a ação regressiva contra os funcionários causadores de dano, quando incorrerem em culpa.

3.7.10. Prazo

Art. 21 da Lei 4.717/95 – A ação prevista nesta lei prescreve em 5 (cinco) anos.

3.7.11. Definições

Art. 2º, parágrafo único, da Lei 4.717/95 – Para a conceituação dos casos de nulidade observar--se-ão as seguintes normas:

a) a **incompetência** fica caracterizada quando o ato não se incluir nas atribuições legais do agente que o praticou;

b) o **vício de forma** consiste na omissão ou na observância incompleta ou irregular de formalidades indispensáveis à existência ou seriedade do ato;

c) a **ilegalidade do objeto** ocorre quando o resultado do ato importa em violação de lei, regulamento ou outro ato normativo;

d) a **inexistência dos motivos** se verifica quando a matéria de fato ou de direito, em que se fundamenta o ato, é materialmente inexistente ou juridicamente inadequada ao resultado obtido;

e) o **desvio de finalidade** se verifica quando o agente pratica o ato visando a fim diverso daquele previsto, explícita ou implicitamente, na regra de competência.

Art. 3º da Lei 4.717/65 – Os atos lesivos ao patrimônio das pessoas de direito público ou privado, ou das entidades mencionadas no art. 1º, **cujos vícios não se compreendam nas especificações** do artigo anterior, **serão anuláveis**, segundo as prescrições legais, enquanto compatíveis com a natureza deles.

3.7.12. Equiparações

Art. 4º da Lei 4.717/65 – são também nulos os seguintes atos ou contratos, praticados ou celebrados por quaisquer das pessoas ou entidades referidas no art. 1º. I – A admissão ao serviço público remunerado, com desobediência, quanto às condições de habilitação, das normas legais, regulamentares ou constantes de instruções gerais. II – A operação bancária ou de crédito real, quando: a) for realizada com desobediência a normas legais, regulamentares, estatutárias, regimentais ou internas; b) o valor real do bem dado em hipoteca ou penhor for inferior ao constante de escritura, contrato ou avaliação. III – A empreitada, a tarefa e a concessão do serviço público, quando: a) o respectivo contrato houver sido celebrado sem prévia concorrência pública ou administrativa, sem que essa condição seja estabelecida em lei, regulamento ou norma geral; b) no edital de concorrência forem incluídas cláusulas ou condições, que comprometam o seu caráter competitivo; c) a concorrência administrativa for processada em condições que impliquem na limitação das possibilidades normais de competição. IV – As modificações ou vantagens, inclusive prorrogações que forem admitidas, em favor do adjudicatário, durante a execução dos contratos de empreitada, tarefa e concessão de serviço público, sem que estejam previstas em lei ou nos respectivos instrumentos; V – A compra e venda de bens móveis ou imóveis, nos casos em que não cabível concorrência pública ou administrativa, quando: a) for realizada com desobediência a normas legais, regulamentares, ou constantes de instruções gerais; b) o preço de compra dos bens for superior ao corrente no mercado, na época da operação; c) o preço de venda dos bens for inferior ao corrente no mercado, na época da operação.

PRÁTICA CONSTITUCIONAL – 8ª EDIÇÃO • PEÇAS PRÁTICO-PROFISSIONAIS | **143**

VI – A concessão de licença de exportação ou importação, qualquer que seja a sua modalidade, quando: a) houver sido praticada com violação das normas legais e regulamentares ou de instruções e ordens de serviço; b) resultar em exceção ou privilégio, em favor de exportador ou importador. VII – A operação de redesconto quando sob qualquer aspecto, inclusive o limite de valor, desobedecer a normas legais, regulamentares ou constantes de instruções gerais. VIII – O empréstimo concedido pelo Banco Central da República, quando: a) concedido com desobediência de quaisquer normas legais, regulamentares, regimentais ou constantes de instruções gerias: b) o valor dos bens dados em garantia, na época da operação, for inferior ao da avaliação. IX – A emissão, quando efetuada sem observância das normas constitucionais, legais e regulamentadoras que regem a espécie.

3.7.13. Medida liminar

Art. 5º, § 4º, da Lei 4.717/65 – Na defesa do patrimônio público caberá a **suspensão liminar do ato lesivo impugnado.**

3.7.14. Requerimentos/pedidos

– Que seja concedida a liminar (art. 5º, § 4º, da Lei 4.717/65);

– Que sejam citados os réus para contestarem no prazo comum de 20 dias (art. 7º, IV, da Lei 4.717/65) ou abster-se e atuar ao lado da autora, tendo em vista isto ser útil ao interesse público (art. 6º, § 3º, da Lei 4.717/65);

– Que seja intimado o Ministério Público para acompanhar os atos processuais (art. 6º, § 4º, da Lei 4.717/65);

– Que a ação seja julgada procedente para que o ato seja declarado nulo e os réus condenados ao ressarcimento ao erário;

– Que os réus sejam condenados ao pagamento das despesas processuais (art. 82, § 2º, do CPC) e aos honorários advocatícios (art. 85 do CPC)

– Protesta por todos os meios de prova admitidos em direito.

– Atribuir valor à causa.

3.7.15. Casos práticos

(OAB/Exame Unificado 2020.1 – 2ª fase) Como parte das iniciativas de modernização que vêm sendo adotadas no plano urbanístico do Município Beta, bem sintetizadas no slogan "Beta rumo ao século XXII", o prefeito municipal João determinou que sua assessoria realizasse estudos para a promoção de uma ampla reforma dos prédios em que estão instaladas as repartições públicas municipais. Esses prédios, localizados na região central do Município, formam um belo e importante conjunto arquitetônico do século XVIII, tendo sua importância no processo evolutivo da humanidade reconhecida por diversas organizações nacionais e internacionais, tanto que tombados.

A partir desses estudos, foi escolhido o projeto apresentado por um renomado arquiteto modernista, que substituiria as fachadas originais de todos os prédios, as quais passariam a ser compostas por estruturas mesclando vidro e alumínio. Concluída a licitação, o Município Beta, representado pelo

144   ADOLFO NISHIYAMA • BRUNA VIEIRA • TERESA MELO

prefeito municipal, celebrou contrato administrativo com a sociedade empresária WW, que seria responsável pela realização das obras de reforma, o que foi divulgado em concorrida cerimônia.

No dia seguinte à referida divulgação, Joana, cidadã brasileira, atuante líder comunitária e com seus direitos políticos em dia, formulou requerimento administrativo solicitando a anulação do contrato, o qual foi indeferido pelo prefeito municipal João, no mesmo dia em que apresentado, sob o argumento de que a modernização dos prédios indicados fora expressamente prevista na Lei municipal nº XX/2019, que determinara o rompimento com uma tradição que, ao ver da maioria dos munícipes, era responsável pelo atraso civilizatório do Município Beta.

Muito preocupada com o início das obras, já que a primeira fase consistiria na demolição parcial das fachadas, de modo que pudessem receber os novos revestimentos, **Joana procurou você, como advogado(a), para que elabore a petição inicial da medida judicial cabível, com o objetivo de preservar o patrimônio histórico e cultural descrito acima, evitando-se lesão a este importante conjunto arquitetônico. (Valor: 5,00)**

Obs.: a peça deve abranger todos os fundamentos de Direito que possam ser utilizados para dar respaldo à pretensão. A simples menção ou transcrição do dispositivo legal não confere pontuação.

GABARITO COMENTADO

A peça adequada nesta situação é a *petição inicial de ação popular*.

A petição deve ser endereçada ao Juízo Cível da Comarca X ou ao Juízo de Fazenda Pública da Comarca X, que abranja a esfera territorial do Município Beta, já que os dados constantes do enunciado não permitem identificar a organização judiciária do local.

O examinando deve indicar, na qualificação das partes, a autora Joana e, como demandados, João, prefeito do Município Beta, a sociedade empresária WW e o Município Beta. A legitimidade ativa de Joana decorre do fato de ser cidadã, conforme dispõe o Art. 5º, inciso LXXIII, da CRFB ou o Art. 1º, *caput*, da Lei nº 4.717/65. A legitimidade passiva do prefeito municipal João decorre do fato de ter firmado o contrato administrativo (Art. 6º, *caput*, da Lei nº 4.717/65); da sociedade empresária WW pelo fato de ter celebrado e ser beneficiária do contrato administrativo (Art. 6º, *caput*, da Lei nº 4.717/65) e a do Município Beta, por se almejar anular o contrato administrativo celebrado (Art. 6º, § 3º, da Lei nº 4.717/65).

Como o ato é lesivo ao patrimônio histórico, é possível a declaração de sua nulidade via ação popular (Art. 5º, inciso LXXIII, da CRFB). O examinando deve indicar, no mérito, que a Lei Municipal nº XX/2019 é materialmente inconstitucional por afrontar o dever do Município de proteger os bens de valor histórico (Art. 23, inciso III, da CRFB **OU** o Art. 30, inciso IX, da CRFB), de impedir a sua descaracterização (Art. 23, inciso IV, da CRFB), sendo que o conjunto urbano de valor histórico, alcançado pelo contrato administrativo, integra o patrimônio cultural brasileiro (Art. 216, inciso V, da CRFB). A inconstitucionalidade da Lei Municipal nº XX/2019 deve ser reconhecida incidentalmente. Em consequência, o contrato administrativo celebrado é nulo, em razão da inobservância das normas constitucionais vigentes (Art. 2º, alínea *c*, **e** parágrafo único, alínea *c*, da Lei nº 4.717/65).

O examinando deve requerer a concessão de provimento liminar, para impedir o início de execução do contrato administrativo, com a demolição parcial das fachadas, segundo o Art. 5º, § 4º, da Lei nº 4.717/65. O *fumus boni iuris* decorre da flagrante ofensa à ordem

PRÁTICA CONSTITUCIONAL – 8ª EDIÇÃO • PEÇAS PRÁTICO-PROFISSIONAIS | **145**

constitucional, o que acarreta a nulidade do ato, e o *periculum in mora* da iminência de serem causados danos ao patrimônio-histórico.

O examinando deve formular o pedido de declaração de nulidade do contrato administrativo.

O examinando ainda deve juntar aos autos o título de eleitor de Joana; atribuir valor à causa e datar e qualificar-se como advogado.

Distribuição dos pontos

ITEM	PONTUAÇÃO
Endereçamento	
1. A petição deve ser endereçada ao Juízo Cível da Comarca X ou ao Juízo de Fazenda Pública da Comarca X (0,10).	0,00/0,10
2. Demandante: Joana (0,10).	0,00/0,10
3. Demandados: João, prefeito do Município Beta (0,10), a sociedade empresária WW (0,10) e o Município Beta (0,10).	0,00/0,10/0,20/0,30
4. Preliminar de legitimidade ativa de Joana, no sentido e que a autora é cidadã com direitos políticos vigentes, conforme título de eleitor (0,10), tal como exige o Art. 5º, inciso LXXIII, da CRFB **OU** o Art. 1º, *caput*, da Lei nº 4.717/65 (0,10).	0,00/0,10/0,20
Legitimidade passiva	
5. de João, por ser o responsável pela celebração do contrato administrativo (0,10), nos termos do Art. 6º, *caput*, da Lei nº 4.717/65, (0,10).	0,00/0,10/0,20
6. da sociedade empresária WW, por ter celebrado o contrato administrativo e ser beneficiada por ele (0,10), nos termos Art. 6º, *caput*, da Lei nº 4.717/1965 (0,10).	0,00/0,10/0,20
7. a do Município Beta, por se almejar a declaração de nulidade do contrato administrativo (0,10), nos termos do Art. 6º, § 3º, da Lei nº 4.717/1965 (0,10).	0,00/0,10/0,20
Cabimento da ação	
8. é possível o uso da ação popular porque o contrato administrativo é lesivo ao patrimônio histórico (0,20), com base no Art. 5º, inciso LXXIII, da CRFB (0,10).	0,00/0,20/0,30
Fundamentos de mérito	
9. A Lei Municipal nº XX/2019 é materialmente inconstitucional (0,20).	0,00/0,20
9.1. Ela afronta o dever do Município de proteger os bens de valor histórico (0,40), com base no Art. 23, inciso III, da CRFB **OU** no Art. 30, inciso IX, da CRFB (0,10).	0,00/0,40/0,50
9.2. Ela afronta o dever do Município de impedir sua descaracterização (0,40), segundo o Art. 23, inciso IV, da CRFB (0,10).	0,00/0,40/0,50

10. O conjunto urbano de valor histórico, alcançado pelo contrato administrativo, integra o patrimônio cultural brasileiro (0,40), conforme o Art. 216, inciso V, da CRFB (0,10).	0,00/0,40/0,50
11. A inconstitucionalidade da Lei Municipal nº XX/2019 deve ser reconhecida incidentalmente (0,20).	0,00/0,20
12. O contrato administrativo celebrado é nulo (0,20), em razão da inobservância das normas constitucionais vigentes (0,20), segundo o Art. 2º, alínea *c*, **e** parágrafo único, alínea *c*, da Lei nº 4.717/65 (0,10).	0,00/0,20/0,30/ 0,40/0,50
Pedidos	
13. Concessão de provimento liminar, para impedir/suspender o início de execução do contrato administrativo (0,10), segundo o Art. 5º, § 4º, da Lei nº 4.717/65 (0,10).	0,00/0,10/0,20
14. O *fumus boni iuris* decorre da flagrante ofensa à ordem constitucional (0,20).	0,00/0,20
15. O *periculum in mora* decorre da iminência de serem causados danos ao patrimônio histórico-cultural (0,20).	0,00/0,20
16. Declaração de nulidade do contrato administrativo (0,20).	0,00/0,20
Fechamento	
17. Valor da causa (0,10).	0,00/0,10
18. Local, data, nome e OAB (0,10).	0,00/0,10

AÇÃO POPULAR – ESTRUTURA BÁSICA

COMPETÊNCIA	Mesmo quando houver réu que tem, na esfera criminal, foro por prerrogativa de função, o Juízo de 1º grau é competente para conhecer da ação popular (art. 5º da Lei 4.717/65). Vide as exceções já explicitadas.
PARTES	Autor: cidadão (art. 1º da Lei 4.717/65).
	Réu (art. 6º da Lei 4.717/65): I) as pessoas cujo patrimônio se pretende proteger; II) aqueles que causaram a lesão; III) beneficiários diretos.
HIPÓTESES DE CABIMENTO	– lesão ao patrimônio público, à moralidade administrativa, ao meio ambiente ou ao patrimônio histórico e cultural – Arts. 2º, 3º e 4º da Lei 4.717/65.
PRAZO	Prescreve em 5 anos.
FUNDAMENTO LEGAL	– Art. 5º, LXXIII, da CF/88. – Lei 4.717/65.
FUNDAMENTAÇÃO JURÍDICA	– o ato viciado deve estar elencado nos arts. 2º, 3º ou 4º da Lei 4.717/65. – demonstrar a ilegalidade e a lesividade.

PEDIDO	a) citação dos réus para apresentar defesa sob pena de revelia; b) intimação do Ministério Público; c) concessão de liminar; d) procedência do pedido, decretando-se a nulidade dos atos impugnados; e) sucumbência.
PROVAS	Todo tipo de prova admitida em direito.
CUSTAS	O autor é isento de custas judiciais e do ônus da sucumbência, salvo comprovada má-fé.
VALOR DA CAUSA	Fins de alçada.

(OAB/Exame Unificado 2019.1- 2ª fase) A sociedade empresária K, concessionária do serviço de manutenção de uma estrada municipal, na qual deveria realizar investimentos sendo remunerada com o valor do pedágio pago pelos usuários do serviço, decidiu ampliar suas instalações de apoio. Após amplos estudos, foi identificado o local que melhor atenderia às suas necessidades. Ato contínuo, os equipamentos foram alugados e foi providenciado o cerco do local com tapumes. De imediato, foi fixada a placa, assinada por engenheiro responsável, indicando a natureza da obra a ser realizada e a data do seu início, o que ocorreria trinta dias depois, prazo necessário para a conclusão dos preparativos.

João da Silva, usuário da rodovia e candidato ao cargo de deputado estadual no processo eleitoral que estava em curso, ficou surpreso com a iniciativa da sociedade empresária K, pois era público e notório que o local escolhido era uma área de preservação ambiental permanente do Município Alfa. Considerando esse dado, formulou requerimento, dirigido à concessionária, solicitando que a obra não fosse realizada. A sociedade empresária K indeferiu o requerimento, sob o argumento de que o local escolhido fora aprovado pelo Município, que concedeu a respectiva licença, assinada pelo prefeito Pedro dos Santos, permitindo o início das obras. O local, ademais, era o que traria maiores benefícios aos usuários.

João da Silva, irresignado com esse estado de coisas, contratou seus serviços, como advogado(a). Ele afirmou que quer propor uma ação judicial para que seja declarada a nulidade da licença concedida e impedida a iminente realização das obras no local escolhido, que abriga diversas espécies raras da flora e da fauna silvestre.

Levando em consideração as informações expostas, elabore a medida judicial adequada, com todos os fundamentos jurídicos que confiram sustentação à pretensão. **(Valor: 5,00)**

Obs.: a peça deve abranger todos os fundamentos de Direito que possam ser utilizados para dar respaldo à pretensão. A simples menção ou transcrição do dispositivo legal não confere pontuação.

GABARITO COMENTADO

A peça adequada nessa situação é a *petição inicial de Ação Popular*.

A petição deve ser endereçada ao Juízo Cível ou ao Juízo de Fazenda Pública da Comarca do Município Alfa, já que os dados constantes do enunciado não permitem identificar a organização judiciária do local.

O examinando deve indicar, na qualificação das partes, o autor João e, como demandados, o prefeito municipal Pedro dos Santos, o Município Alfa e a sociedade empresária K. A legitimidade ativa de João da Silva decorre do fato de ser cidadão, conforme dispõe o Art. 5º, inciso LXXIII, da CRFB/88 ou o Art. 1º, *caput*, da Lei nº 4.717/65, qualidade intrínseca à sua condição de candidato ao cargo de deputado estadual. A legitimidade passiva do prefeito Pedro dos Santos decorre do fato de ter concedido a licença de construção (Lei nº 4.717/65, Art. 6º, *caput*); a do Município Beta por se almejar obstar os efeitos de uma licença que concedeu por intermédio do prefeito (Lei nº 4.717/65, Art. 6º, § 3º); e da sociedade empresária K do fato de ser a beneficiária da licença concedida (Lei nº 4.717/65, Art. 6º, *caput*), estando na iminência de realizar a obra.

Como o ato é lesivo ao meio ambiente, é possível a sua anulação via ação popular (CRFB/88, Art. 5º, inciso LXXIII). O examinando deve indicar, no mérito, que a licença concedida pelo Prefeito Pedro dos Santos é atentatória ao meio ambiente, pois o local abriga uma área de preservação ambiental permanente do Município Alfa. Não merece ser acolhido o argumento de que o possível benefício dos usuários justifica a lesão ao meio ambiente. Os atos do poder concedente e do concessionário devem ser praticados em harmonia com a ordem jurídica, que protege o meio ambiente, nos termos do Art. 225, *caput*, da CRFB/88, inclusive no âmbito da atividade econômica, conforme dispõe o Art. 170, inciso VI, da CRFB/88. A licença, portanto, afrontou a concepção mais ampla de legalidade, prevista no Art. 37, *caput*, da CRFB/88. A sociedade empresária K, enquanto concessionária do serviço público, deve observar a legalidade em igual intensidade, não podendo causar danos ao meio ambiente, ainda que amparada por um ato estatal que nitidamente a afronta. Em consequência, a licença concedida é nula, em razão da ilegalidade do objeto, já que a realização da obra importará em afronta ao ato normativo que considerou o local uma área de preservação ambiental permanente (Lei nº 4.717/65, Art. 2º, parágrafo único, alínea *c*).

O examinando deve requerer a concessão de provimento liminar, para impedir que a sociedade empresária K inicie as obras no local. O *fumus boni iuris* decorre da flagrante ilegalidade da licença de construção, e o *periculum in mora* da iminência de serem causados danos irreversíveis ao meio ambiente, considerando as raras espécies da fauna e da flora silvestre existentes no local.

O examinando ainda deve pedir a declaração de nulidade da licença concedida pelo Município Alfa, assinada pelo prefeito Pedro dos Santos e a proibição de realização de obras na área de preservação ambiental permanente.

O examinando ainda deve:

– juntar aos autos o título de eleitor de João da Silva;

– atribuir valor à causa; e

– se qualificar como advogado, assinando a respectiva petição.

PRÁTICA CONSTITUCIONAL – 8ª EDIÇÃO • PEÇAS PRÁTICO-PROFISSIONAIS **149**

Distribuição dos pontos

ITEM	PONTUAÇÃO
A peça adequada nesta situação é a *petição inicial de ação popular*.	
Endereçamento	
1. A petição deve ser endereçada ao Juízo Cível ou ao Juízo de Fazenda Pública da Comarca do Município Alfa (0,10).	0,00/0,10
2. Demandante: João da Silva (0,10).	0,00/0,10
3. Demandados: o prefeito Pedro dos Santos (0,10), o Município Alfa (0,10) e a sociedade empresária K (0,10).	0,00/0,10/ 0,20/0,30
4. A legitimidade ativa de João da Silva decorre do fato de ser cidadão (0,10), conforme dispõe o Art. 5º, inciso LXXIII, da CRFB/88 **OU** o Art. 1º, *caput*, da Lei nº 4.717/65 (0,10), qualidade intrínseca à sua condição de candidato ao cargo de Deputado Estadual (0,10).	0,00/0,10/ 0,20/0,30
Legitimidade passiva	
5. A do prefeito Pedro dos Santos decorre do fato de ter concedido a licença de construção (0,10), nos termos da Lei nº 4.717/65, Art. 6º, *caput* (0,10);	0,00/0,10/0,20
6. A do Município Beta por se almejar obstar os efeitos de uma licença que concedeu por intermédio do prefeito (0,10), nos termos do Art. 6º, § 3º, da Lei nº 4.717/65 (0,10);	0,00/0,10/0,20
7. A da sociedade empresária K pelo fato de ser a beneficiária da licença concedida (0,10), nos termos do Art. 6º, *caput*, da Lei nº 4.717/65 (0,10).	0,00/0,10/0,20
Fundamentos de mérito	
8. A licença concedida pelo Prefeito Pedro dos Santos é atentatória ou lesiva ao meio ambiente (0,20), porque o local abriga uma área de preservação ambiental permanente do Município Alfa (0,20), sendo cabível a sua anulação conforme o Art. 5º., LXXIII, da CRFB/88 **OU** Lei nº 4.717/65, Art. 2º, parágrafo único, alínea *c* (0,10)	0,00/0,20/0,30/ 0,40/0,50
9. Não merece ser acolhido o argumento de que o possível benefício dos usuários justifica a lesão ao meio ambiente (0,25), pois os atos do poder concedente e do concessionário devem ser praticados em harmonia com a sua proteção (0,15), nos termos do Art. 225, *caput*, da CRFB/88 (0,10).	0,00/0,15/0,25/ 0,35/0,40/0,50
10. A proteção ao meio ambiente deve ser observada no âmbito da atividade econômica (0,30), conforme dispõe o Art. 170, inciso VI, da CRFB/88 (0,10).	0,00/0,30/0,40
11. A licença concedida afrontou a concepção mais ampla de legalidade (0,20), prevista no Art. 37, *caput*, da CRFB/88 (0,10).	0,00/0,20/0,30
12. A sociedade empresária K, enquanto concessionária do serviço público, não deve causar danos ao meio ambiente (0,30), ainda que amparada por um ato estatal que nitidamente o permita (0,10).	0,00/0,30/0,40

Fundamentos do provimento liminar	
13. O *fumus boni iuris* decorre da flagrante ilegalidade da licença de construção (0,20);	0,00/0,20
14. O *periculum in mora* decorre da iminência de serem causados danos irreversíveis ao meio ambiente (0,10), considerando as raras espécies da fauna e da flora silvestre existentes no local (0,10);	0,00/0,10/0,20
Pedidos	
15. Concessão de provimento liminar, para impedir que a sociedade empresária K inicie as obras no local (0,20);	0,00/0,20
15. Concessão de provimento liminar, para impedir que a sociedade empresária K inicie as obras no local (0,20);	0,00/0,20
16. Declaração de nulidade da licença concedida pelo Município Alfa, assinada pelo Prefeito Pedro dos Santos (0,20);	0,00/0,20
17. Proibição de realização de obras na área de preservação ambiental permanente (0,20).	0,00/0,20
18. Condenação dos réus ao pagamento de custas, demais despesas e honorários advocatícios (art. 12 da Lei n. 4.717/65) (0,20)	0,00/0,20
19. Valor da causa (0,10).	0,00/0,10
Fechamento	
20. Local, data, assinatura, OAB (0,10).	0,00/0,10
21. Juntada do título de eleitor de João da Silva (0,10).	0,00/0,10

(OAB/Exame Unificado 2018.1- 2ª fase) Em matéria jornalística amplamente divulgada pela mídia, o prefeito do município Alfa, situado no estado Beta, é acusado pela imprensa local de negligenciar a saúde pública, deixando de realizar os investimentos constitucionais obrigatórios nos estabelecimentos médico-hospitalares situados na região.

Com o objetivo de tirar proveito da situação para se autopromover, o prefeito elabora a seguinte estratégia: após obter expressa aprovação do Secretário Municipal do Meio Ambiente, em procedimento administrativo formalmente instaurado, às custas do erário e sob o subterfúgio de publicidade institucional, providencia a instalação de um grande painel de publicidade (*outdoor*) na encosta de um dos morros da cidade, o que era vedado pela legislação ambiental federal. Trata-se de área de proteção ambiental e notório ponto turístico, tendo ampla visibilidade. No *outdoor*, são elencadas todas as ações e investimentos da prefeitura relacionados à área da saúde durante a gestão do atual prefeito.

Logo após a conclusão das obras, ambientalistas filiados a uma Organização Não Governamental (ONG) de proteção ao meio ambiente comparecem ao local e detectam, dentre outras consequências prejudiciais, que a iluminação usada no *outdoor* durante o período noturno traria resultados nocivos à biodiversidade, ameaçando a sobrevivência de espécies animais notívagas da região. Essa nocividade se tornaria irreversível caso a iluminação viesse a ser utilizada por algumas semanas.

PRÁTICA CONSTITUCIONAL – 8ª EDIÇÃO • PEÇAS PRÁTICO-PROFISSIONAIS **151**

Carlos, maior de idade, brasileiro nato no pleno gozo de seus direitos políticos, morador do Município Alfa, fica estarrecido ao tomar ciência do fato e indignado com a inércia das autoridades locais competentes. Diante disso, comparece a um escritório de advocacia indagando se poderia, devidamente representado em juízo por advogado(a) legalmente habilitado(a), adotar pessoalmente alguma providência judicial diante das irregularidades apontadas.

Com base no caso concreto apresentado acima, utilizando o instrumento constitucional adequado, redija a petição inicial da medida judicial cabível. (**Valor: 5,00**)

Obs.: a peça deve abranger todos os fundamentos de Direito que possam ser utilizados para dar respaldo à pretensão. A simples menção ou transcrição do dispositivo legal não confere pontuação.

GABARITO COMENTADO

A medida judicial a ser apresentada é a *Ação Popular* (Art. 5º, inciso LXXIII, da CRFB/88 e Art. 1º da Lei Federal nº 4.717/65), uma vez que Carlos, por estar no pleno gozo de seus direitos políticos, é cidadão, detendo legitimidade para pleitear a declaração de nulidade do ato ilegal lesivo ao meio ambiente, atuando, destarte, na defesa dos interesses da coletividade.

O processamento e julgamento da Ação Popular dar-se-ão perante a Justiça Estadual de primeiro grau do Estado Beta, conforme regulamentado pelo Art. 5º da Lei Federal nº 4.717/65.

São legitimados passivos da ação, nos termos do Art. 6º do referido diploma legal, o agente que praticou o ato, a entidade lesada e os beneficiários do ato lesivo. Nesta esteira, devem figurar no polo passivo tanto o prefeito do Município Alfa, responsável pela expedição do ato, bem como o secretário do meio ambiente que, em procedimento administrativo formal, aquiesceu expressamente com a construção e instalação do *outdoor* em área de proteção ambiental. Figurará ainda no polo passivo o Município Alfa, pessoa jurídica de direito público interno.

No mérito, deverá ser arguido que o ato é nulo por ser ilegal, editado em contrariedade com a legislação federal vigente, e que foi praticado em nítido desvio de finalidade, uma vez que, a pretexto de informar a população sobre supostos gastos com a saúde pública, o prefeito se valeu de ato lesivo ao meio ambiente – afrontando o Art. 225 da CRFB/88 – e ofensivo aos princípios da moralidade e da impessoalidade que regem a Administração Pública, nos termos do Art. 37, *caput*, da CRFB/88, para obter promoção pessoal. Outrossim, deve ser mencionado o § 1º desse dispositivo legal, que traz o seguinte comando: "*A publicidade dos atos, programas, obras, serviços e campanhas dos órgãos públicos deverá ter caráter educativo, informativo ou de orientação social, dela não podendo constar nomes, símbolos ou imagens que caracterizem promoção pessoal de autoridades ou servidores públicos.*"

Ademais, uma vez presentes os requisitos legais (riscos de danos irreversíveis à biodiversidade em decorrência da iluminação inapropriada – *periculum in mora* – e fundamento relevante – *fumus boni iuris*), revela-se perfeitamente cabível o pedido liminar de desativação da iluminação e/ou remoção do *outdoor*, na forma do Art. 5º, § 4º, da Lei Federal nº 4.717/65.

Deverão ser formulados os seguintes pedidos:

1. Deferimento de medida liminar para desativação da iluminação e/ou remoção do *outdoor*, nos termos do Art. 5º, § 4º, da Lei Federal nº 4.717/65;

152 ADOLFO NISHIYAMA • BRUNA VIEIRA • TERESA MELO

2. Decretação de nulidade do ato que autorizou a instalação do *outdoor*, por conter vícios de ilegalidade e de desvio de finalidade, conforme alíneas 'c' e 'e' do Art. 2º da Lei Federal nº 4.717/65;

3. Ressarcimento financeiro ao erário e reparação dos danos ambientais causados.

Deve ser atribuído valor à causa e a petição deve ser encerrada com identificação e assinatura do(a) advogado(a).

Distribuição dos pontos

ITEM	PONTUAÇÃO
Endereçamento	
Juízo de primeiro grau da Justiça Estadual do Estado Beta (0,10)	0,00/0,10
Partes e legitimidade	
Polo ativo: Carlos (0,10).	0,00/0,10
Legitimidade ativa: Qualquer cidadão no pleno gozo de seus direitos políticos (0,10) nos termos do Art. 5º, inciso LXXIII, da CRFB/88 **OU** Art. 1º da Lei Federal nº 4717/65 (0,10).	0,00/0,10/0,20
Polo passivo: Prefeito Municipal (0,10), Secretário do Meio Ambiente (0,10) e Município Alfa (0,10).	0,00/0,10/0,20/0,30
Legitimidade passiva: O Prefeito do Município Alfa foi o responsável pela expedição do ato (0,10), o Secretário do Meio Ambiente, que aquiesceu com a construção e instalação do *outdoor* em área de proteção ambiental (0,10) e o Município Alfa, ao qual são atribuídos os atos praticados por seus agentes (0,10), na forma do Art. 6º da Lei Federal nº 4.717/65 (0,10).	0,00/0,10/0,20/ 0,30/0,40
Cabimento	
Ação Popular como medida hábil a declarar a nulidade de ato ilegal lesivo ao meio ambiente (0,30), conforme o Art. 5º, inciso LXXIII, da CRFB/88 OU Art. 1º da Lei Federal nº 4717/65 (0,10).	0,00/0,30/0,40
Fundamentação	
1. O ato é nulo por apresentar vício de ilegalidade em razão de violação à legislação federal ambiental que veda a edificação em área de proteção ambiental (0,40), conforme Art. 2º, alínea c, da Lei Federal nº 4.717/65 (0,10).	0,00/0,40/0,50
2.1. O ato é nulo por ter sido praticado em desvio de finalidade (0,25), nos termos do Art. 2º, alínea e, da Lei Federal nº 4.717/65 (0,10).	0,00/0,25/035
2.2. Sob o pretexto de informar a população, o *outdoor* foi usado pelo prefeito do Município Alfa para sua autopromoção (0,15), em violação ao disposto no Art. 37, § 1º, da CRFB/88 (0,10).	0,00/0,15/0,25
3. Trata-se de ato lesivo ao meio ambiente ecologicamente equilibrado (0,40), em ofensa ao Art. 225 da CRFB/88 (0,10).	0,00/0,40/0,50

PRÁTICA CONSTITUCIONAL – 8ª EDIÇÃO • PEÇAS PRÁTICO-PROFISSIONAIS **153**

Demonstração dos requisitos para a concessão de liminar	
1. Presença do *fumus boni iuris,* a partir do provável dano ambiental atestado por especialistas da ONG (0,20)	0,00/0,20
2. Presença do *periculum in mora,* consubstanciado na ameaça de danos irreversíveis à sobrevivência de espécies animais notívagas da região (0,20)	0,00/0,20
3. Fundamento no Art. 5º, § 4º, da Lei Federal nº 4.717/65 **OU** no Art. 300 do CPC/15 (0,10)	0,00/0,10
Pedidos	
1. Produção de todos os meios de prova em Direito admitidos (0,10)	0,00/0,10
2. Deferimento da medida liminar para desativação da iluminação e/ou remoção do *outdoor* (0,20)	0,00/0,20
3. Decretação de nulidade do ato que autorizou a instalação do *outdoor* (0,20)	0,00/0,20
4. Condenação dos requeridos ao ressarcimento financeiro ao erário pelos gastos decorrentes da obra pública (0,15)	0,00/0,15
5. Condenação dos requeridos à reparação dos danos ambientais (0,20)	0,00/0,20
6. Pedido condenatório com fundamento no Art. 11 da Lei Federal nº 4.717/65 (0,10)	0,00/0,10
7. Com a procedência da demanda, a condenação dos requeridos nos ônus da sucumbência (0,15), nos termos do Art. 12 da Lei Federal n. 4.717/65 **OU** do Art. 85 do CPC/15 (0,10)	0,00/0,15/0,25
Valor da Causa	
Dá-se à causa o valor de ... (0,10)	0,00/0,10
Fechamento	
Município..., Data..., Advogado..., OAB... (0,10)	0,00/0,10

Obs: a menção isolada ao dispositivo legal não deve ser pontuada

(OAB- Exame Unificado – 2016.1- 2ª fase) Após receber "denúncia de irregularidades" em contratos administrativos celebrados pela Autarquia Federal A, que possui sede no Rio de Janeiro, o Ministério Público Federal determina a abertura de inquérito civil e penal para apurar os fatos. Neste âmbito, são colhidas provas robustas de superfaturamento e fraude nos quatro últimos contratos celebrados por esta Autarquia Federal, sendo certo que estes fatos e grande parte destas provas acabaram divulgados na imprensa.

Assim é que o cidadão Pedro da Silva, indignado, procura se inteirar mais sobre o acontecido, e acaba ficando ciente de que estes contratos foram realizados nos últimos 2 (dois) anos com a multinacional M e ainda estão em fase de execução.

154   ADOLFO NISHIYAMA • BRUNA VIEIRA • TERESA MELO

Mas não só. Pedro obtém, também, documentos que comprovam, mais ainda, a fraude e a lesão, além de evidenciarem a participação do presidente da Autarquia A, de um Ministro de Estado e do presidente da comissão de licitação, bem como do diretor executivo da multinacional M.

Diante deste quadro, Pedro, eleitor regular e ativo do Município do Rio de Janeiro/RJ, indignado com o descaso pela moralidade administrativa na gestão do dinheiro público, pretende mover ação judicial em face dos envolvidos nos escândalos citados, objetivando desfazer os atos ilegais, com a restituição à Administração dos gastos indevidos, bem como a sustação imediata dos atos lesivos ao patrimônio público.

Na condição de advogado (a) contratado (a) por Pedro, considerando os dados acima, elabore a medida judicial cabível, utilizando-se do instrumento constitucional adequado. (Valor: 5,00).

Obs.: a peça deve abranger todos os fundamentos de Direito que possam ser utilizados para dar respaldo à pretensão. A simples menção ou transcrição do dispositivo legal não será pontuada.

GABARITO COMENTADO

Fundamentação constitucional: o enunciado acima indica o cabimento de uma *Ação Popular* ajuizada por Pedro, na medida em que visa à defesa dos interesses do cidadão na proteção do patrimônio público, conforme o disposto no Art. 5º, LXXIII, da CRFB/88 (*"qualquer cidadão é parte legítima para propor ação popular que vise à anulação de ato lesivo ao patrimônio público ou de entidade de que o Estado participe, à moralidade administrativa, ao meio ambiente e ao patrimônio histórico e cultural, ficando o autor, salvo comprovada má-fé, isento de custas judiciais e ônus de sucumbência"*).

Fundamentação legal: Art. 3º e Art. 4º, III, c, ambos da Lei nº. 4.717/65, pois a narrativa descreve a contratação fraudulenta de serviço, com preço mais elevado que o ofertado no mercado, o que caracteriza evidente afronta à legalidade e provoca grande lesividade ao patrimônio público.

Competência: na medida em que está presente o interesse de autarquia federal, a ação deve ser ajuizada perante a Justiça

Federal (Art. 109, I, da CRFB/88) e o foro competente para a propositura, processamento e julgamento da ação é o da Seção Judiciária do Rio de Janeiro (RJ) conforme dispõe o Art. 5º da Lei nº 4.717/65, *verbis*: *"Conforme a origem do ato impugnado, é competente para conhecer da ação, processá-la e julgá-la o juiz que, de acordo com a organização judiciária de cada Estado, o for para as causas que interessem à União, ao Distrito Federal, ao Estado ou ao Município"*.

Muito embora o Ministro de Estado seja um dos legitimados passivos da referida ação popular, a jurisprudência do STF é firme no sentido de considerar que o rol do Art. 102 e do Art. 105, ambos da CRFB/88, que estabelecem a competência do STF e do STJ, é taxativo e não exemplificativo. Portanto, como tais dispositivos não preveem o julgamento de ação popular ajuizada em face do Ministro de Estado, o STF entende que o processo e julgamento ficam a cargo do juiz de primeira instância.

As partes envolvidas: o autor será Pedro, com a devida comprovação de sua condição de cidadão, o que ocorre com a juntada da cópia de seu título de eleitor, nos termos do Art. 1º, § 3º, da Lei nº 4.717/65 (*"A prova da cidadania, para ingresso em juízo, será feita com o título eleitoral, ou com documento que a ele corresponda"*).

PRÁTICA CONSTITUCIONAL – 8ª EDIÇÃO • PEÇAS PRÁTICO-PROFISSIONAIS **155**

Os réus deverão ser a autarquia federal A e seu presidente, o ministro de estado, o presidente da comissão de licitação, a multinacional M, que contratou com o Poder Público, e seu diretor executivo, conforme o disposto no Art. 6º da Lei nº 4.717/65 ("*A ação será proposta contra as pessoas públicas ou privadas e as entidades referidas no Art. 1º, contra as autoridades, funcionários ou administradores que houverem autorizado, aprovado, ratificado ou praticado o ato impugnado, ou que, por omissas, tiverem dado oportunidade à lesão, e contra os beneficiários diretos do mesmo*").

Deve ser pleiteado o deferimento de provimento cautelar, de modo a suspender a execução dos contratos, já que o *fumus boni iuris* está demonstrado e o *periculum in mora* é mais que evidente, pois o dinheiro público será direcionado ao pagamento de valores superfaturados.

Os pedidos devem ser de anulação dos atos praticados, em razão de sua lesividade ao interesse público e de condenação dos envolvidos ao ressarcimento dos danos que eventualmente venham a ser consumados.

Distribuição dos pontos

ITEM	PONTUAÇÃO
Endereçamento da Ação Popular	
Justiça Federal ou Vara Federal ou Juiz Federal da Seção Judiciária do Rio de Janeiro/RJ (0,10).	0,00 / 0,10
Qualificação	
Pedro (0,05), a Autarquia Federal A (0,05) e seu presidente (0,05), o presidente da comissão de licitação (0,05), a multinacional M (0,05) e seu diretor executivo (0,05) e o Ministro de Estado (0,05)	0,05/0,10 / 0,15/0,20 / 0,25/0,30/0,35
Fundamentação	
1. Legitimidade: Demonstração de que Pedro pode figurar como autor da ação popular, em razão de sua condição de cidadão com título de eleitor (0,20), conforme o Art. 1º, § 3º, da Lei nº 4.717/65 (0,10), e que as partes rés, na hipótese em tela, praticaram atos contrários a esses referenciais. (0,20), conforme o Art. 6º da Lei nº 4.717/65 (0,10)	0,00 / 0,20/ 0,30 /0,40/0,50/0,60
2. Cabimento da Ação Popular: O objeto da ação é a proteção do patrimônio público e da moralidade administrativa (0,35), conforme Art. 5º, LXXIII, da CRFB/88 e/ou Art. 1º da Lei nº. 4.717/65 (0,10).	0,00 / 0,35/ 0,45
3. Os contratos firmados, em razão do superfaturamento, afrontam a moralidade administrativa (0,30) e a legalidade (0,30), apresentando grande lesividade para o patrimônio público (0,30), conforme Art. 3º (0,10) e Art. 4º, III, c, ambos da Lei nº. 4.717/65 (0,10)	0,00 / 0,30 / 0,40/ 0,50/0,60/0,70/0,80/ 0,90 / 1,00/ 1,10
Da medida liminar	
Demonstração da presença dos requisitos autorizadores para a concessão da medida cautelar: Presença do *fumus boni iuris* (0,30) e o *periculum in mora* (0,30).	0,00 / 0,30 / 0,60

Pedidos	
1. concessão de medida liminar para a suspensão dos contratos administrativos superfaturados; (0,40)	0,00 / 0,40
2. Declaração de nulidade dos contratos administrativos superfaturados como pedido principal; (0,40) condenação dos responsáveis ao ressarcimento dos danos causados; (0,40) Condenação nas verbas de sucumbência (0,40)	0,00 / 0,40 / 0,80/1,20
Valor da causa	
De acordo com o Art. 291, do CPC. (0,10)	0,00 / 0,10
Fechamento da peça	
Local / Município ..., Data..., Advogado... e OAB... (0,10)	0,00 / 0,10

3.8. Ação Direta de Inconstitucionalidade – ADI

3.8.1. Objeto

Declarar a inconstitucionalidade abstrata de lei ou ato normativo (exemplo: medida provisória, emenda constitucional etc.) de natureza federal, estadual ou distrital no exercício da competência estadual.

3.8.2. Fundamentos

Art. 102, I, "a", da CF e Lei nº 9.868/99. Demonstração clara dos artigos e princípios que foram violados no Texto Constitucional, por meio da elaboração da lei ou do ato normativo.

3.8.3. Competência

STF (originária): art. 102, I, "a", da CF. O endereçamento, portanto, ficará: EXCELENTÍSSIMO SENHOR MINISTRO PRESIDENTE DO SUPREMO TRIBUNAL FEDERAL

3.8.4. Legitimidade

Ativa: art. 103 da CF (universais e especiais – item específico na peça para tratar da pertinência temática) e art. 2º da Lei 9868/99.

Art. 103 da CF. Podem propor a ação direta de inconstitucionalidade e a ação declaratória de constitucionalidade:

I – o Presidente da República;

II – a Mesa do Senado Federal;

III – a Mesa da Câmara dos Deputados;

*IV – a Mesa de Assembleia Legislativa ou da Câmara Legislativa do Distrito Federal; (EC 45/04)

*V – o Governador de Estado ou do Distrito Federal;(EC 45/04)

VI – o Procurador-Geral da República;

VII – o Conselho Federal da Ordem dos Advogados do Brasil;

VIII – partido político com representação no Congresso Nacional;

*IX – confederação sindical ou entidade de classe de âmbito nacional

Obs: os legitimados que estão com asterisco (*) precisam demostrar a existência de **pertinência temática.**

3.8.5. Passiva

Será daquele (órgão ou instituição) responsável pela criação da lei ou do ato normativo em desacordo com a CF e que, portanto, merece ser declarado inconstitucional.

3.8.6. Regras importantes previstas na Lei 9.868/99

Art. 3º A petição indicará:

I – o **dispositivo da lei ou do ato normativo impugnado** e os **fundamentos jurídicos** do pedido em relação a cada uma das impugnações;

II – o pedido, com suas especificações.

Parágrafo único. A petição inicial, acompanhada de instrumento de procuração, quando subscrita por advogado, será apresentada em duas vias, devendo conter cópias da lei ou do ato normativo impugnado e dos documentos necessários para comprovar a impugnação.

Art. 4º A petição inicial **inepta**, não fundamentada e a manifestamente improcedente serão liminarmente indeferidas pelo relator.

Parágrafo único. Cabe **agravo** da decisão que indeferir a petição inicial.

Art. 5º Proposta a ação direta, **não se admitirá desistência.**

Art. 6º O relator pedirá **informações aos órgãos ou às autoridades das quais emanou a lei ou o ato normativo impugnado.**

Parágrafo único. As informações serão **prestadas no prazo de trinta dias** contado do recebimento do pedido.

Art. 7º **Não se admitirá intervenção de terceiros** no processo de ação direta de inconstitucionalidade.

§ 2º O relator, considerando a **relevância da matéria e a representatividade dos postulantes**, poderá, por despacho irrecorrível, **admitir**, observado o prazo fixado no parágrafo anterior, a **manifestação de outros órgãos ou entidades.**

Art. 8º Decorrido o prazo das informações, serão ouvidos, sucessivamente, o Advogado--Geral da União e o Procurador-Geral da República, que deverão manifestar-se, cada qual, no prazo de quinze dias.

Art. 9º Vencidos os prazos do artigo anterior, o relator lançará o relatório, com cópia a todos os Ministros, e pedirá dia para julgamento.

Art. 9º, § 1º Em caso de **necessidade de esclarecimento de matéria ou circunstância de fato** ou de **notória insuficiência das informações** existentes nos autos, poderá o relator requisitar informações adicionais, designar perito ou comissão de peritos para que emita parecer sobre a questão, ou fixar data para, em **audiência pública**, ouvir depoimentos de pessoas com experiência e autoridade na matéria.

3.8.7. Medida cautelar

Deverá ser tratada em um item específico sendo demonstrado os seus requisitos. Artigos importantes da Lei nº 9.868/99.

Art. 9º, § 2º No julgamento do pedido de **medida cautelar, será facultada sustentação oral** aos representantes judiciais do requerente e das autoridades ou órgãos responsáveis pela expedição do ato, na forma estabelecida no Regimento do Tribunal.

Art. 10. Salvo no período de recesso, a **medida cautelar** na ação direta será concedida por **decisão da maioria absoluta dos membros do Tribunal**, observado o disposto no art. 22, após a audiência dos órgãos ou autoridades dos quais emanou a lei ou ato normativo impugnado, que deverão pronunciar-se no prazo de cinco dias.

§ 1º O relator, julgando indispensável, ouvirá o Advogado-Geral da União e o Procurador--Geral da República, no prazo de três dias.

§ 2º No julgamento do pedido de medida cautelar, será facultada sustentação oral aos representantes judiciais do requerente e das autoridades ou órgãos responsáveis pela expedição do ato, na forma estabelecida no Regimento do Tribunal.

§ 3º Em caso de excepcional urgência, o Tribunal poderá deferir a medida cautelar sem a audiência dos órgãos ou das autoridades das quais emanou a lei ou o ato normativo impugnado.

Art. 11. Concedida a medida cautelar, o Supremo Tribunal Federal fará publicar em seção especial do Diário Oficial da União e do Diário da Justiça da União a parte dispositiva da decisão, no prazo de dez dias, devendo solicitar as informações à autoridade da qual tiver emanado o ato, observando-se, no que couber, o procedimento estabelecido na Seção I deste Capítulo.

§ 1º A medida cautelar, dotada de **eficácia contra todos**, será concedida com efeito *ex nunc*, salvo se o Tribunal entender que deva conceder-lhe eficácia retroativa.

§ 2º A concessão da medida cautelar **torna aplicável a legislação anterior acaso existente, salvo expressa manifestação em sentido contrário (efeito repristinatório).**

Art. 12. Havendo pedido de medida cautelar, o relator, em face da relevância da matéria e de seu especial significado para a ordem social e a segurança jurídica, poderá, após a prestação das informações, no prazo de dez dias, e a manifestação do Advogado-Geral da União e do Procurador-Geral da República, sucessivamente, no prazo de cinco dias, submeter o processo diretamente ao Tribunal, que terá a faculdade de julgar definitivamente a ação.

3.8.8. Requerimentos/pedidos

✓ Que seja concedida a medida cautelar, de acordo com o art. 10 da Lei 9.868/99, para que o ato impugnado seja suspenso, além dos processos que girem em torno do mesmo ato;

✓ Que sejam intimados os órgãos ou autoridades responsáveis pela elaboração do ato impugnado para prestarem informações, dentro de trinta dias, conforme parágrafo único do art. 6º da Lei 9.868/99;

✓ Que seja citado o Advogado-Geral da União, de acordo com os arts. 103, § 3º, da CF e 8º da Lei 9.868/99, para que seja ouvido no prazo de quinze dias, após decorrido o prazo das informações;

✓ Após a oitiva do Advogado-Geral da União, que seja feita a do Procurador-Geral da República, dentro de quinze dias, conforme determina os arts. 103, § 3º, da CF e 8º da Lei 9.868/99;

✓ Que seja confirmada a medida cautelar deferida e no mérito seja julgada procedente a ação com a consequente declaração de inconstitucionalidade de ato impugnado.

PRÁTICA CONSTITUCIONAL – 8ª EDIÇÃO • PEÇAS PRÁTICO-PROFISSIONAIS | **159**

3.8.9. Decisão

Artigos relevantes da Lei 9868/99:

Art. 22. A decisão sobre a constitucionalidade ou a inconstitucionalidade da lei ou do ato normativo somente será tomada se **presentes** na sessão **pelo menos oito Ministros.**

Art. 23. Efetuado o julgamento, **proclamar-se-á a constitucionalidade ou a inconstitu**cionalidade da disposição ou da norma impugnada se num ou noutro sentido se tiverem manifestado **pelo menos seis Ministros,** quer se trate de ação direta de inconstitucionalidade ou de ação declaratória de constitucionalidade.

Parágrafo único. Se não for alcançada a maioria necessária à declaração de constitucionalidade ou de inconstitucionalidade, estando ausentes Ministros em número que possa influir no julgamento, este será suspenso a fim de aguardar-se o comparecimento dos Ministros ausentes, até que se atinja o número necessário para prolação da decisão num ou noutro sentido.

Art. 26. A **decisão** que declara a constitucionalidade ou a inconstitucionalidade da lei ou do ato normativo em ação direta ou em ação declaratória é **irrecorrível, ressalvada a interposição de embargos declaratórios, não** podendo, igualmente, ser objeto de ação **rescisória.**

Art. 25. Julgada a ação, far-se-á a comunicação à autoridade ou ao órgão responsável pela expedição do ato.

3.8.10. Efeito dúplice ou caráter ambivalente

Art. 24. da Lei 9868/99 Proclamada a constitucionalidade, julgar-se-á improcedente a ação direta ou procedente eventual ação declaratória; e, proclamada a inconstitucionalidade, julgar-se-á procedente a ação direta ou improcedente eventual ação declaratória.

3.8.11. Possiblidade de modulação dos efeitos

Art. 27 da Lei 9868/99 Ao declarar a inconstitucionalidade de lei ou ato normativo, e tendo em vista razões de segurança jurídica ou de excepcional interesse social, poderá o Supremo Tribunal Federal, por maioria de dois terços de seus membros, restringir os efeitos daquela declaração ou decidir que ela só tenha eficácia a partir de seu trânsito em julgado ou de outro momento que venha a ser fixado

3.8.12. Técnicas de interpretação e efeitos

Art. 28 da Lei 9868/99 Dentro do prazo de dez dias após o trânsito em julgado da decisão, o Supremo Tribunal Federal fará publicar em seção especial do Diário da Justiça e do Diário Oficial da União a parte dispositiva do acórdão.

Parágrafo único. A declaração de constitucionalidade ou de inconstitucionalidade, inclusive a **interpretação conforme a Constituição e a declaração parcial de inconstitucionalidade sem redução de texto,** têm **eficácia contra todos e efeito vinculante em relação aos órgãos do Poder Judiciário e à Administração Pública federal, estadual e municipal (efeitos).**

160 ADOLFO NISHIYAMA • BRUNA VIEIRA • TERESA MELO

3.8.13. Casos práticos

(OAB/2ª FASE – XXXV) O Estado *Alfa*, com o declarado objetivo de uniformizar a atividade e zelar pela qualidade do serviço de transporte coletivo municipal, de modo a proteger os interesses do consumidor, promulgou a Lei nº XX, que entrará em vigor dentro de 30 (trinta) dias.

De acordo com o Art. 1º desse diploma normativo, o serviço de transporte coletivo municipal prestado em cada Município situado no território do Estado deverá atender ao extenso rol de especificações previstas nos incisos desse preceito, que variavam desde o tamanho e o conforto dos veículos até o número mínimo de linhas e de veículos em circulação nos finais de semana. O Art. 2º dispôs sobre as normas gerais para a licitação do serviço, que poderiam ser suplementadas pelos Municípios, de modo a atender às peculiaridades locais. Por fim, o Art. 3º determinou que o Art. 1º da Lei nº XX deveria ser imediatamente aplicado aos contratos de concessão em curso, realizando-se as adaptações que se fizessem necessárias na prestação do serviço.

O Partido Político *Beta*, com representação na Câmara dos Deputados e que defende fortemente o liberalismo econômico, fez severas críticas à Lei estadual nº XX, pois, ao seu ver, além de ser flagrantemente inconstitucional, a sua implementação poderia levar à ruína econômica das sociedades empresárias que se dedicam à exploração dessa atividade, que teriam seus custos potencializados e seriam obrigadas a paralisar o seu funcionamento. Com isso, o efeito seria contrário àquele preconizado pelos idealizadores da lei, pois o usuário do serviço, ao invés de ser beneficiado, seria severamente prejudicado.

Considerando a narrativa acima, na condição de advogado(a) do Partido Político *Beta*, elabore a peça processual cabível de controle concentrado de constitucionalidade, de modo que seja realizado o cotejo da Lei estadual nº XX com a Constituição da República, perante o órgão constitucional diretamente incumbido de sua guarda. (Valor: 5,00).

Obs.: a peça deve abranger todos os fundamentos de Direito que possam ser utilizados para dar respaldo à pretensão. A simples menção ou transcrição do dispositivo legal não confere pontuação.

GABARITO COMENTADO

A peça adequada é a *petição inicial de ação direta de inconstitucionalidade*. A petição deve ser endereçada ao Ministro Presidente do Supremo Tribunal Federal, órgão jurisdicional competente para processar e julgar a referida ação, conforme o Art. 102, inciso I, alínea *a*, da CRFB/88 c/c. o Art. 1º da Lei nº 9.868/99.

A ação deve ser proposta pelo Partido Político *Beta*. A legitimidade do Partido decorre do disposto no Art. 103, inciso VIII, **ou** no Art. 2º, inciso VIII, ambos da Lei nº 9.868/99.

Deve ser indicado que o ato normativo foi editado com o concurso do Governador e da Assembleia Legislativa do Estado *Alfa*.

Deve ser informado o teor do ato normativo estadual impugnado, mais especificamente dos Arts. 1º, 2º e 3º da Lei estadual nº XX.

Deve ser justificado o cabimento da ADI, pois se está perante ato normativo estadual dissonante da Constituição da República, conforme previsto no Art. 102, inciso I, alínea *a*, da CRFB/88.

PRÁTICA CONSTITUCIONAL – 8ª EDIÇÃO • PEÇAS PRÁTICO-PROFISSIONAIS **161**

O examinando deve informar e demonstrar, justificadamente, as normas da CRFB/88 violadas, quais sejam:

(i) pelos Arts. 1º e 3º da Lei estadual nº XX, o Art. 30, inciso I, que confere competência aos Municípios para legislar sobre assuntos de interesse local;

(ii) pelos Arts. 1º e 3º da Lei estadual nº XX, o Art. 30, inciso V, que confere competência aos Municípios para organizar os serviços públicos de interesse local, incluindo o de transporte coletivo;

(iii) pelo Art. 2º da Lei estadual nº XX, o Art. 22, inciso XXVII, que confere competência privativa à União para legislar sobre normas gerais de licitações;

(iv) os três fundamentos acima caracterizam a inconstitucionalidade formal;

(v) pelo Art. 3º da Lei estadual nº XX, o Art. 5º, inciso XXXVI, segundo o qual a lei não prejudicará o ato jurídico perfeito;

(vi) o fundamento acima caracteriza a inconstitucionalidade material.

Além dos fundamentos de mérito, também deve ser indicado o embasamento da medida cautelar a ser pleiteada, já que, além da patente inconstitucionalidade, há risco na demora, pois a aplicação da Lei estadual nº XX pode inviabilizar a continuidade das sociedades empresárias que se dedicam à exploração dessa atividade, já que os seus custos serão potencializados, o que prejudicará o usuário do serviço.

Deve ser formulado pedido de medida cautelar, com fundamento no Art. 10 da Lei 9.868/99, com o objetivo específico de sustar a eficácia da Lei estadual nº XX.

O pedido principal deve ser a declaração de inconstitucionalidade da Lei estadual nº XX. Por fim, deve haver o fechamento da petição com a individualização do advogado.

Distribuição de Pontos

ITEM	PONTUAÇÃO
A peça adequada nesta situação é a *petição inicial de ação direta de inconstitucionalidade*.	
Endereçamento	
1. A petição deve ser encaminhada ao Ministro Presidente do Supremo Tribunal Federal (0,10).	0,00/0,10
2. Autor: a ação deve ser proposta pelo Partido Político *Beta* (0,10).	0,00/0,10
3. Legitimidade ativa: decorre do disposto no Art. 103, inciso VIII da CRFB/88, <u>ou</u> no Art. 2º, inciso VIII, da Lei nº 9.868/99 (0,10).	0,00/0,10
4. Deve ser indicado que o ato normativo foi editado com o concurso do Governador (0,20) e da Assembleia Legislativa do Estado *Alfa* (0,10).	0,00/0,20/0,30
5. Ato normativo impugnado: Lei estadual nº XX (0,20).	0,00/0,20
6. Cabimento da ADI: ato normativo estadual dissonante da Constituição da República (0,20), conforme previsto no Art. 102, inciso I, alínea *a*, da CRFB/88 (0,10).	0,00/0,20/0,30

Fundamentos de mérito	
O examinando deve informar e demonstrar, justificadamente, as normas da CRFB/88 violadas, quais sejam:	
7. O Art. 1º da Lei estadual nº XX viola o Art. 30, inciso I **ou** inciso V, da CRFB/88 (0,20), que confere competência aos Municípios para legislar sobre assuntos de interesse local **ou** para organizar e prestar os serviços públicos de interesse local, incluindo o de transporte coletivo (0,40).	0,00/0,20/0,40/0,60
8. O Art. 3º da Lei estadual nº XX viola o Art. 30, inciso V, da CRFB/88 (0,20), que confere competência aos Municípios para organizar e prestar por meio de concessão os serviços públicos de interesse local, incluindo o de transporte coletivo (0,40).	0,00/0,20/0,40/0,60
9. O Art. 2º da Lei estadual nº XX viola o Art. 22, inciso XXVII, da CRFB/88, (0,20), que confere competência privativa à União para legislar sobre normas gerais de licitações (0,40).	0,00/0,20/0,40/0,60
10. Os vícios dos Arts. 1º, 2º e 3º da Lei estadual nº XX configuram inconstitucionalidade formal (0,10).	0,00/0,10
11. O Art. 3º da Lei estadual nº XX viola o Art. 5º, inciso XXXVI, da CRFB/88, (0,20), segundo o qual a lei não prejudicará o ato jurídico perfeito (0,40).	0,00/0,20/0,40/0,60
12. O vício do Art. 3º da Lei estadual nº XX configura inconstitucionalidade material (0,10).	0,00/0,10
Fundamentos da cautelar	
13. A patente inconstitucionalidade demonstrada nos fundamentos de mérito (0,20).	0,00/0,20
14. O risco na demora (0,10), pois a aplicação da Lei estadual nº XX pode inviabilizar a continuidade das sociedades empresárias que se dedicam à exploração dessa atividade (0,10), já que os seus custos serão potencializados, o que prejudicará o usuário do serviço (0,10).	0,00/0,10/0,20/0,30
Pedidos	
15. Pedido cautelar, embasado no Art. 10 da Lei nº 9.868/99 (0,10), com o objetivo específico de sustar a eficácia da Lei estadual nº XX (0,30).	0,00/0,30/0,40
16. Pedido principal, visando à declaração de inconstitucionalidade da Lei estadual nº XX (0,30).	0,00/0,30
Fechamento	
17. Data..., local ..., Advogado..., OAB... (0,10)	0,00/0,10

PRÁTICA CONSTITUCIONAL – 8ª EDIÇÃO • PEÇAS PRÁTICO-PROFISSIONAIS **163**

(OAB/Exame Unificado 2018.3- 2ª fase) O crescimento da exploração de diamantes no território do Estado Alfa ampliou a circulação de riquezas e fez com que a densidade demográfica aumentasse consideravelmente, juntamente com os riscos ao meio ambiente. Esse estado de coisas mobilizou a população local, o que levou um grupo de Deputados Estaduais a apresentar proposta de emenda à Constituição Estadual disciplinando, detalhadamente, a forma de exploração de diamantes no território em questão. A proposta incluía os requisitos formais a serem cumpridos junto às autoridades estaduais e os limites quantitativos a serem observados na extração, no armazenamento e no transporte de cargas.

Após regular aprovação na Assembleia Legislativa, a Emenda à Constituição Estadual nº 5/2018 foi sancionada pelo Governador do Estado, sendo isso imediatamente comunicado às autoridades estaduais competentes para que exigissem o seu cumprimento.

Preocupada com a situação no Estado Alfa e temendo o risco de desemprego dos seus associados, isso em razão dos severos requisitos estabelecidos para a exploração de diamantes, a Associação Nacional dos Geólogos, que há décadas luta pelos direitos da categoria, contratou os seus serviços como advogado(a) para que elabore a petição inicial da medida judicial cabível, de modo que o Tribunal Superior competente reconheça a incompatibilidade do referido ato normativo com a Constituição da República Federativa do Brasil. **(Valor: 5,00)**

Obs.: a peça deve abranger todos os fundamentos de Direito que possam ser utilizados para dar respaldo à pretensão. A simples menção ou transcrição do dispositivo legal não confere pontuação.

GABARITO COMENTADO

A peça adequada é a *Petição Inicial de Ação Direta de Inconstitucionalidade.* A petição deve ser endereçada ao Ministro Presidente do Supremo Tribunal Federal, órgão jurisdicional competente para processar e julgar a referida ação, conforme o Art. 102, inciso I, alínea a, da CRFB/88, c/c. o Art. 1º da Lei nº 9.868/99.

A ação deve ser proposta pela Associação Nacional dos Geólogos. A legitimidade da Associação decorre do disposto no Art. 103, inciso IX, da CRFB/88, c/c. o Art. 2º, inciso IX, da Lei nº 9.868/99, sendo nítida a pertinência temática do ato normativo com as atividades dos associados da entidade de classe.

Deve ser indicado que a Emenda Constitucional nº 5/2018 foi aprovada pela Assembleia Legislativa do Estado Alfa e sancionada pelo Governador do Estado.

Deve ser informado o teor do ato normativo estadual impugnado.

Deve ser justificado o cabimento da ADI, pois se está perante ato normativo estadual dissonante da Constituição da República, conforme previsto no Art. 102, inciso I, alínea *a*, da CRFB/88.

O examinando deve informar e demonstrar, justificadamente, as normas da CRFB/88 violadas, quais sejam:

(i) A Emenda Constitucional nº 5/2018 violou a competência privativa da União para legislar sobre jazidas, minas, outros recursos minerais e mineração, conforme dispõe o Art. 22, inciso XII, da CRFB/88, o que denota a existência de vício de inconstitucionalidade formal;

164 ADOLFO NISHIYAMA • BRUNA VIEIRA • TERESA MELO

(ii) A Emenda Constitucional nº 5/2018 violou a competência privativa da União para legislar sobre transporte, conforme dispõe o Art. 22, inciso XI, da CRFB/88, o que denota a existência de vício de inconstitucionalidade formal;

(iii) As normas sobre processo legislativo são de observância obrigatória pelos demais entes federativos, por força da simetria, prevista no Art. 25, *caput*, da CRFB/88, não havendo previsão, no Art. 60 da CRFB/88, de participação do Chefe do Poder Executivo no fim do processo de reforma constitucional, caracterizando a existência de vício de inconstitucionalidade formal.

Além dos fundamentos de mérito, também deve ser indicado o embasamento da medida cautelar a ser pleiteada, já que, além da patente inconstitucionalidade, há risco na demora, pois os novos requisitos criados podem inviabilizar a continuidade da atividade de exploração de diamantes.

Deve ser formulado pedido de medida cautelar, com fundamento no Art. 10 da Lei 9.868/99, com o objetivo específico de sustar a eficácia da Emenda Constitucional nº 5/2018.

O pedido principal deve ser a declaração de inconstitucionalidade da Emenda Constitucional nº 5/2018. Por fim, deve haver o fechamento da petição com a identificação do advogado.

Distribuição dos pontos

ITEM	PONTUAÇÃO
Endereçamento	
1. Endereçamento: Ministro Presidente do Supremo Tribunal Federal (0,10).	0,00/0,10
Partes e legitimidade	
2. Autor: Associação Nacional dos Geólogos (0,10).	0,00/0,10
3. Legitimidade ativa: decorre do disposto no Art. 103, IX **OU** no Art. 2º, inciso IX, da Lei nº 9.868/99 (0,10), estando presente a pertinência temática (0,20).	0,00/0,10/0,20/0,30
4. Deve ser indicado que o ato normativo foi editado pela Assembleia Legislativa do Estado Beta (0,10) e pelo Governador do Estado (0,10).	0,00/0,10/0,20
5. Ato normativo impugnado: Emenda Constitucional nº 5/2018 do Estado Beta (0,20).	0,00/0,20
Cabimento da ADI	
6. Ato normativo estadual dissonante da Constituição da República (0,15), conforme previsto no Art. 102, inciso I, alínea a, da CRFB/88 (0,10).	0,00/0,15/0,25
Fundamentos de mérito	
7. A Emenda Constitucional nº 5/2018 violou a **competência privativa da União** para legislar sobre jazidas, minas, outros recursos minerais e mineração (0,70), conforme dispõe o Art. 22, inciso XII, da CRFB/88 (0,10).	0,00/0,70/0,80

PRÁTICA CONSTITUCIONAL – 8ª EDIÇÃO • PEÇAS PRÁTICO-PROFISSIONAIS | 165

8. A Emenda Constitucional nº 5/2018 violou a **competência privativa da União** para legislar sobre transporte (0,70), conforme dispõe o Art. 22, inciso XI, da CRFB/88 (0,10).	0,00/0,70/0,80
9. A Emenda Constitucional nº 5/2018 não observou as **normas sobre processo legislativo**, obrigatórias por força da **simetria** (0,50), prevista no Art. 25, *caput*, da CRFB/88 (0,10)	0,00/0,50/0,60
9.1. Não há previsão de participação do Chefe do Poder Executivo ao fim do processo de reforma constitucional (0,20), conforme o Art. 60 da CRFB/88 (0,10).	0,00/0,20/0,30
10. A Emenda Constitucional nº 5/2018 padece de vício de **inconstitucionalidade formal** (0,20).	0,00/0,20
Fundamentos da cautelar	
11. A patente inconstitucionalidade demonstrada nos fundamentos de mérito (0,20).	0,00/0,20
12. O perigo na demora (0,15), presente na dificuldade em se manter a exploração de diamantes **OU** no temor do risco de desemprego dos associados da autora (0,10).	0,00/0,10/0,15/0,25
Pedidos	
13. Pedido cautelar, embasado no Art. 10 da Lei nº 9.868/99 (0,10), com o objetivo específico de sustar a eficácia da Emenda Constitucional nº 5/2018 (0,20).	0,00/0,20/0,30
14. Pedido principal de declaração de inconstitucionalidade da Emenda Constitucional nº 5/2018 (0,30).	0,00/0,30
Fechamento	
15. Local, data, nome e OAB (0,10).	0,00/0,10

(OAB/Exame Unificado 2018.2- 2ª fase) Com o objetivo de zelar pelo primado da ética, a Assembleia Legislativa do Estado Alfa aprovou e o Governador do Estado sancionou uma minirreforma política, que direcionaria as eleições seguintes para os cargos de Deputado Estadual do Estado em questão.

Essa reforma foi veiculada por meio da Lei "X". O Art. 1º dispunha que não seria admitido o registro de candidatura de qualquer pessoa com antecedentes criminais; o Art. 2º afastava a possibilidade de campanha eleitoral no rádio e na televisão para os partidos políticos que abrigassem, em seus quadros, pessoas com antecedentes criminais; o Art. 3º dispunha sobre as distintas formas de exercício da cidadania no território do respectivo Estado.

A Lei "X" do Estado Alfa foi saudada com grande entusiasmo pela população. Como o Art. 4º da Lei "X" dispunha que sua entrada em vigor seria imediata, aplicando-se inclusive às eleições que seriam realizadas três meses depois, era grande a expectativa de que as mudanças fossem percebidas de imediato.

Apesar desse entusiasmo, o Partido Político Sigma, que tem representantes no Congresso Nacional (Câmara dos Deputados e Senado Federal), e sofreria grandes prejuízos com a entrada em vigor

ADOLFO NISHIYAMA • BRUNA VIEIRA • TERESA MELO

da Lei "X", por deliberação do seu Diretório Nacional, decidiu ingressar com a medida judicial adequada, utilizando, como paradigma, a Constituição da República. Esperava com esse procedimento que a constitucionalidade *in abstracto* desse diploma normativo fosse questionada perante o tribunal competente.

Considerando a narrativa acima, na condição de advogado(a) do Partido Político Sigma, elabore a petição inicial da medida judicial cabível. (**Valor: 5,00**)

Obs.: a peça deve abranger todos os fundamentos de Direito que possam ser utilizados para dar respaldo à pretensão. A simples menção ou transcrição do dispositivo legal não confere pontuação.

GABARITO COMENTADO

A peça adequada é a petição inicial de <u>Ação Direta de Inconstitucionalidade</u>. A petição deve ser endereçada ao Ministro Presidente do Supremo Tribunal Federal, órgão jurisdicional competente para processar e julgar a referida ação, conforme o Art. 102, inciso I, alínea *a*, da CRFB/88 c/c. o Art. 1º da Lei nº 9.868/99.

A ação deve ser proposta pelo Partido Político Sigma. A legitimidade do Partido decorre do disposto no Art. 103, inciso VIII, c/c. o Art. 2º, inciso VIII, da Lei nº 9.868/99.

Deve ser indicado que a Lei X foi aprovada pela Assembleia Legislativa e sancionada pelo Governador do Estado Alfa. Deve ser informado o teor do ato normativo estadual impugnado, mais especificamente dos seus artigos 1º a 4º.

Deve ser justificado o cabimento da ADI, pois se está perante ato normativo estadual dissonante da Constituição da República, conforme previsto no Art. 102, inciso I, alínea *a*, da CRFB/88.

O examinando deve informar e demonstrar, justificadamente, as normas da CRFB/88 violadas, quais sejam:

I. Os artigos 1º, 2º e 4º da Lei "X" violaram a competência privativa da União para legislar sobre direito eleitoral, conforme dispõe o Art. 22, inciso I, da CRFB/88, o que denota a existência de vício de inconstitucionalidade formal;

II. O Art. 4º da Lei "X" afronta o princípio da anualidade eleitoral, previsto no Art. 16 da CRFB/88, o que caracteriza o vício de inconstitucionalidade material;

III. O Art. 3º da Lei "X" afronta a competência privativa da União para legislar sobre cidadania, conforme dispõe o Art. 22, inciso XIII, da CRFB/88, caracterizando a existência de vício de inconstitucionalidade formal.

Além dos fundamentos de mérito, também deve ser indicado o embasamento da medida cautelar a ser pleiteada, já que, além da patente inconstitucionalidade, há risco na demora, pois foi determinada a incidência da Lei "X" na próxima eleição para Deputado Estadual, a ser realizada em três meses.

Deve ser formulado pedido de medida cautelar, com fundamento no Art. 10 da Lei nº 9.868/99, com o objetivo específico de sustar a eficácia da Lei "X".

O pedido principal deve ser a declaração de inconstitucionalidade da Lei "X". Por fim, deve haver o fechamento da petição com a identificação do advogado.

PRÁTICA CONSTITUCIONAL – 8ª EDIÇÃO • PEÇAS PRÁTICO-PROFISSIONAIS **167**

Distribuição dos pontos

ITEM	PONTUAÇÃO
Endereçamento	
1. Endereçamento: Ministro Presidente do Supremo Tribunal Federal (0,10).	0,00/0,10
2. Autor: a ação deve ser proposta pelo Partido Político Sigma (0,10).	0,00/0,10
3. Legitimidade ativa universal (0,20) que decorre do disposto no Art. 103, inciso VIII, da CRFB/88 **OU** o Art. 2º, inciso VIII, da Lei nº 9.868/99 (0,10).	0,00/0,20/0,30
4. Deve ser indicado que o ato normativo foi editado pela Assembleia Legislativa do Estado Beta (0,10) e pelo Governador do Estado (0,10).	0,00/0,10/0,20
5. Ato normativo impugnado: Lei X do Estado Beta (0,20).	0,00/0,20
6. Cabimento da ADI: ato normativo estadual dissonante da Constituição da República (0,30), conforme previsto no Art. 102, inciso I, alínea *a*, da CRFB/88 (0,10).	0,00/0,30/0,40
Fundamentos de mérito	
7. A Lei "X" (Artigos 1º, 2º e 4º) viola a competência privativa da União para legislar sobre direito eleitoral (0,50), conforme dispõe o Art. 22, inciso I, da CRFB/88 (0,10)	0,00/0,50/0,60
8. Há vício de inconstitucionalidade formal nos preceitos referidos em (7). (0,25)	0,00/0,25
9. A Lei "X" (Artigo 4º) afronta o princípio da anualidade eleitoral (0,50) previsto no Art. 16 da CRFB/88. (0,10)	0,00/0,50/0,60
10. Há vício de inconstitucionalidade material no preceito referido em (9); (0,25)	0,00/0,25
11. A Lei "X" (Artigo 3º) afronta a competência privativa da União para legislar sobre cidadania (0,50), conforme dispõe o Art. 22, inciso XIII, da CRFB/88 (0,10)	0,00/0,50/0,60
12. Há vício de inconstitucionalidade formal no preceito referido em (11) (0,25)	0,00/0,25
Fundamentos da cautelar	
13. A patente inconstitucionalidade demonstrada nos fundamentos de mérito; (0,20)	0,00/0,20
14. O risco na demora (0,15), presente na realização da próxima eleição dentro de três meses, momento em que a Lei "X" será aplicada. (0,10)	0,00/0,10/0,15/0,25
Pedidos	
15. Pedido cautelar com o objetivo específico de sustar a eficácia da Lei "X" (0,20), embasado no Art. 10 da Lei nº 9.868/99 (0,10).	0,00/0,20/0,30
16. Pedido principal, visando à declaração de inconstitucionalidade da Lei "X". (0,30)	0,00/0,30
Fechamento	
17. Data, nome, advogado e OAB (0,10)	0,00/0,10

ADOLFO NISHIYAMA • BRUNA VIEIRA • TERESA MELO

(OAB/ Exame Unificado 2015.2- 2ª fase) A Assembleia Legislativa do Estado Y edita, em 1º de março de 2015, a Lei nº 8888, que estabelece que a concessionária exploradora do serviço de fornecimento de energia elétrica no território do Estado fica obrigada a remover, sem qualquer ônus para os interessados, os postes de sustentação à rede elétrica que estejam causando transtornos aos proprietários e aos promitentes compradores de terrenos.

Ressalta-se que não há qualquer Lei Complementar que autorize excepcionalmente ao Estado Y dispor sobre a questão, sendo certo que, ao contrário, no âmbito federal existe norma expedida pela agência reguladora que autoriza a remoção desses postes de energia, cujo serviço fica às expensas dos usuários interessados. Há notícia também de que o Governador do Estado Y vetou integralmente o projeto de Lei Estadual, mas restou superado pela vontade da Assembleia Legislativa do Estado, que, ao final, promulgou a referida Lei.

Diante da relevância e da urgência da questão, o partido político "Para Frente Brasil" – PFB, representado unicamente por um Deputado Federal, procura os seus serviços para objetar contra a Lei Estadual, por entender que a norma estadual viola diretamente a Constituição Federal.

Considerando os dados acima, formule a peça adequada, fazendo introito sobre a legitimidade ativa e observando que o partido entende ser urgente a questão. (Valor: 5,00)

Responda justificadamente, empregando os argumentos jurídicos apropriados e a fundamentação legal pertinente ao caso.

GABARITO COMENTADO

O enunciado indica que a peça adequada a ser redigida é a Ação Direta de Inconstitucionalidade – ADI a ser proposta perante o Supremo Tribunal Federal (Art. 102, I, "a", da Constituição Federal). A petição deve ser endereçada ao Ministro Presidente do Supremo Tribunal Federal.

O objeto da referida ADI será a Lei Estadual atacada e terá como parâmetro diversos dispositivos constitucionais. O Partido Político possui legitimidade para propor a ADI (Art. 103, VIII, da Constituição Federal) e deve figurar como autor da ação, pois é representado por Deputado Federal no Congresso Nacional. É considerado legitimado universal para propor ADI e não se sujeita ao exame da pertinência temática, pois seu papel institucional já o autoriza a promover tal ação em qualquer hipótese, conforme entendimento pacificado no STF: "Partido político. Ação direta. Legitimidade ativa. Inexigibilidade do vínculo de pertinência temática. Os partidos políticos, desde que possuam representação no Congresso Nacional, podem, em sede de controle abstrato, arguir, perante o STF, a inconstitucionalidade de atos normativos federais, estaduais ou distritais, independentemente de seu conteúdo material, eis que não incide sobre as agremiações partidárias a restrição jurisprudencial derivada do vínculo de pertinência temática" (ADI 1.407-MC, rel. min. Celso de Mello, julgamento em 7-3-1996, Plenário, DJ de 24-11- 2000.)

A Assembleia Legislativa do Estado deve ser indicada no polo passivo da ação e o Governador do Estado intimado a prestar informações sobre o processo legislativo.

Os fundamentos da Ação Direta de Inconstitucionalidade devem ser:

A) Desencontro entre o dispositivo da legislação estadual e o Art. 21, XII, "b", da Constituição Federal. A imposição, por meio de ato normativo estadual, da obrigação de remover,

PRÁTICA CONSTITUCIONAL – 8ª EDIÇÃO • PEÇAS PRÁTICO-PROFISSIONAIS **169**

sem custo para o usuário, postes de sustentação da rede elétrica que estejam causando transtornos ou impedimentos a particulares configuraria intervenção indevida do poder estadual em serviço púbico de titularidade da União. Trata-se de campo de distribuição constitucional de competência. É a denominada competência administrativa da União.

B) Vulneração ao Art. 22, IV, da Constituição Federal, pela lei estadual, pois a Carta da República reserva à União a competência privativa para dispor legislativamente sobre energia o que demarca primazia federal sobre o tema a e não abre espaço para a atuação dos Estados e dos Municípios.

C) Afronta ao Art. 175, parágrafo único, inciso III, da Constituição Federal pela lei estadual. A lei estadual ao dispor que a remoção dos postes fica a cargo da concessionária do serviço público, se imiscui na tarefa da União para definir, por meio de lei, a política tarifária a ser observada na exploração deste serviço no que tange aos elementos definidores do equilíbrio econômico-financeiro de contratos de concessão, isto é, na ingerência na política tarifária do serviço público.

O examinando deve formular pedido de concessão de medida cautelar, com amparo no Art. 10, da Lei nº 9.868/99, a fim de suspender a vigência da lei estadual que entende ser inconstitucional. Os pressupostos da medida cautelar devem ser apontados, ou seja, o fumus boni iuris e o periculum in mora. O primeiro demonstrado a partir da violação das normas constitucionais e o segundo porque a lei estadual criou, para as concessionárias de serviço público, uma obrigação de alto custo a ser prestada em hipóteses extremamente vagas para o proveito de interesses individuais. Trata-se, de norma estadual que instituiu verdadeiro direito potestativo, a ser exercido ao alvedrio pessoal de titulares de direito real sobre terrenos, impondo-lhes encargos extraordinários, não previstos nos contratos de concessão celebrados com o poder concedente, e, com isso, alterou a matriz de custos da prestação do serviço e rompeu com os parâmetros estipulados pela agência federal do setor elétrico para a remoção de postes de energia.

No mérito, o examinando deve demonstrar que a Lei estadual fere dispositivos constitucionais, a repartição de competências, ao princípio da razoabilidade/proporcionalidade.

Por derradeiro, o examinando deve formular, expressamente, pedido de concessão de medida cautelar e, ao final, pedido de declaração de inconstitucionalidade.

Devem ser requeridas as oitivas do Advogado Geral da União, a fim de defender o ato normativo estadual e também do Ministério Público.

Distribuição dos pontos

ITEM	PONTUAÇÃO
Endereçamento da Ação Direta de Inconstitucionalidade	
Ministro Presidente do Supremo Tribunal Federal (0,10).	0,00/0,10
Qualificação das partes	
Partido Político com representação no Congresso Nacional (0,10)/Assembleia Legislativa do Estado (0,10)/Governador do Estado (0,10).	0,00/0,10/0,20/0,30

Legitimidade	
Demonstração de que se trata de Partido Político com representação no Congresso Nacional (0,20) a quem não é exigido pertinência temática por ser considerado legitimado universal (0,20).	0,00/0,20/0,40
Cabimento da ADI:	
O objeto da ação é lei estadual cujo parâmetro de controle é a Constituição Federal (0,40)	0,00/0,40
Fundamento da ADI	
1. Desencontro entre o dispositivo da legislação estadual e o Art. 21, XII, "b", da Constituição Federal. A imposição, por meio de ato normativo estadual, da obrigação de remover, sem custo para o usuário, postes de sustentação da rede elétrica que estejam causando transtornos ou impedimentos a particulares configuraria intervenção indevida do poder estadual em serviço púbico de titularidade da União (0,40). É a denominada competência administrativa da União (0,20).	0,00/0,20/0,40/0,60

(**OAB/Exame Unificado 2015.3- 2ª fase**) O Partido Político "Z", que possui apenas três representantes na Câmara dos Deputados, por entender presente a violação de regras da CRFB, o procura para que, na qualidade de advogado especialista em Direito Constitucional, se posicione sobre a possibilidade de ser obtida alguma medida judicial em face da Lei Estadual "Y", de janeiro de 2015, que contém 3 (três) artigos.

De acordo com a exposição de motivos do projeto que culminou na Lei Estadual "Y", o seu objetivo é criar, no âmbito estadual, ambiente propício às discussões políticas de âmbito nacional, e, para alcançar esse objetivo, estabelece, em sua parte dispositiva, novas regras eleitorais, sendo estabelecidas, em seu artigo 1º, regras temporais sobre a criação de partidos políticos; em seu artigo 2º fica retirada a autorização para que partidos políticos com menos de cinco Deputados Federais possam ter acesso gratuito ao rádio e à televisão na circunscrição do Estado; e, por fim, em seu artigo 3º fica estabelecida a vigência imediata da referida legislação. **Elabore a peça adequada, considerando a narrativa acima.** (Valor: 5,00)

GABARITO COMENTADO – ADI

O examinando deverá elaborar uma petição inicial de Ação Direta de Inconstitucionalidade (Lei nº 9868/1999). A petição deve ser direcionada ao Presidente do Supremo Tribunal Federal.

A ação deve ser ajuizada pelo Partido Político "Z", representado pelo presidente de sua Comissão Executiva Nacional.

A legitimidade ativa decorre do fato de o Partido Político "Z" possuir representação no Congresso Nacional.

O examinando deverá argumentar que a Lei Estadual "Y" afronta o disposto no Art. 22, I e IV, da Constituição da República Federativa do Brasil [Art. 22. Compete privativamente à União legislar sobre: I – direito civil, comercial, penal, processual, *eleitoral*, agrário, marítimo,

PRÁTICA CONSTITUCIONAL – 8ª EDIÇÃO • PEÇAS PRÁTICO-PROFISSIONAIS **171**

aeronáutico, espacial e do trabalho (...) IV – águas, energia, informática, *telecomunicações e radiodifusão*; (grifos)].

Em relação à inconstitucionalidade material, o examinando deverá demonstrar a afronta ao princípio da proporcionalidade ou razoabilidade, como também ao Art. 1º, V (*pluralismo político*) e ao Art. 17, *caput* e § 3º, da Constituição da República Federativa do Brasil de 1988 [(Art. 17. É livre a criação, fusão, incorporação e extinção de partidos políticos, resguardados a soberania nacional, o regime democrático, *o pluripartidarismo*, (...) § 3º Os partidos políticos têm direito a recursos do fundo partidário e *acesso gratuito ao rádio e à televisão*, na forma da lei (grifos)].

Deve ser pedida a medida cautelar, de modo a suspender a eficácia da Lei até que seja definitivamente julgada a presente Ação Direta de Inconstitucionalidade. O examinando deve demonstrar que a tutela jurisdicional cautelar se faz necessária, pois estão suficientemente demonstrados os requisitos do *fumus boni iuris*, pela clareza dos vícios de inconstitucionalidade apontados, *e do periculum in mora*, isso em razão do constrangimento decorrente do impedimento ao exercício de atividade lícita e constitucional dos partidos políticos.

Deve ser formulado o pedido de declaração de inconstitucionalidade da Lei Estadual "Y".

Devem ser solicitadas informações ao Governador e à Assembleia Legislativa do Estado, órgãos responsáveis pela edição do ato normativo e ouvidos o Advogado Geral da União e o Procurador Geral da República.

A petição deve ser datada e assinada pelo advogado.

Distribuição dos pontos

ITEM	PONTUAÇÃO
Petição endereçada ao Presidente do Supremo Tribunal Federal (0,10)	0,00 / 0,10
Individualização do autor (0,10) e indicação da ação que é proposta (0,10)	0,00 / 0,10 / 0,20
I – Da Legitimidade Ativa do Autor	
O examinando deverá argumentar que a exigência para a legitimação ativa para a ação estão presentes, ou seja, representação no Congresso Nacional, (0,20) segundo o Art. 103, VIII, da Constituição da República Federativa do Brasil 1988 e do Art. 2º, VIII da Lei nº 9.868 de 1999 (0,10).	0,00 / 0,20 / 0,30
II – Da inconstitucionalidade da Lei Estadual "Y"	
IIA) O examinando deverá argumentar que a Lei Estadual "Y" padece de inconstitucionalidade formal (0,50) por afrontar o Art. 22, I e IV, da Constituição da República Federativa do Brasil (0,10) porque compete privativamente à União legislar, entre outros, sobre: direito *eleitoral* e sobre *telecomunicações e radiodifusão*; (0,60)	0,00 / 0,50 / 0,60 / 1,10 / 1,20

IIB) Em relação à inconstitucionalidade material, o examinando deverá	0,00 / 0,60 / 1,10 /
demonstrar a afronta ao princípio da proporcionalidade ou razoabilidade, (0,60) como também ao *pluripartidarismo* (0,50) (Art. 1°, V, da CFRB) (0,10) e ao direito de *acesso gratuito ao rádio e à televisão*, (0,50) na forma do Art. 17, *caput*, e §	1,20 / 1,60 / 1,70 / 1,80
3° (0,10).	

III – Da Medida Cautelar	
O examinando deverá demonstrar que é incontroverso que a tutela jurisdicional cautelar se faz necessária, pois estão suficientemente demonstrados os requisitos do *fumus boni iuris*, pela clareza dos vícios de inconstitucionalidade apontados (0,20), e do *periculum in mora*, isso em razão do constrangimento ao exercício de atividade lícita e constitucional pelos partidos políticos (0,20).	0,00 / 0,20 / 0,40 / 0,60
O examinando deverá requerer o deferimento da medida, suspendendo a eficácia da Lei até que seja definitivamente julgada a presente Ação Direta de Inconstitucionalidade (0,20).	

IV – Do Pedido	
O examinando deve requerer a declaração de inconstitucionalidade da Lei	0,00 / 0,10 / 0,20 / 0,30 /
Estadual "Y" (0,30), bem como que sejam solicitadas informações ao Governo	
(0,10) e à Assembleia Legislativa do Estado (0,10), e ouvidos o Advogado Geral da	0,40 / 0,50 / 0,60 / 0,70
União (0,10) e o Procurador-Geral da República (0,10),	
Data, assinatura e OAB – (0,10).	0,00 / 0,10

GABARITO COMENTADO – PARECER

O examinando deverá elaborar um parecer com o objetivo de responder à consulta formulada.

O parecer deve possuir uma ementa que contenha as palavras chaves relacionadas à temática abordada. O relatório do parecer deve descrever a consulta formulada e a indicação do respectivo consulente.

Na fundamentação do parecer, o examinando deve sustentar, em primeiro lugar, a inconstitucionalidade da Lei Estadual "Y". Deve argumentar que a Lei Estadual "Y" afronta o disposto no Art. 22, I e IV, da Constituição da República Federativa do Brasil [Art. 22. Compete privativamente à União legislar sobre: I – direito civil, comercial, penal, processual, *eleitoral*, agrário, marítimo, aeronáutico, espacial e do trabalho (...) IV – águas, energia, informática, *telecomunicações e radiodifusão*; (grifos)], logo, padece de inconstitucionalidade formal. Em relação à inconstitucionalidade material, o examinando deverá demonstrar a afronta ao princípio da proporcionalidade ou razoabilidade, como também ao Art. 1°, V (*pluralismo político*) e ao Art. 17, *caput* e § 3°, da Constituição da República Federativa do Brasil de 1988 [(Art. 17. É livre a criação, fusão, incorporação e extinção de partidos políticos,

PRÁTICA CONSTITUCIONAL – 8ª EDIÇÃO • PEÇAS PRÁTICO-PROFISSIONAIS **173**

resguardados a soberania nacional, o regime democrático, *o pluripartidarismo*, (...) § 3º Os partidos políticos têm direito a recursos do fundo partidário e *acesso gratuito ao rádio e à televisão*, na forma da lei (grifos)].

Ainda na fundamentação, o examinando deve posicionar-se sobre o cabimento da ação direta de inconstitucionalidade para a realização do controle concentrado de constitucionalidade da Lei Estadual "Y", que deve ser ajuizada perante o Supremo Tribunal Federal. Deve ser igualmente ressaltada a legitimidade ativa do Partido Político "Z", representado pelo presidente de sua Comissão Executiva Nacional, por possuir representação no Congresso Nacional, tal qual dispõe o Art. 103, VIII, da Constituição da República Federativa do Brasil e o Art. 2º, VIII, da Lei nº 9.868, de 1999.

Por fim, a fundamentação deve expor o cabimento da medida cautelar, de modo a suspender a eficácia da Lei até que seja definitivamente julgada a ação direta de inconstitucionalidade. O examinando deve demonstrar que a tutela jurisdicional cautelar se faz necessária, pois estão suficientemente demonstrados os requisitos do *fumus boni iuris*, pela clareza dos vícios de inconstitucionalidade apontados, *e do periculum in mora*, isso em razão do constrangimento decorrente do impedimento ao exercício de atividade lícita e constitucional dos partidos políticos.

Na conclusão do parecer, o examinando deve sustentar a inconstitucionalidade da Lei Estadual "Y" e a possibilidade de ser ajuizada a ação direta de inconstitucionalidade perante o Supremo Tribunal Federal, inclusive com a formulação do requerimento de media cautelar.

O parecer deve ser datado e assinado pelo advogado, com indicação de sua inscrição na OAB.

Distribuição dos pontos – Parecer

ITEM	PONTUAÇÃO
1. Ementa (Palavras chaves) (0,10).	0,00 / 0,10
2. Relatório: descrição da consulta (0,10) com indicação do consulente (0,10).	0,00 / 0,10/ 0,20
3. Resposta à consulta: (fundamentação)	
3.1 Da inconstitucionalidade da Lei Estadual "Y"	
a. O examinando deverá argumentar que a Lei Estadual "Y" padece de inconstitucionalidade formal (0,60) por afrontar o Art. 22, I e IV, da Constituição da República Federativa do Brasil (0,10) porque compete privativamente à União legislar, entre outros, sobre: direito *eleitoral* e sobre *telecomunicações e radiodifusão*; (0,60)	0,00 / 0,60 / 0,70 /1,20 / 1,30
b. Em relação à inconstitucionalidade material (0,30), o examinando deverá demonstrar a afronta ao princípio da proporcionalidade ou razoabilidade, (0,30) como também ao *pluripartidarismo* (0,60) (Art. 1º, V, da CFRB) (0,10)	0,00 / 0,30 / 0,40/0,60 / 0,70 / 0,90 /1,00 /1,20 /1,30
c. e ao direito de *acesso gratuito ao rádio e à televisão*, (0,60) na forma do Art. 17, *caput*, e § 3º, da CRFB (0,10).	0,00/ 0,60 / 0,70

3.2 Cabimento da ADI (0,50)	0,00/ 0,50
3.3 Competência do Supremo Tribunal Federal (0,10)	0,00 / 0,10
3.4 Da Legitimidade Ativa do Autor – O examinando deverá argumentar que a exigência para a legitimação ativa para a ação estão presentes, ou seja, representação no Congresso Nacional, (0,20) segundo o Art. 103, VIII, da Constituição da República Federativa do Brasil 1988 e do Art. 2º, VIII da Lei nº 9.868 de 1999 (0,10).	0,00 / 0,20 / 0,30
3.5. Do cabimento da Medida Cautelar – O examinando deverá demonstrar que a tutela jurisdicional cautelar se faz necessária, pois estão suficientemente demonstrados os requisitos do *fumus boni iuris,* pela clareza dos vícios de inconstitucionalidade apontados (0,10), *e do periculum in mora,* isso em razão do constrangimento ao exercício de atividade lícita e constitucional pelos partidos políticos (0,10).	0,00 / 0,10/ 0,20
4. Conclusão – inconstitucionalidade da Lei Estadual "Y" e possibilidade do ajuizamento da ADI perante o STF, inclusive com media cautelar (0,20)	0,00 / 0,20
5. Data, assinatura e OAB – (0,10).	0,00 / 0,10

3.9. Ação Declaratória de Constitucionalidade – ADC

3.9.1. Objetivo

Transformar a presunção relativa de constitucionalidade das normas em absoluta. Foi introduzida pela EC 3/93.

3.9.2. Fundamentos

Art. 102, I, "a", da CF e Lei nº 9.868/99. Apresentar as razões que demonstram a evidência da constitucionalidade da norma, objeto de controvérsia. Atenção! Apenas normas FEDERAIS podem ser objeto de ADC (pós constitucionais e emendas)

3.9.3. Competência: STF (originária)

Art. 102, I, "a", da CF. Sendo assim, o endereçamento ficará: EXCELENTÍSSIMO SENHOR MINISTRO PRESIDENTE DO SUPREMO TRIBUNAL FEDERAL

3.9.4. Legitimidade

Ativa: art. 103 da CF (vide ADI, desde a EC 45/04 os legitimados são os mesmos).
Passiva: não há.

PRÁTICA CONSTITUCIONAL – 8ª EDIÇÃO • PEÇAS PRÁTICO-PROFISSIONAIS | **175**

3.9.5. Requisito

Comprovação da existência de **controvérsia judicial relevante** sobre a aplicação da disposição objeto da ação declaratória, conforme determina o art. 14, III, da Lei 9.868/99 (deve ser demonstrado esse requisito em um tópico específico dentro da peça).

3.9.6. Regras importantes previstas na Lei 9.868/99

Art. 14. A petição inicial indicará:

I – o dispositivo da lei ou do ato normativo questionado e os fundamentos jurídicos do pedido;

II – o pedido, com suas especificações;

III – a **existência de controvérsia judicial relevante** sobre a aplicação da disposição objeto da ação declaratória.

Parágrafo único. A petição inicial, acompanhada de instrumento de procuração, quando subscrita por advogado, será apresentada em duas vias, devendo conter cópias do ato normativo questionado e dos documentos necessários para comprovar a procedência do pedido de declaração de constitucionalidade.

Art. 15. A **petição inicial inepta, não fundamentada e a manifestamente improcedente** serão liminarmente indeferidas pelo relator.

Parágrafo único. Cabe **agravo** da decisão que indeferir a petição inicial.

Art. 16. Proposta a ação declaratória, **não se admitirá desistência**.

Art. 18. **Não se admitirá intervenção de terceiros** no processo de ação declaratória de constitucionalidade.

Art. 20, § 1º Em caso de necessidade de **esclarecimento de matéria ou circunstância de fato** ou de notória insuficiência das informações existentes nos autos, poderá o relator requisitar informações adicionais, designar perito ou comissão de peritos para que emita parecer sobre a questão ou fixar data para, em audiência pública, ouvir depoimentos de pessoas com experiência e autoridade na matéria.

Art. 20, § 2º O relator poderá solicitar, ainda, **informações aos Tribunais Superiores, aos Tribunais federais e aos Tribunais estaduais** acerca da aplicação da norma questionada no âmbito de sua jurisdição.

§ 3º As informações, perícias e audiências a que se referem os parágrafos anteriores serão realizadas no prazo de **trinta dias**, contado da solicitação do relator.

3.9.7. Medida cautelar em ADC

Sempre que houver medida cautelar, ela deverá ser tratada em um item específico sendo demonstrado os seus requisitos.

Art. 21 da Lei 9.868/99. O Supremo Tribunal Federal, por decisão da maioria absoluta de seus membros, poderá deferir pedido de medida cautelar na ação declaratória de constitucionalidade, **consistente na determinação de que os juízes e os Tribunais suspendam o julgamento dos processos que envolvam a aplicação da lei ou do ato normativo objeto da ação até seu julgamento definitivo.**

ADOLFO NISHIYAMA • BRUNA VIEIRA • TERESA MELO

Art. 21, parágrafo único, da Lei 9.868/99. Concedida a medida cautelar, o Supremo Tribunal Federal fará publicar em seção especial do Diário Oficial da União a parte dispositiva da decisão, no prazo de dez dias, **devendo o Tribunal proceder ao julgamento da ação no prazo de cento e oitenta dias, sob pena de perda de sua eficácia.**

3.9.8. Requerimentos/pedidos

✓ Que seja concedida a medida cautelar, de acordo com o art. 21 da Lei 9.868/99, para que sejam suspensos os processos que girem em torno da aplicação da lei ou do ato normativo federal objeto da presente ação;

✓ Que seja ouvido o Procurador-Geral da República, dentro de quinze dias, conforme determina o art. 19 da Lei 9.868/99;

✓ Que o seja julgada procedente a ação, declarando a constitucionalidade da norma e a consequente publicação da parte dispositiva do acórdão na seção especial do Diário da Justiça e do Diário Oficial da União, conforme determina o art. 28 da Lei 9.868/99.

3.9.9. Decisão

Art. 22. A decisão sobre a constitucionalidade ou a inconstitucionalidade da lei ou do ato normativo somente será tomada se **presentes** na sessão **pelo menos oito Ministros.**

Art. 23. Efetuado o julgamento, **proclamar-se-á a constitucionalidade** ou a inconstitucionalidade da disposição ou da norma impugnada se num ou noutro sentido se tiverem manifestado **pelo menos seis Ministros,** quer se trate de ação direta de inconstitucionalidade ou de ação declaratória de constitucionalidade.

Parágrafo único. Se não for alcançada a maioria necessária à declaração de constitucionalidade ou de inconstitucionalidade, estando ausentes Ministros em número que possa influir no julgamento, este será suspenso a fim de aguardar-se o comparecimento dos Ministros ausentes, até que se atinja o número necessário para prolação da decisão num ou noutro sentido.

Art. 26. A **decisão** que declara a constitucionalidade ou a inconstitucionalidade da lei ou do ato normativo em ação direta ou em ação declaratória é **irrecorrível, ressalvada a interposição de embargos declaratórios, não** podendo, igualmente, ser objeto de ação **rescisória.**

Art. 25. Julgada a ação, far-se-á a comunicação à autoridade ou ao órgão responsável pela expedição do ato.

3.9.10. Efeito dúplice ou caráter ambivalente

Art. 24. Proclamada a constitucionalidade, julgar-se-á improcedente a ação direta ou procedente eventual ação declaratória; e, proclamada a inconstitucionalidade, julgar-se-á procedente a ação direta ou improcedente eventual ação declaratória.

3.9.11. Possiblidade de modulação dos efeitos

Art. 27. Ao declarar a inconstitucionalidade de lei ou ato normativo, e tendo em vista razões de segurança jurídica ou de excepcional interesse social, poderá o Supremo Tribunal Federal, por

PRÁTICA CONSTITUCIONAL – 8ª EDIÇÃO • PEÇAS PRÁTICO-PROFISSIONAIS **177**

maioria de dois terços de seus membros, restringir os efeitos daquela declaração ou decidir que ela só tenha eficácia a partir de seu trânsito em julgado ou de outro momento que venha a ser fixado

3.9.12. Técnicas de interpretação e efeitos

Art. 28. Dentro do prazo de dez dias após o trânsito em julgado da decisão, o Supremo Tribunal Federal fará publicar em seção especial do Diário da Justiça e do Diário Oficial da União a parte dispositiva do acórdão.

Parágrafo único. A declaração de constitucionalidade ou de inconstitucionalidade, inclusive a **interpretação conforme a Constituição e a declaração parcial de inconstitucionalidade sem redução de texto, têm eficácia contra todos e efeito vinculante em relação aos órgãos do Poder Judiciário e à Administração Pública federal, estadual e municipal (efeitos).**

3.9.13. Caso prático

(OAB/2ª FASE – XXXIII) Em um cenário de grave crise econômica, com franco decréscimo da atividade produtiva, foi aprovada a Lei Federal nº XX/2018, cujo objetivo era estimular a produção de gêneros agrícolas, especialmente em regiões de baixa renda, assoladas por secas frequentes.

Para alcançar esse objetivo, o Art. 1º dispôs que as atividades produtivas desenvolvidas por pequenos e médios proprietários rurais, nas regiões em desenvolvimento que preenchessem os referidos requisitos, seriam destinatárias de cooperação da União, de modo que, em suas glebas, fossem estabelecidas fontes de pequena irrigação. O Art. 2º acresceu que a União deveria adotar as medidas administrativas necessárias para que os rios existentes nessas regiões tivessem o seu aproveitamento econômico e social priorizado. Por fim, o Art. 3º dispôs que a implementação dos projetos referidos no Art. 2º, pela sua amplitude, deveria ser antecedida dos estudos prévios de impacto ambiental.

A Lei Federal nº XX/2018, embora tenha sido intensamente comemorada pelas comunidades que seriam beneficiadas pelos seus comandos, foi severamente criticada por diversos grupos econômicos. Argumentou-se, em detrimento desse diploma normativo, que ele afrontava (i) a livre iniciativa, pois aumentaria a capacidade de produção dos pequenos e médios proprietários rurais, prejudicando a custosa manutenção das grandes propriedades produtivas; e, principalmente, (ii) a isonomia, já que todos os proprietários rurais deveriam receber os mesmos incentivos, e (iii) a desnecessidade dos estudos prévios de impacto ambiental, que somente deveriam ser exigidos se houvesse notícia de dano ao meio ambiente.

Esses argumentos terminaram por ser acolhidos pelos órgãos federais competentes, que simplesmente não estavam aplicando os recursos disponíveis, em conformidade com os prazos fixados. Os interessados, por sua vez, não estavam logrando êxito em reverter esse entendimento perante o Poder Judiciário, sendo inúmeras as decisões de indeferimento dos pleitos formulados, havendo, inclusive, uma ação civil pública promovida por associação vinculada aos grandes produtores rurais, na qual veio a ser proferido provimento cautelar vedando a implementação dos comandos legais. A situação ainda se tornava mais dramática porque, nos próximos anos, a seca nas regiões beneficiadas pela Lei Federal nº XX/2018 será a mais severa das últimas décadas, inviabilizando por completo qualquer atividade produtiva caso os seus comandos não sejam implementados.

À luz desse quadro, a Mesa do Senado Federal solicitou a um(a) advogado(a), que também assinaria a petição inicial, a identificação do instrumento adequado para a deflagração do controle concentrado de constitucionalidade, de modo que fossem superados os obstáculos opostos à aplicação da Lei Federal nº XX/2018.

Elabore a petição inicial da medida judicial cabível. (Valor: 5,00)

Obs.: a peça deve abranger todos os fundamentos de Direito que possam ser utilizados para dar respaldo à pretensão. A simples menção ou transcrição do dispositivo legal não confere pontuação.

GABARITO COMENTADO

A peça adequada é a *petição inicial de ação declaratória de constitucionalidade*. A petição deve ser endereçada ao Ministro Presidente do Supremo Tribunal Federal, órgão jurisdicional competente para processar e julgar a referida ação, conforme o Art. 102, inciso I, alínea *a*, da CRFB/88.

A ação deve ser proposta pela Mesa do Senado Federal. A legitimidade da Mesa do Senado Federal decorre do disposto no Art. 13, inciso III, da Lei nº 9.868/99 **ou** Art.103, inciso II, da CRFB/88.

Devem ser indicados, na petição inicial, os artigos 1º, 2º e 3º da Lei nº XX/2018, dispositivos cuja constitucionalidade tem sido questionada.

Deve ser justificado o cabimento da ADC, isso em razão da controvérsia judicial relevante, presente nas diversas decisões que negaram aplicação aos artigos 1º a 3º da Lei nº XX/2018, ato normativo federal.

O examinando deve informar e demonstrar, justificadamente, as normas da CRFB/88 que embasam a constitucionalidade dos artigos 1º a 3º da Lei nº XX/2018, a seguir.

(i) A União deve priorizar o aproveitamento econômico e social dos rios nas regiões de baixa renda e cooperar com os pequenos e médios proprietários rurais, nas regiões de baixa renda, sujeitas a secas periódicas, para o estabelecimento, em suas glebas, de fontes de pequena irrigação, nos termos do Art. 43, § 2º, inciso IV **e/ou** art. 43 § 3º, ambos da CRFB/88;

(ii) Devem ser exigidos, na forma da lei, os estudos prévios de impacto ambiental para a atividade potencialmente causadora de significativa degradação do meio ambiente, nos termos do Art. 225, § 1º, inciso IV;

(iii) A livre iniciativa coexiste com a necessidade de serem reduzidas as desigualdades regionais e sociais, conforme dispõe o Art. 170, inciso VII;

(iv) A isonomia exige que seja dispensado tratamento diferenciado àqueles que se encontrem em situação de vulnerabilidade, sendo essa a essência das ações afirmativas e políticas públicas sociais, que encontram amparo na concepção de igualdade do Art. 5º, *caput*.

Além dos fundamentos de mérito, também deve ser indicado o embasamento da medida cautelar a ser pleiteada, já que, além da patente constitucionalidade da Lei nº XX/2018, há risco na demora, pois, nos próximos anos, a seca nas regiões beneficiadas pela Lei Federal

PRÁTICA CONSTITUCIONAL – 8ª EDIÇÃO • PEÇAS PRÁTICO-PROFISSIONAIS | **179**

nº XX/2018 será a mais severa das últimas décadas, inviabilizando por completo qualquer atividade produtiva caso os seus comandos não sejam implementados.

Deve ser formulado pedido de medida cautelar, com fundamento no Art. 21 da Lei 9.868/99, com o objetivo específico de determinar a observância dos artigos 1º a 3º da Lei nº XX/2018 pelas instâncias administrativas, suspendendo-se os processos judiciais em curso até o julgamento do mérito.

O pedido principal deve ser a declaração de constitucionalidade dos artigos 1º a 3º da Lei nº XX/2018.

A petição inicial deve ser instruída com cópias do ato normativo impugnado e dos documentos que comprovem a prolação de decisões judiciais contrárias à constitucionalidade dos artigos 1º a 3º da Lei nº XX/2018.

Por fim, deve haver o fechamento da petição, que será firmada pela Mesa do Senado Federal e pelo advogado.

Distribuição dos Pontos

ITEM	PONTUAÇÃO
Endereçamento	
1. Ministro Presidente do Supremo Tribunal Federal (0,10).	0,00/0,10
2. Autor: a ação deve ser proposta pela Mesa do Senado Federal. (0,10).	0,00/0,10
3. Legitimidade ativa: decorre do disposto no Art. 13, inciso III, da Lei nº 9.868/99 ou no Art. 103, inciso II, da CRFB/88 (0,20).	0,00/0,20
4. Devem ser indicados, na petição inicial, os artigos 1º, 2º e 3º da Lei nº XX/2018, dispositivos cuja constitucionalidade tem sido questionada. (0,20).	0,00/0,20
5. Cabimento da ADC: Medida prevista no Art. 102, inciso I, alínea *a*, da CRFB (0,10), em razão da controvérsia judicial relevante (0,10), presente nas diversas decisões que negaram aplicação aos artigos 1º, 2º e 3º da Lei nº XX/2018, ato normativo federal (0,10), o que atende ao requisito do Art. 14, inciso III, da Lei nº 9.868/99 (0,10).	0,00/0,10/0,20/ 0,30/0,40
Fundamentos de mérito	
6. A União deve priorizar o aproveitamento econômico e social dos rios nas regiões de baixa renda e cooperar com os pequenos e médios proprietários rurais, nas regiões de baixa renda, sujeitas a secas periódicas, para o estabelecimento, em suas glebas, de fontes de pequena irrigação (0,40), nos termos do Art. 43, § 2º, inciso IV **e/ou** art. 43 § 3º, ambos da CRFB/88 (0,10).	0,00/0,40/0,50
7. Devem ser exigidos, na forma da lei, os estudos prévios de impacto ambiental para a atividade potencialmente causadora de significativa degradação do meio ambiente (0,40), nos termos do Art. 225, § 1º, inciso IV, da CRFB/88 (0,10).	0,00/0,40/0,50

8. A livre iniciativa coexiste com a necessidade de serem reduzidas as desigualdades regionais e sociais **ou** necessidade de promoção da justiça social (0,40), conforme dispõe o Art. 3º, inciso III **ou** Art. 170, *caput* **e/ou** incisos, ambos da CRFB/88 (0,10).	0,00/0,40/0,50
9. A isonomia exige que seja dispensado tratamento diferenciado àqueles que se encontrem em situação de vulnerabilidade (0,40), sendo essa a essência das ações afirmativas ou de políticas públicas sociais (0,20), que encontram amparo na concepção de igualdade do Art.3º, inciso IV **ou** Art. 5º, *caput,* ambos da CRFB/88 (0,10).	0,00/0,20/0,30/0,40/0,50/0,60/0,70
Fundamentos da cautelar	
10. A patente constitucionalidade demonstrada nos fundamentos de mérito (0,20).	0,00/0,20
11. O risco na demora (0,20), pois, nos próximos anos, a seca nas regiões beneficiadas pela Lei Federal nº XX/2018 será a mais severa das últimas décadas, inviabilizando por completo qualquer atividade produtiva caso os seus comandos não sejam implementados (0,10).	0,00/0,20/0,30
Pedidos	
12. Pedido cautelar (0,10), com o objetivo específico de determinar a observância dos artigos 1º a 3º da Lei nº XX/2018 pelas instâncias administrativas (0,20), suspendendo-se os processos judiciais em curso até o julgamento do mérito (0,20), com fundamento no Art. 21 da Lei 9868/99 (0,10).	0,00/0,10/0,20/0,30/0,40/0,50/0,60
13. Pedido principal, visando à declaração de constitucionalidade dos artigos 1º a 3º da Lei nº XX/2018 (0,40).	0,00/0,40
14. A petição inicial deve ser instruída com cópias do ato normativo impugnado (0,10) e dos documentos que comprovem a prolação de decisões judiciais contrárias à constitucionalidade dos artigos 1º a 3º da Lei nº XX/2018 (0,10).	0,00/0,10/0,20
Fechamento	
15. Data, Mesa do Senado Federal e advogado (0,10).	0,00/0,10

3.10. Arguição de Descumprimento de Preceito Fundamental – ADPF

3.10.1. Objetivo

Evitar ou reparar lesão a preceito fundamental resultante de ato do poder público ou quando for relevante a controvérsia constitucional sobre lei ou ato normativo federal, estadual, distrital ou municipal, incluídos os anteriores à Constituição.

3.10.2. Fundamentos

Art. 102, § 1º, da CF e Lei nº 9.882/99.

3.10.3. Competência: STF (originária)

Art. 102, § 1º, da CF. Sendo assim, o endereçamento ficará: EXCELENTÍSSIMO SENHOR MINISTRO PRESIDENTE DO SUPREMO TRIBUNAL FEDERAL

3.10.4 Legitimidade

Ativa: art. 2º, I, da Lei 9.882/99 e art. 103 da CF

Passiva: das entidades, autoridades ou órgãos que lesaram (ou podem vir a lesar) preceito fundamental, por meio de ato do Poder Público ou dos responsáveis pela edição de leis ou atos normativos que têm gerado controvérsia constitucional.

3.10.5. Cabimento

Art. 1º da Lei 9882/99 – A arguição prevista no § 1º do art. 102 da Constituição Federal será proposta perante o Supremo Tribunal Federal, e terá por objeto **evitar ou reparar lesão a preceito fundamental, resultante de ato do Poder Público.** (arguição autônoma)

Parágrafo único. Caberá também arguição de descumprimento de preceito fundamental:

I – quando for **relevante o fundamento da controvérsia constitucional** sobre lei ou ato **normativo federal, estadual ou municipal, incluídos os anteriores à Constituição.** (arguição incidental)

Portanto, a ADPF:

Cabível para evitar ou reparar lesão a preceito fundamental resultante de ato do poder público ou quando for relevante a controvérsia constitucional sobre lei ou ato normativo federal, estadual, distrital ou municipal, incluídos os anteriores à Constituição.

3.10.6. Preceito Fundamental

Não há conceito legal, o STF ao conhecer das ADPFs vai delimitando os assuntos considerados preceitos fundamentais, por exemplo, os direitos e garantias fundamentais, o sistema constitucional tributário etc. São preceitos fundamentais extraídos da CF/88.

3.10.7. Regras importantes previstas na Lei 9.882/99

Art. 1º A arguição prevista no § 1º do art. 102 da Constituição Federal será proposta perante o Supremo Tribunal Federal, e terá por objeto evitar ou reparar lesão a preceito fundamental, resultante de ato do Poder Público. (**não precisa comprovar a controvérsia**)

Parágrafo único. Caberá também arguição de descumprimento de preceito fundamental: I – quando for relevante o fundamento da controvérsia constitucional sobre lei ou ato normativo federal, estadual ou municipal, incluídos os anteriores à Constituição. (**precisa comprovar a controvérsia**)

Art. Art. 2º Podem propor arguição de descumprimento de preceito fundamental:

I – os legitimados para a ação direta de inconstitucionalidade;

§ 1º Na hipótese do inciso II, faculta-se ao interessado, mediante representação, solicitar a propositura de arguição de descumprimento de preceito fundamental ao Procurador-Geral da

República, que, examinando os fundamentos jurídicos do pedido, decidirá do cabimento do seu ingresso em juízo.

Art. 3º A petição inicial deverá conter:

I – a indicação do **preceito fundamental** que se considera **violado;**

II – a indicação do ato questionado;

III – a prova da violação do preceito fundamental;

IV – o pedido, com suas especificações;

V – **se for o caso, a comprovação da existência de controvérsia judicial relevante** sobre a aplicação do preceito fundamental que se considera violado.

Parágrafo único. A petição inicial, acompanhada de instrumento de mandato, se for o caso, será apresentada em duas vias, devendo conter cópias do ato questionado e dos documentos necessários para comprovar a impugnação.

Art. 4º A petição inicial será indeferida liminarmente, pelo relator, quando não for o caso de arguição de descumprimento de preceito fundamental, faltar algum dos requisitos prescritos nesta Lei ou for inepta.

§ 2º Da decisão **de indeferimento da petição inicial caberá agravo**, no prazo de cinco dias.

3.10.8. Caráter subsidiário (destacar!)

Art. 4º, § 1º, da Lei 9882/99 – **Não será admitida** arguição de descumprimento de preceito fundamental **quando houver qualquer outro meio eficaz de sanar a lesividade.**

3.10.9. Medida liminar em ADPF

Art. 5º da Lei 9882/99 – O Supremo Tribunal Federal, por decisão da maioria absoluta de seus membros, poderá deferir pedido de **medida liminar** na arguição de descumprimento de preceito fundamental.

§ 1º Em caso de **extrema urgência ou perigo de lesão grave**, ou ainda, em período de **recesso,** poderá o relator conceder a liminar, *ad referendum* do Tribunal Pleno.

§ 2º O relator poderá ouvir os órgãos ou autoridades responsáveis pelo ato questionado, bem como o Advogado-Geral da União ou o Procurador-Geral da República, no prazo comum de cinco dias.

§ 3º A liminar poderá **consistir na determinação de que juízes e tribunais suspendam o andamento de processo ou os efeitos de decisões judiciais, ou de qualquer outra medida que apresente relação com a matéria objeto da arguição** de descumprimento de preceito fundamental, salvo se decorrentes da coisa julgada.

3.10.10. Procedimento

Art. 6º da lei 9882/99 – Apreciado o pedido de liminar, o relator solicitará as informações às autoridades responsáveis pela prática do ato questionado, no prazo de dez dias.

PRÁTICA CONSTITUCIONAL – 8ª EDIÇÃO • PEÇAS PRÁTICO-PROFISSIONAIS **183**

§ 1º Se entender necessário, **poderá o relator ouvir as partes nos processos que ensejaram a arguição**, requisitar informações adicionais, designar perito ou comissão de peritos para que emita parecer sobre a questão, ou ainda, fixar data para declarações, em **audiência pública, de pessoas com experiência e autoridade na matéria.**

§ 2º Poderão ser autorizadas, a critério do relator, **sustentação oral e juntada de memoriais**, por requerimento dos interessados no processo.

Art. 7º da Lei 9882/99 – Decorrido o prazo das informações, o relator lançará o relatório, com cópia a todos os ministros, e pedirá dia para julgamento.

Parágrafo único. O Ministério Público, **nas arguições que não houver formulado, terá vista do processo,** por cinco dias, após o decurso do prazo para informações.

Art. 8º da Lei 9882/99 – A decisão sobre a arguição de descumprimento de preceito fundamental somente será tomada se **presentes** na **sessão pelo menos dois terços dos Ministros.**

Art. 10 da Lei 9882/99 – Julgada a ação, far-se-á comunicação às autoridades ou órgãos responsáveis pela prática dos atos questionados, **fixando-se as condições e o modo de interpretação e aplicação do preceito fundamental.**

Art. 10, § 1º O presidente do Tribunal d**eterminará <u>o imediato</u> cumprimento da decisão,** lavrando-se o acórdão posteriormente.

Art. 10, § 2º Dentro do prazo de dez dias contado a partir do trânsito em julgado da decisão, sua parte dispositiva será publicada em seção especial do Diário da Justiça e do Diário Oficial da União.

3.10.11. Efeitos

Art. 10, § 3º, da Lei 9882/99 – A decisão terá **eficácia contra todos e efeito vinculante relativamente aos demais órgãos <u>do Poder Público</u>.**

3.10.12. Modulação dos efeitos

Art. 11. da Lei 9882/99 – Ao declarar a inconstitucionalidade de lei ou ato normativo, no processo de arguição de descumprimento de preceito fundamental, e tendo em vista **razões de segurança jurídica ou de excepcional interesse social**, poderá o Supremo Tribunal Federal, **por maioria de dois terços** de seus membros, **restringir os efeitos daquela declaração ou decidir que ela só tenha eficácia a partir de seu trânsito em julgado ou de outro momento que venha a ser fixado.**

3.10.13. Decisão

Art. 12. A decisão que julgar procedente ou improcedente o pedido em arguição de descumprimento de preceito fundamental é **irrecorrível, não** podendo ser objeto de **ação rescisória.**

Art. 13. **Caberá reclamação contra o descumprimento da decisão** proferida pelo Supremo Tribunal Federal, na forma do seu Regimento Interno.

3.10.14. Caso prático

(OAB/ Exame Unificado- 2016.3- 2ª fase) O Prefeito do Município Alfa, preocupado com a adequada conduta no seu mandato, procura o presidente nacional do seu partido político Beta, o qual possui representação no Congresso Nacional, e informa que a Lei Orgânica do Município Alfa, publicada em 30 de maio de 1985, estabelece, no seu Art. 11, diversas condutas como crime de responsabilidade do Prefeito, entre elas o não atendimento, ainda que justificado, a pedido de informações da Câmara Municipal, inclusive com previsão de afastamento imediato do Prefeito a partir da abertura do processo político.

Informou, também, que a mesma Lei Orgânica, em seu Art. 12, contém previsão que define a competência de processamento e julgamento do Prefeito pelo cometimento de crimes comuns perante Justiça Estadual de primeira instância.

Por fim, informou que, em razão de disputa política local, houve recente representação oferecida por Vereadores da oposição com o objetivo de instaurar processo de apuração de crime de responsabilidade com fundamento no referido Art. 11 da Lei Orgânica, a qual poderá ser analisada a qualquer momento.

O partido político, após o devido trâmite interno estabelecido no seu estatuto, conclui que a norma municipal está em dissonância com a CRFB/88 e decide adotar providência judicial em relação ao tema.

Considerando a situação narrada, na condição de advogado(a) do partido político Beta, utilizando-se do instrumento constitucional adequado, elabore a medida judicial de controle objetivo cabível. (Valor: 5,00)

Obs.: o examinando deve fundamentar suas respostas. A mera citação do dispositivo legal não confere pontuação.

GABARITO COMENTADO

A peça adequada nesta situação é a *petição inicial de Arguição de Descumprimento de Preceito Fundamental.*

A petição deve ser endereçada ao Supremo Tribunal Federal, órgão judicial competente para processar e julgar a referida ação, conforme o Art. 102, § 1º, da CRFB/88 c/c o Art. 1º da Lei nº 9.882/99.

O examinando deve indicar a legitimidade do partido político, que possui representação no Congresso Nacional, na forma do Art. 2º, inciso I, da Lei nº 9.882/99 c/c o Art. 103 da CRFB/88.

O examinando deve justificar o cabimento da ADPF como única ação de controle concentrado de constitucionalidade cabível contra norma municipal e anterior à CRFB/88, na forma do Art. 1º, parágrafo único, inciso I, e do Art. 4º, § 1º, ambos da Lei nº 9.882/99.

O examinando deve indicar o ato municipal impugnado (Art. 11 e Art. 12 da Lei Orgânica do Município Alfa).

O examinando deve indicar e demonstrar justificadamente os preceitos fundamentais da CRFB/88 violados, quais sejam:

PRÁTICA CONSTITUCIONAL – 8ª EDIÇÃO • PEÇAS PRÁTICO-PROFISSIONAIS **185**

I) o Art. 2º (violação ao princípio da separação de poderes);

II) o Art. 22, inciso I, (violação à competência legislativa exclusiva da União); e

III) o Art. 29, *caput* e inciso X (que dispõem sobre os municípios e sobre as respectivas leis orgânicas, as quais devem observar os preceitos da Constituição da República, especialmente garantindo aos Prefeitos a prerrogativa de foro perante o Tribunal de Justiça em crimes comuns).

Deve, ainda, mencionar o examinando a existência da Súmula Vinculante 46 do STF: "*A definição dos crimes de responsabilidade e o estabelecimento das respectivas normas de processo e julgamento são de competência legislativa privativa da União*".

Deve ser elaborado pedido liminar com fundamento no Art. 5º, § 3º, da Lei 9.882/99, com o objetivo específico de sustar a eficácia do Art. 11 e, por consequência, suspender o trâmite da representação por crime de responsabilidade oferecida em desfavor do Prefeito.

Como pedido final, a peça deve requerer o julgamento pela procedência da arguição para declarar a incompatibilidade com a Constituição da República dos Artigos 11 e 12 da Lei Orgânica, de 30 de maio de 1985, do Município Alfa.

3.11. Ação Direta de Inconstitucionalidade por Omissão – ADO

3.11.1. Objetivo

Visa combater a mora inconstitucional (a omissão inconstitucional, advinda da não regulamentação de normas constitucionais).

3.11.2. Cabimento

Contra a omissão total ou parcial de qualquer dos Poderes da República, ou mesmo de órgão administrativo, em formular medida para tornar efetiva norma constitucional (tutela o próprio ordenamento constitucional, e não interesses e direitos subjetivos).

3.11.3. Fundamentos

Art. 103, § 2º, da CF e Lei nº 9.868/99 – Capítulo II-A (introduzido pela Lei 12.063/09)

3.11.4. Competência

STF (originária) – art. 103, § 2º, da CF. Sendo assim, o endereçamento ficará: EXCELENTÍSSIMO SENHOR MINISTRO PRESIDENTE DO SUPREMO TRIBUNAL FEDERAL

3.11.5. Legitimidade

Ativa: art. 103 da CF (universais e especiais – item para tratar da pertinência temática) e Art. 12-A da Lei 9868/99

Passiva: das entidades, autoridades ou órgãos responsáveis pela elaboração da medida que tornará efetiva a CF

3.11.6. Ausência de regulamentação

Total ou parcial. De acordo com o art. 12-B, I, da Lei, a omissão inconstitucional total ou parcial quanto ao cumprimento de dever constitucional de legislar ou quanto à adoção de providência de índole administrativa é requisito da PI. Omissão parcial – fungibilidade – STF – ADI e ADO

3.11.7. Inicial

Art. 12-B da Lei 9868/99. A petição indicará:

I – a omissão inconstitucional total ou parcial quanto ao cumprimento de dever constitucional de legislar ou quanto à adoção de providência de índole administrativa;

II – o pedido, com suas especificações.

Parágrafo único. A petição inicial, acompanhada de instrumento de procuração, se for o caso, será apresentada em 2 (duas) vias, devendo conter cópias dos documentos necessários para comprovar a alegação de omissão.

Art. 12-C da Lei 9868/99. A petição inicial inepta, não fundamentada, e a manifestamente improcedente serão liminarmente indeferidas pelo relator.

Parágrafo único. Cabe agravo da decisão que indeferir a petição inicial.

Art. 12-D da Lei 9868/99. Proposta a ação direta de inconstitucionalidade por omissão, **não se admitirá desistência**.

3.11.8. Procedimento

Art. 12-E. da Lei 9868/99. Aplicam-se ao **procedimento** da ação direta de inconstitucionalidade por omissão, **no que couber,** as disposições constantes da Seção I do Capítulo II desta Lei – ADI genérica.

§ 1º Os **demais titulares** referidos no art. 2º desta Lei **poderão manifestar-se, por escrito, sobre o objeto da ação e pedir a juntada de documentos reputados úteis para o exame da matéria**, no prazo das informações, bem como apresentar memoriais.

§ 2º O relator poderá solicitar a **manifestação do Advogado-Geral da União**, que deverá ser encaminhada no prazo de **15 (quinze) dias**.

§ 3º O **Procurador-Geral da República**, nas ações em que não for autor, terá vista do processo, por **15 (quinze) dias, após o decurso do prazo para informações**.

3.11.9. Medida Cautelar em Ação Direta de Inconstitucionalidade por Omissão

Art. 12-F da Lei 9868/99. Em caso de excepcional urgência e relevância da matéria, o Tribunal, por decisão da maioria absoluta de seus membros, observado o disposto no art. 22, poderá conceder medida cautelar, após a audiência dos órgãos ou autoridades responsáveis pela omissão inconstitucional, que deverão pronunciar-se no prazo de 5 (cinco) dias. (Incluído pela Lei nº 12.063, de 2009).

§ 1º A medida cautelar poderá consistir na suspensão da aplicação da lei ou do ato normativo questionado, no caso de omissão parcial, bem como na suspensão de processos judiciais ou de procedimentos administrativos, ou ainda em outra providência a ser fixada pelo Tribunal.

§ 3º No julgamento do pedido de medida cautelar, será facultada sustentação oral aos representantes judiciais do requerente e das autoridades ou órgãos responsáveis pela omissão inconstitucional, na forma estabelecida no Regimento do Tribunal.

PRÁTICA CONSTITUCIONAL – 8ª EDIÇÃO • PEÇAS PRÁTICO-PROFISSIONAIS **187**

3.11.10. Informações

Art.12-G da Lei 9868/99. Concedida a medida cautelar, o Supremo Tribunal Federal fará publicar, em seção especial do Diário Oficial da União e do Diário da Justiça da União, a parte dispositiva da decisão no prazo de 10 (dez) dias, devendo **solicitar as informações à autoridade ou ao órgão responsável pela omissão inconstitucional**, observando-se, no que couber, o procedimento estabelecido na Seção I do Capítulo II desta Lei.

3.11.11. Decisão na Ação Direta de Inconstitucionalidade por Omissão

Art. 12-H. da Lei 9868/99. Declarada a inconstitucionalidade por omissão, com observância do disposto no art. 22, será dada **ciência ao Poder competente para a adoção das providências necessárias.**

§ 1º Em caso de omissão **imputável a órgão administrativo**, as providências deverão ser adotadas **no prazo de 30 (trinta) dias, ou em prazo razoável** a ser estipulado excepcionalmente pelo Tribunal, tendo em vista as circunstâncias específicas do caso e o interesse público envolvido.

§ 2º Aplica-se à decisão da ação direta de inconstitucionalidade por omissão, no que couber, o disposto no Capítulo IV desta Lei.

3.11.12. Caso prático

(OAB/ Exame Unificado – 2016.2- 2ª fase) Determinado partido político, que possui dois deputados federais e dois senadores em seus quadros, preocupado com a efetiva regulamentação das normas constitucionais, com a morosidade do Congresso Nacional e com a adequada proteção à saúde do trabalhador, pretende ajuizar, em nome do partido, a medida judicial objetiva apropriada, visando à regulamentação do Art. 7º, inciso XXIII, da Constituição da República Federativa do Brasil de 1988.

O partido informa, por fim, que não se pode compactuar com desrespeito à Constituição da República por mais de 28 anos.

Considerando a narrativa acima descrita, elabore a peça processual judicial objetiva adequada. **(Valor: 5,00)**

Obs.: o examinando deve fundamentar suas respostas. A mera citação do dispositivo legal não confere pontuação.

GABARITO COMENTADO

Peça processual: *Ação Direta de Inconstitucionalidade por omissão*, a qual terá por objeto declarar a omissão na regulamentação do Art. 7º, inciso XXIII, da CRFB/88. O candidato deverá elaborar uma petição dessa natureza, visto o comando da questão solicitar a peça processual objetiva adequada.

Competência: Supremo Tribunal Federal, segundo o Art. 102, inciso I, a, da CRFB/88.

Legitimidade ativa: Partido Político. Os legitimados à propositura da ADO estão arrolados no Art. 103, incisos I a IX, da Constituição Federal, conforme dispõem o Art. 2º e o Art. 12-A, ambos da Lei nº 9.868/99, acrescidos pela Lei nº 12.063/2009.

Legitimidade passiva: Congresso Nacional. Fundamentação:

Antes de adentrar o mérito, devem ser abertos os seguintes tópicos: da Legitimidade Ativa – A legitimidade ativa do partido político para a propositura da presente encontra assento no Art. 103, inciso VIII, da CRFB/88; da Competência Originária – Na forma do Art. 102, inciso I, a, da CRFB/88, é de competência originária do STF o processamento e julgamento da Ação Direta de Inconstitucionalidade por Omissão; do Cabimento da Ação – Eficácia limitada do Art. 7º, inciso XXIII, da CRFB/1988 e a sua necessária regulamentação.

Pedido: diante do exposto e com fulcro na Lei nº 9.868/99,

1. seja julgado procedente o pedido, para que seja declarada a mora legislativa do Congresso Nacional na elaboração da Lei específica do Art. 7º, inciso XXIII, da CRFB/88;

2. seja dada ciência ao Poder competente para a adoção das providências necessárias;

3. seja promovida a oitiva do Exmo. Sr. Procurador Geral da República para que emita o seu parecer, nos termos do Art. 12-E, § 3º, da Lei nº 9.868/99.

Provas – Requer a produção de todas as provas admitidas em direito, na forma do Art. 14, parágrafo único, da Lei nº 9.868/99.

Local e data Advogado/OAB

Distribuição dos pontos

ITEM	PONTUAÇÃO
Endereçamento	
Supremo Tribunal Federal (0,10).	0,00 / 0,10
Legitimação ativa	
Partido Político com representação no Congresso Nacional (0,10).	0,00 / 0,10
Legitimação Passiva:	
Congresso Nacional (0,10).	0,00 / 0,10
Fundamentação	
Da legitimidade ativa – A legitimidade ativa e universal do partido político para a propositura da presente ação (0,60) encontra assento no Art. 103, inciso VIII, da CRFB/88. (0,10)	0,00 / 0,60 / 0,70
Da competência originária – o processamento e julgamento da Ação Direta de Inconstitucionalidade por Omissão é de competência originária do STF (0,60), na forma do Art. 102, inciso I, a, da CRFB/88 (0,10).	0,00 / 0,60 / 0,70
Do cabimento da ação – eficácia limitada do Art. 7º, inciso XXIII, da CRFB/1988 e a sua necessária regulamentação. (0,80)	0,00 / 0,80

PRÁTICA CONSTITUCIONAL – 8ª EDIÇÃO • PEÇAS PRÁTICO-PROFISSIONAIS **189**

Pedidos:	
1. Intimação do Congresso Nacional para prestar informações (0,45) em 30 (trinta) dias (0,15)	0,00 /0,15/ 0,45/0,60
2. Oitiva do Exmo. Sr. Procurador Geral da República, para que emita o seu parecer (0,35), em até 15 (quinze) dias (0,15), nos termos do Art. 12- E, § 3º, da Lei nº 9.868/99 (0,10).	0,00 /0,15/ 0,25 / 0,35/ 0,45/0,50 / 0,60
3. A procedência do pedido para que seja declarada a mora legislativa do Congresso Nacional na elaboração da Lei (0,70) exigida pelo Art. 7º, inciso XXIII, da CRFB/88. (0,10);	0,00 / 0,70 / 0,80
Provas	
Requer a produção de todas as provas admitidas em direito (0,20), na forma do Art. 14, parágrafo único, da Lei nº 9.868/99. (0,10)	0,00/0,20 /0,30
Valor da causa (0,10)	0,00 / 0,10
Local e data, advogado/OAB (0,10)	0,00 / 0,10

3.12. Recurso Ordinário Constitucional

3.12.1 Cabimento

✓ Art. 102, II, "a" e "b", da CF – ROC para o STF

✓ Art. 105, II, "a", "b", "c", da CF – ROC para o STJ

STF:

Art. 102. Compete ao Supremo Tribunal Federal, precipuamente, a guarda da Constituição, cabendo-lhe: II – julgar, em recurso ordinário: a) o *habeas corpus*, o mandado de segurança, o *habeas data* e o mandado de injunção decididos em **única** instância pelos Tribunais Superiores, se **denegatória** a decisão; b) o crime político;

STJ:

Art. 105. Compete ao Superior Tribunal de Justiça: II – julgar, em recurso ordinário: a) os ***habeas corpus*** decididos em **única ou última** instância pelos Tribunais Regionais Federais ou pelos tribunais dos Estados, do Distrito Federal e Territórios, quando a decisão for **denegatória**; b) os **mandados de segurança** decididos em **única** instância pelos Tribunais Regionais Federais ou pelos tribunais dos Estados, do Distrito Federal e Territórios, quando **denegatória** a decisão; c) as causas em que forem **partes Estado estrangeiro** ou organismo internacional, de um lado, e, do outro, **Município ou pessoa residente ou domiciliada no País;**

13.12.2. Legitimidade

Ativa: RECORRENTE

Passiva: RECORRIDO

13.12.3. Fundamentos

- ✓ Art. 102, II, (alíneas), da CF – ROC p/ STF
- ✓ Art. 105, II, (alíneas), da CF – ROC p/ STJ
- ✓ Art. 1.027 e 1.028 do CPC
- ✓ Arts. 30 a 35 da Lei 8.038/90

13.12.4. Requerimentos/ pedidos

a) receber e processar o presente na forma prevista no Código de Processo Civil, tendo em vista o cumprimento dos requisitos de admissibilidade;

b) Intime o recorrido para que, no prazo de 15 dias, apresente contrarrazões, na forma do art. 33 da Lei 8.038/90;

c) Defira a juntada das custas de preparo e porte de remessa e retorno dos autos;

d) Intime o Ministério Público;

Ao final, dê provimento ao recurso, reformando-se a r. decisão recorrida para conceder a segurança para o fim ... como forma de justiça.

3.12.5. Casos práticos

(OAB/Exame Unificado 2019.3 – 2ª fase) Após a tramitação do respectivo processo administrativo, foi indeferido o pedido de reconsideração formulado pela sociedade empresária WW, relativo à decisão proferida pelo Secretário de Estado de Ordem Pública do Estado Alfa, que proibira a exploração de sua atividade econômica. Essa atividade consistia no reparo e no conserto de veículos automotores, sob a forma de unidade móvel, em que a estrutura da oficina, instalada em micro-ônibus, se deslocava até o local de atendimento a partir de solicitação via aplicativo instalado em aparelhos de computador ou de telefonia móvel.

Ao fundamentar a sua decisão originária, cujos argumentos foram reiterados no indeferimento do pedido de reconsideração, o Secretário de Estado de Ordem Pública informou que embasara o seu entendimento no fato de a referida atividade não estar regulamentada em lei. Nesse caso, a Lei estadual nº 123/2018, que dispunha sobre suas competências, autorizava expressamente que fosse vedada a sua exploração.

Por ver na referida decisão um verdadeiro atentado à ordem constitucional, a sociedade empresária WW impetrou mandado de segurança contra o ato do Secretário de Estado perante o Órgão Especial do Tribunal de Justiça, órgão jurisdicional competente para processá-lo e julgá-lo originariamente, conforme dispunha a Constituição do Estado Alfa. Para surpresa da impetrante, apesar de o Tribunal ter reconhecido a existência de prova pré-constituída comprovando o teor da decisão do Secretário

PRÁTICA CONSTITUCIONAL – 8ª EDIÇÃO • PEÇAS PRÁTICO-PROFISSIONAIS **191**

de Estado, a ordem foi indeferida, situação que permaneceu inalterada até o exaurimento da instância ordinária. A situação se tornara particularmente dramática na medida em que a proibição de exploração da atividade econômica iria inviabilizar a própria continuidade da pessoa jurídica, que não conseguiria saldar seus débitos e continuar atuando no mercado, o que exigiria a imediata demissão de dezenas de empregados.

A partir da narrativa acima, elabore a petição do recurso cabível contra a decisão proferida pelo Tribunal de Justiça do Estado Alfa. (Valor: 5,00)

Obs.: a peça deve abranger todos os fundamentos de Direito que possam ser utilizados para dar respaldo à pretensão. A simples menção ou transcrição do dispositivo legal não confere pontuação.

GABARITO COMENTADO

O recurso a ser manejado é o *ordinário*.

A petição deve ser endereçada ao Presidente do Tribunal de Justiça do Estado Alfa. O recorrente é a sociedade empresária WW.

A legitimidade da recorrente decorre do fato de ser parte na relação processual, enquanto o seu interesse processual está associado ao fato de não ter tido a sua pretensão acolhida.

O recorrido é o Estado Alfa **OU** Secretário de Estado de Ordem Pública do Estado Alfa A legitimidade do Estado Alfa decorre do fato de ser o titular do direito envolvido.

O cabimento do recurso ordinário, a ser julgado pelo Superior Tribunal de Justiça, decorre do disposto no Art. 105, inciso II, alínea *b*, da CRFB/88, já que a decisão do Tribunal de Justiça em única instância denegou a ordem.

O examinando deve indicar, no mérito, que a lei estadual, na qual se embasou o Secretário de Estado, incursionou em matéria afeta ao interesse local, de competência legislativa dos Municípios, nos termos do Art. 30, inciso I, da CRFB/88, sendo formalmente inconstitucional. Além disso, é materialmente inconstitucional, na medida em que permitiu fosse vedado o exercício de uma atividade econômica por não estar disciplinada em lei, enquanto a regra é a liberdade, ressalvados os limitadores legais, nos termos do Art. 170, parágrafo único, da CRFB/88. A inconstitucionalidade da lei estadual nº 123/2018 deve ser incidentalmente reconhecida.

O ato do Secretário de Estado violou direito líquido e certo da recorrente de explorar a atividade econômica, o que justificaria o acolhimento do mandado de segurança, nos termos do Art. 5º, LXIX, da CRFB/1988.

O examinando deve sustentar que, além do fundamento relevante do direito da recorrente, há o risco de ineficácia da medida final se a liminar não for deferida, tendo em vista a urgência da situação, já que a vedação ao exercício de sua atividade econômica pode impedir a continuidade da pessoa jurídica.

A peça deve conter os requerimentos de (i) concessão de tutela provisória **ou** liminar para a concessão de efeito suspensivo ativo ao recurso ordinário, permitindo a continuidade do exercício da atividade econômica enquanto não apreciado o mérito; e (ii) reforma do acórdão recorrido, com a concessão da ordem, atribuindo-se caráter definitivo à tutela liminar. O examinando ainda deve qualificar-se como advogado.

Distribuição dos pontos

ITEM	PONTUAÇÃO
A peça adequada nesta situação é o recurso ordinário.	
Endereçamento	
1. A petição deve ser endereçada ao Presidente do Tribunal de Justiça (0,10).	0,00/0,10
2. Recorrente: sociedade empresária WW (0,10).	0,00/0,10
3. Recorrido: Estado Alfa OU Secretário de Estado de Ordem Pública do Estado Alfa (0,10).	0,00/0,10
4. A legitimidade da recorrente decorre do fato de ser parte na relação processual (0,20), enquanto o seu interesse processual está associado ao fato de não ter tido a sua pretensão acolhida (0,20).	0,00/0,20/0,40
5. A legitimidade do Estado Alfa decorre do fato de o titular do direito envolvido (0,20).	0,00/0,20
6. O cabimento do recurso ordinário (0,20) a ser julgado pelo Superior Tribunal de Justiça (0,10), decorre do disposto no Art. 105, inciso II, alínea *b*, da CRFB/88 (0,10), já que a decisão do Tribunal de Justiça em única instância denegou a ordem (0,10).	0,00/0,10/0,20/ 0,30/0,40/0,50
Fundamentos de mérito	
7. A lei estadual, na qual se embasou o Secretário de Estado, incursionou em matéria afeta ao interesse local, de competência legislativa dos Municípios (0,30), nos termos do Art. 30, inciso I, da CRFB/88 (0,10).	0,00/0,30/0,40
8. A lei estadual é formalmente inconstitucional (0,20).	0,00/0,20
9. A lei estadual, ao permitir fosse vedado o exercício de uma atividade econômica por não estar disciplinada em lei, afrontou a liberdade econômica, ressalvados os limitadores legais (0,30), nos termos do Art. 170, parágrafo único, da CRFB/88 (0,10).	0,00/0,30/0,40
10. A lei estadual é materialmente inconstitucional (0,20).	0,00/0,20
11. A inconstitucionalidade da lei estadual nº 123/2018 deve ser incidentalmente reconhecida (0,20).	0,00/0,20
12. O ato do Secretário de Estado violou direito líquido e certo da recorrente de explorar a atividade econômica (0,30), o que justifica o acolhimento do mandado de segurança (0,10), nos termos do Art. 5º, inciso LXIX, da CRFB/88 (0,10).	0,00/0,10/0,20/ 0,30/0,40/0,50
Fundamentos da liminar	
13. A solidez do direito está expressa nos fundamentos de mérito (0,20);	0,00/0,20
14. Há o risco de ineficácia da medida final se a liminar não for deferida, tendo em vista a urgência da situação (0,30), já que a vedação ao exercício de sua atividade econômica pode impedir a continuidade da pessoa jurídica (0,20).	0,00/0,20/0,30/0,50

PRÁTICA CONSTITUCIONAL – 8ª EDIÇÃO • PEÇAS PRÁTICO-PROFISSIONAIS

193

Pedidos	
15. Concessão de tutela provisória OU concessão de tutela antecipada recursal OU liminar para a concessão de efeito suspensivo ativo ao recurso ordinário (0,30), permitindo a continuidade do exercício da atividade econômica enquanto não apreciado o mérito (0,20);	0,00/0,20/0,30/0,50
16. Ao final, provimento do recurso, com a reforma do acórdão recorrido (0,20) e a concessão da ordem, atribuindo-se caráter definitivo à tutela liminar (0,20).	0,00/0,20/0,40
Fechamento	
17. Local, data, assinatura e OAB (0,10).	0,00/0,10

RECURSO ORDINÁRIO CONSTITUCIONAL – ESTRUTURA BÁSICA

FUNDAMENTO CONSTITUCIONAL	arts. 102, II, e 105, II, da CF.
CABIMENTO	O recurso ordinário constitucional, **a ser julgado pelo STF** cabe nas causas que julgarem crime político e no *habeas corpus*, mandado de segurança, *habeas data* e mandado de injunção decididos em única instância pelos Tribunais Superiores, se denegatória a decisão (art. 102, II, da CF);
	Já o recurso ordinário constitucional, **a ser julgado pelo STJ**, cabe para este julgar (art. 105, II, da CF):
	a) os *habeas corpus* decididos em única ou última instância pelos TRFs ou pelos TJs quando a decisão for denegatória;
	b) os mandados de segurança decididos em única instância pelos TRFs ou pelos TJs quando denegatória a decisão;
	c) as causas em que forem partes Estado estrangeiro ou organismo internacional, de um lado, e, do outro, Município ou pessoa residente ou domiciliada no País.
PRAZO	15 dias.
TRATAMENTO DAS PARTES	Recorrente e recorrido.

PETIÇÃO DE INTERPOSIÇÃO	Devem ter os seguintes elementos: – endereçamento ao presidente do tribunal recorrido; – nomes e qualificação das partes; se já houver qualificação nos autos, pode-se usar a expressão "já qualificado nos autos" para os recorrentes e recorridos; – indicação de que se trata de "recurso ordinário em (...)"; pode ser "em mandado de segurança", "em *habeas corpus*", "em *habeas data*" etc. – indicação de que preenche os pressupostos de admissibilidade, conforme as razões em anexo; – requerimento para que seja o recorrido intimado para apresentar contrarrazões, no prazo legal; – requerimento para que o recurso seja devidamente processado, em virtude de preencher os pressupostos de admissibilidade, remetendo-se os autos ao E. Supremo Tribunal Federal ou ao E. Superior Tribunal de Justiça para julgamento; – requerimento de juntada das guias de custas de preparo, porte de remessa e retorno dos autos.
RAZÕES DE RECURSO	Devem ter os seguintes requisitos: – breve resumo da demanda; – demonstração do cabimento do recurso; aqui, deve-se enquadrar o recurso numa das hipóteses dos arts. 102, II, se for de competência do STF, e 105, III, se for de competência do STJ; – razões fáticas e jurídicas do pedido de reforma da decisão recorrida; neste ponto, está-se diante do "Mérito"; – pedido de nova decisão (exemplo: provimento do recurso para reformar a decisão recorrida, concedendo a segurança).

3.13. Recursos Especial e Extraordinário

3.13.1. Fundamentos

✓ Recurso extraordinário: art. 102, III, da CF;

✓ Recurso especial: art. 105, III, da CF.

3.13.2. Cabimento do recurso extraordinário

A ser julgado pelo STF, cabe nas causas decididas em única ou última instância, quando a decisão recorrida (art. 102, III, da CF):

a) contrariar dispositivo da Constituição;

b) declarar a inconstitucionalidade de tratado ou lei federal;

c) julgar válida lei ou ato de governo local contestado em face da Constituição;

d) julgar válida lei local contestada em face de lei federal.

3.13.3. Cabimento do recurso especial

A ser julgado pelo STJ, cabe nas causas decididas em única ou última instância pelos TRFs ou TJs quando a decisão recorrida (art. 105, III, da CF):

PRÁTICA CONSTITUCIONAL – 8ª EDIÇÃO • PEÇAS PRÁTICO-PROFISSIONAIS

a) contrariar tratado ou lei federal, ou negar-lhes vigência;

b) julgar ato de governo local contestado em face de lei federal;

c) der a lei federal interpretação divergente da que lhe haja atribuído outro tribunal.

3.13.4. Prazo

15 dias

3.13.5. Tratamento das partes

Recorrente e recorrido.

3.13.6. Interposição

Deve ter os seguintes elementos:

– endereçamento ao presidente do tribunal recorrido;

– nomes e qualificação das partes; se já houver qualificação nos autos, pode-se usar a expressão "já qualificado nos autos" para os recorrentes e recorridos;

– indicação de que se trata de recurso extraordinário ou de recurso especial;

– indicação de que preenche os pressupostos de admissibilidade, conforme as razões em anexo;

– requerimento para que seja o recorrido intimado para apresentar contrarrazões, no prazo legal;

– requerimento para que o recurso seja devidamente processado, em virtude de preencher os pressupostos de admissibilidade, remetendo-se os autos ao E. Supremo Tribunal Federal ou ao E. Superior Tribunal de Justiça para julgamento;

– requerimento de juntada das guias de custas de preparo, porte de remessa e retorno dos autos.

3.13.7. Razões de recurso

Devem ter os seguintes requisitos:

– breve resumo da demanda;

– demonstração do cabimento do recurso; aqui, deve-se enquadrar o recurso numa das hipóteses dos arts. 102, III, se for recurso extraordinário, e 105, III, se for recurso especial;

– em se tratando de **recurso extraordinário**, demonstração da existência de repercussão geral, nos termos do art. 1035, do CPC; considera-se de repercussão geral as "questões relevantes do ponto de vista econômico, político, social ou jurídico, que ultrapassem os limites subjetivos da causa" (§ 1º); haverá repercussão geral "sempre que o recurso impugnar decisão contrária a súmula ou jurisprudência dominante do Tribunal" (§ 3º);

- em se tratando de **recurso especial**, demonstração da relevância das questões de direito federal infraconstitucional discutidas no caso, nos termos da lei, a fim de que a admissão

196 ADOLFO NISHIYAMA • BRUNA VIEIRA • TERESA MELO

do recurso seja examinada pelo Tribunal, o qual somente pode dele não conhecer com base nesse motivo pela manifestação de 2/3 (dois terços) dos membros do órgão competente para o julgamento, conforme dispõe o § 2º do art. 105 da Constituição Federal. Haverá a referida relevância nos casos de ações penais; ações de improbidade administrativa; ações cujo valor da causa ultrapasse 500 (quinhentos) salários mínimos; ações que possam gerar inelegibilidade; hipóteses em que o acórdão recorrido contrariar jurisprudência dominante do Superior Tribunal de Justiça e em outras hipóteses previstas em lei (CF, art. 105, § 3º, I a VI).

– demonstração da existência de prequestionamento, ou seja, que a matéria levada à apreciação já foi debatida na esfera jurisdicional inferior; indicação do fato de que não se quer julgamento sobre questão de fato, mas sobre questão de direito;

– razões fáticas e jurídicas do pedido de reforma da decisão recorrida; neste ponto, está-se diante do "Mérito";

– pedido de nova decisão (exemplo: provimento do recurso para decisão recorrida, julgando improcedente a demanda).

3.13.8. Casos práticos

(OAB/Exame Unificado – 2013.3 – 2ª fase) Após mais de 40 (quarenta) dias de intensa movimentação popular, em protestos que chegaram a reunir mais de um milhão de pessoas nas ruas de diversas cidades do Estado, e que culminaram em atos de violência, vandalismo e depredação de patrimônio público e particular, o Governador do Estado X edita o Decreto nº 1968.

A pretexto de disciplinar a participação da população em protestos de caráter público, e de garantir a finalidade pacífica dos movimentos, o Decreto dispõe que, além da prévia comunicação às autoridades, o aviso deve conter a identificação completa de todos os participantes do evento, sob pena de desfazimento da manifestação. Além disso, prevê a revista pessoal de todos, como forma de preservar a segurança dos participantes e do restante da população.

Na qualidade de advogado do Partido Político "Frente Brasileira Unida", de oposição ao Governador, você ajuizou uma Ação Direta de Inconstitucionalidade, perante o Tribunal de Justiça do Estado X, alegando a violação a normas da Constituição do Estado referentes a direitos e garantias individuais e coletivos (que reproduzem disposições constantes da Constituição da República).

O Plenário do Tribunal de Justiça local, entretanto, por maioria, julgou improcedente o pedido formulado, de declaração de inconstitucionalidade dos dispositivos do Decreto estadual, por entender compatíveis as previsões constantes daquele ato com a Constituição do Estado, na interpretação que restou prevalecente na corte. Alguns dos Desembargadores registraram em seus votos, ainda, a impossibilidade de propositura de ação direta tendo por objeto um decreto estadual.

Entendendo que a decisão da corte estadual, apesar de não conter obscuridade, omissão ou contradição, foi equivocada, e que não apenas as disposições do Decreto são inconstitucionais como também a própria interpretação dada pelo Tribunal de Justiça é incompatível com o ordenamento jurídico nacional, os dirigentes do Partido pedem que você proponha a medida judicial cabível a impugnar aquela decisão.

Elabore a peça judicial adequada. (Valor: 5,0)

PRÁTICA CONSTITUCIONAL – 8ª EDIÇÃO • PEÇAS PRÁTICO-PROFISSIONAIS 197

PADRÃO DE RESPOSTA – PEÇA PROFISSIONAL – FGV

A peça a ser elaborada consiste em um Recurso Extraordinário contra decisão proferida em sede de Ação Direta de Inconstitucionalidade, nos termos do Art. 102, III, c da CRFB/88.

No caso, a ação direta de controle tendo como parâmetro a Constituição do Estado, tem previsão no Art. 125, § 2º da Constituição da República. É possível a interposição de Recurso Extraordinário contra decisão proferida pelo Tribunal de Justiça no julgamento da mesma, a fim de que seja apreciada, pelo Supremo Tribunal Federal, a norma da Constituição da República repetida na Constituição Estadual, mas interpretada, pelo Tribunal de Justiça local, em sentido incompatível com o da Constituição da República.

O Recurso deve ser endereçado ao Presidente do Tribunal de Justiça local, com as razões recursais dirigidas ao Supremo Tribunal Federal.

O Partido Político é o recorrente. Recorrido é o órgão do qual emanou a norma impugnada (isto é, o Governador do Estado).

Apesar de não constar do voto vencedor a impossibilidade de controle de constitucionalidade de decreto por meio de ação direta, o examinando deve demonstrar o cabimento da via eleita para a impugnação do Decreto estadual, pois, a despeito de se tratar de um Decreto, não é um ato de regulamentação da lei, mas ato normativo primário, que inova autonomamente na ordem jurídica. O examinando deve indicar, em sua peça, todos os elementos que permitam o seu conhecimento e também o seu provimento, afastando, desde o início, argumentos desfavoráveis à pretensão que defende.

O examinando deve demonstrar o cumprimento do requisito da Repercussão Geral, que encontra previsão no Art. 102, § 3º da Constituição, e que deve ser demonstrado pela existência de questões relevantes do ponto de vista econômico, político, social ou jurídico, que ultrapassem os interesses subjetivos da causa, ou seja, a questão suscitada não pode ser benéfica somente para o caso concreto proposto, mas para o interesse da coletividade, na forma do Art. 1.035, § 1º, do CPC. No caso apresentado, a repercussão geral pode ser demonstrada pela ofensa a direitos fundamentais titularizados por toda a coletividade, uma vez que a norma cria restrição excessiva ao exercício de direito constitucionalmente assegurado, e o faz sem previsão em lei.

No mérito, o examinando deve demonstrar que o decreto impugnado viola o princípio da legalidade, na formulação do Art. 5º, II da Constituição da República, uma vez que não se pode criar restrição a direito senão em virtude de lei.

O decreto viola o Art. 5º, XVI, da Constituição, que assegura o direito de reunião em locais abertos ao público, independentemente de autorização, desde que não frustrem outra reunião anteriormente convocada para o mesmo local, sendo apenas exigido prévio aviso à autoridade competente. Ou seja, qualquer outra exigência que venha a ser formulada como condição de exercício do direito é inconstitucional.

Ainda ocorre a violação ao Art. 5º, da CRFB, que trata do princípio da liberdade de expressão. Por fim, deve ser indicada a violação ao princípio da razoabilidade/proporcionalidade, pois, ainda que se entendesse possível a restrição ao direito de reunião, a restrição veiculada pelo decreto, no caso analisado, falha nos subprincípios da necessidade (que impõe a utilização, dentre as possíveis, da medida menos gravosa para atingir determinado objetivo) e da proporcionalidade em sentido estrito (que impõe a análise da relação custo/benefício

ADOLFO NISHIYAMA • BRUNA VIEIRA • TERESA MELO

da norma avaliada, de modo que o ônus imposto pela norma seja inferior ao benefício por ela engendrado, sob pena de inconstitucionalidade).

O examinando, ao final, deve formular pedido de reforma da decisão recorrida, para fim de ver declarada a inconstitucionalidade do Decreto editado pelo Governador do Estado, bem como requerer a notificação do Ministério Público.

ELABORAÇÃO DA PEÇA PRÁTICO-PROFISSIONAL

[O que estiver entre colchetes constitui observação – não deve constar da peça.]

Início da peça

EXCELENTÍSSIMO SENHOR DOUTOR DESEMBARGADOR PRESIDENTE DO EGRÉGIO TRIBUNAL DE JUSTIÇA DO ESTADO X

[Deixe espaço de aproximadamente 10 cm para eventual despacho ou decisão do juiz.]

Processo nº ...

PARTIDO POLÍTICO "FRENTE BRASILEIRA UNIDA", (qualificação), por seu advogado abaixo subscrito, nos autos da **AÇÃO DIRETA DE INCONSTITUCIONALIDADE** ajuizada contra o Decreto nº 1968, editado pelo Governador do Estado X, não se conformando com o venerando acórdão de folhas ... que julgou, por maioria de votos, improcedente a ação, vem à presença desse Egrégio Tribunal de Justiça interpor o presente **RECURSO EXTRAORDINÁRIO**, com fundamento no artigo 102, inciso III, alínea *c*, da Constituição Federal, e artigos 1.029 e seguintes do Código de Processo Civil, com base nas inclusas razões. Para tanto, requer a intimação do interessado para apresentar resposta no prazo de 15 (quinze) dias. Ato contínuo, realizado o juízo de admissibilidade, requer que o recurso extraordinário seja encaminhado ao Excelso Supremo Tribunal Federal, nos termos do artigo 1.030, inciso V, do Código de Processo Civil.

Termos em que,

pede deferimento.

Local e data ...

Advogado ...

OAB nº ...(As razões são na página seguinte)

RAZÕES DE RECURSO EXTRAORDINÁRIO

Recorrente: Partido político "frente brasileira unida", pessoa jurídica de direito privado, inscrito no Cadastro Nacional da Pessoa Jurídica sob o nº ...

Interessado: Governador do Estado X

Referente: Ação direta de inconstitucionalidade ajuizada contra o Decreto nº 1968, em trâmite perante o Egrégio Tribunal de Justiça do Estado X

Excelso Supremo Tribunal Federal

Ínclitos Ministros

I – EXISTÊNCIA DE REPERCUSSÃO GERAL

1 – O artigo 102, § 3º, da Constituição Federal, dispõe que:

"§ 3º. No recurso extraordinário o recorrente deverá demonstrar a repercussão geral das questões constitucionais discutidas no caso, nos termos da lei, a fim de que o Tribunal examine a admissão do recurso, somente podendo recusá-lo pela manifestação de dois terços de seus membros".

2 – Esse dispositivo constitucional está regulamentado pelo artigo 1.035, do Código de Processo Civil, cujo *caput* dispõe:

"Art. 1.035. O Supremo Tribunal Federal em decisão irrecorrível não conhecerá do recurso extraordinário quando a questão constitucional nele versada não tiver repercussão geral, nos termos deste artigo".

3 – Já o § 1º do mesmo artigo dispõe que:

"§ 1º Para efeito de repercussão geral, será considerada a existência ou não de questões relevantes do ponto de vista econômico, político, social ou jurídico que ultrapassem os interesses subjetivos do processo".

4 – Com efeito, o presente recurso extraordinário possui repercussão geral do ponto de vista social que ultrapassa os interesses subjetivos da causa, pois a questão versada na ação direta de inconstitucionalidade atingirá todos os cidadãos interessados em realizar manifestações populares.

5 – O Decreto nº 1968 que pretende disciplinar a participação da população em protestos de caráter público fere frontalmente o artigo 5º, inciso XVI, da Constituição da República Federativa do Brasil que dispõe expressamente a desnecessidade de autorização do poder público para realizar o direito de reunião. Portanto, o decreto é inconstitucional e influenciará no julgamento de outras causas idênticas.

6 – Diante do exposto, requer a esta Excelsa Corte que o presente recurso extraordinário seja conhecido quanto à existência de repercussão geral do ponto de vista social.

II – PREQUESTIONAMENTO

7 – A jurisprudência consolidada desta Suprema Corte entende que para o cabimento do recurso extraordinário há a necessidade do prequestionamento, ou seja, há a necessidade de que a matéria constitucional tenha sido expressamente enfrentada na decisão recorrida.

8 – O venerando acórdão recorrido entendeu ser constitucional o decreto que permite ao poder público dissolver manifestação popular quando não houver a identificação completa de todos os participantes do evento. A questão foi exaustivamente debatida pelo Tribunal, em especial o artigo 5º, incisos II, IV e XVI, da Constituição.

9 – Portanto, com o debate, pelo pleno do Egrégio Tribunal de Justiça, dos dispositivos constitucionais violados está devidamente demonstrado o requisito do prequestionamento.

III – EXPOSIÇÃO DO FATO E DO DIREITO

10 – O recorrente ajuizou ação direta de inconstitucionalidade contra o Decreto nº 1968 que, a pretexto de disciplinar a participação da população em protestos de caráter público, e de garantir a finalidade pacífica dos movimentos, dispõe que, além da prévia comunicação às autoridades, o aviso deve conter a identificação completa de todos os participantes do evento, sob pena de desfazimento da manifestação. Além disso, prevê a revista pessoal de todos, como forma de preservar a segurança dos participantes e do restante da população. O recorrente fundamentou a ação objetiva no artigo 5º, incisos II, IV e XVI, da Constituição da República Federativa do Brasil.

11 – Ocorre, no entanto, que o Egrégio Tribunal de Justiça do Estado X por meio de seu Plenário julgou, por maioria de votos, a ação improcedente entendendo que o Decreto nº 1968 é constitucional, pois seriam compatíveis as previsões constantes daquele ato com a Constituição do Estado, na interpretação que restou prevalente na corte. Destaque-se que alguns dos nobres Desembargadores registraram em seus votos, ainda, a impossibilidade de propositura de ação direta tendo por objeto um decreto estadual.

12 – Inconformado com o venerando acórdão, o recorrente interpôs o presente recurso extraordinário para que a referida norma seja declarada inconstitucional.

IV – DEMONSTRAÇÃO DO CABIMENTO DO RECURSO EXTRAORDINÁRIO

13 – O presente Recurso Extraordinário tem cabimento com fundamento no artigo 102, inciso III, alínea *c*, da CRFB, tendo em vista que o venerando acórdão recorrido julgou válida norma local (Decreto nº 1968) em face dos preceitos contidos no artigo 5º, incisos II, IV e XVI, da Constituição Federal.

14 – Os referidos dispositivos constitucionais foram prequestionados pelo venerando acórdão recorrido, ou seja, foram debatidos pelo pleno do Egrégio Tribunal de Justiça do Estado X.

15 – Dessa forma, o venerando acórdão guerreado, ao declarar constitucional o Decreto nº 1968 contrariou vários dispositivos da Constituição Federal. Reitere-se que, além de o venerando acórdão estar devidamente prequestionado, também está presente o requisito legal da repercussão geral, conforme já demonstrado.

V – RAZÕES DO PEDIDO DE REFORMA DA DECISÃO RECORRIDA

16 – O venerando acórdão impugnado afrontou diretamente a Constituição Federal. São os seguintes dispositivos do artigo 5º que foram violados: "II – ninguém será obrigado a fazer ou deixar de fazer alguma coisa senão em virtude de lei"; "IV – é livre a manifestação do pensamento, sendo vendado o anonimato"; e "XVI – todos podem reunir-se pacificamente, sem armas, em locais abertos ao público, independentemente de autorização, desde que não frustrem outra reunião anteriormente convocada para o mesmo local, sendo apenas exigido prévio aviso à autoridade competente".

PRÁTICA CONSTITUCIONAL – 8ª EDIÇÃO • PEÇAS PRÁTICO-PROFISSIONAIS **201**

17 – O Governador do Estado X resolveu editar o Decreto nº 1968 após mais de 40 (quarenta) dias de intensa movimentação popular, em protestos que chegaram a reunir mais de um milhão de pessoas nas ruas de diversas cidades do Estado, e que culminaram em atos de violência.

18 – É certo que um decreto não pode ser objeto de ação direta de inconstitucionalidade, pois segundo entendimento doutrinário e jurisprudencial trata-se de regulamento de uma lei e, portanto, seria o caso de ilegalidade e não de inconstitucionalidade. No entanto, quando o decreto não se baseia em nenhuma lei, há inovação no ordenamento jurídico e esse regulamento passa a ser verdadeiro ato normativo primário sujeito ao controle abstrato. Ao estabelecer que, além da prévia comunicação às autoridades, o aviso deve conter a identificação completa de todos os participantes do evento, sob pena de desfazimento da manifestação, houve a expedição de uma norma primária e não um regulamento, consubstanciando-se em decreto autônomo. Não há previsão legal para esse tipo de restrição. Portanto, o Decreto nº 1968 pode ser objeto de controle abstrato de constitucionalidade pelo Poder Judiciário.

19 – Como o decreto não possui fundamentação legal, há violação ao artigo 5º, inciso II, da Constituição, pois ninguém é obrigado a fazer ou deixar de fazer alguma coisa senão em virtude de lei. O decreto não é ato normativo primário. Assim, não é lei. Houve violação ao princípio constitucional da legalidade, o que demonstra que o regulamento é manifestamente inconstitucional por não observar nenhum comando legal.

20 – Apenas para argumentar, mesmo que existisse lei estabelecendo esse limite do direito de reunião, tal norma seria também inconstitucional. É que o artigo 5º, inciso XVI, da Magna Carta, é expresso prescrevendo que todos podem reunir-se pacificamente, sem armas, em locais abertos ao público, independentemente de autorização. Portanto, não há necessidade de autorização das autoridades públicas para a realização do direito de reunião. Esse dispositivo é repetido na Constituição do Estado X. A única exigência constitucional é apenas o prévio aviso à autoridade competente para que essa possa remanejar o trânsito, manter a segurança e a ordem pública. Exigir a identificação completa de todos os participantes do evento, sob pena de desfazimento da manifestação, conforme dispõe o decreto estadual, inviabiliza o direito de reunião, o que não pode ser feito nem mesmo por lei, o que dirá por meio de decreto.

21 – Por outro turno, o direito de reunião é corolário da livre manifestação do pensamento previsto no artigo 5º, inciso IV, da Constituição. A limitação prevista no regulamento cerceia o princípio da liberdade de expressão, o que demonstra, mais uma vez, a inconstitucionalidade do decreto. Não há necessidade de autorização estatal para a manifestação do pensamento em um Estado Democrático de Direito. Ao se exigir a identificação completa de todos os participantes do evento, inviabiliza também a liberdade de expressão. A manutenção da segurança pública é do Estado. Não cabe a ele impedir a reunião e a manifestação do pensamento previamente. A Constituição só limita o direito de reunião em três hipóteses: a) se a manifestação possuir cunho bélico; b) se houver outra reunião convocada para o mesmo dia, hora e local; c) quando for decretado Estado de Defesa ou Estado de Sítio (artigos 136 e 130 da Constituição).

22 – Finalmente, o decreto viola os princípios da razoabilidade/proporcionalidade, pois foi criado com o objetivo de conter atos de violência, vandalismo e depredação de

patrimônio público e particular. Com efeito, o meio utilizado (decreto que exige a identificação completa de todos os participantes do evento/restrição do direito de reunião) não é adequado, necessário e proporcional em sentido estrito para se atingir a finalidade (conter atos de violência, vandalismo e depredação de patrimônio público e particular). O meio utilizado deve ser o menos gravoso ao cidadão. A restrição do direito de reunião, com certeza, é mais gravosa. Na relação custo/benefício da norma, não se pode limitar direitos fundamentais, no caso o direito de reunião. A comunicação prévia à autoridade é realizada para que sejam tomadas as medidas preventivas necessárias para se conter os atos de violência, vandalismo e depredação de patrimônio público e particular por meio da segurança pública.

VI – DO PEDIDO

Diante do exposto, requer a intimação do Douto Procurador-Geral da República para ser previamente ouvido e, ao final, o conhecimento e o, consequente, provimento do presente Recurso Extraordinário, pelas razões apresentadas, reformando-se o venerando acórdão de folhas, para que seja declarada a inconstitucionalidade do Decreto nº 1968, por ser medida de inteira

JUSTIÇA!

Local e data ...

Advogado ...

OAB nº ...

Distribuição dos pontos

ITEM	PONTUAÇÃO
Endereçamento do Recurso	
Presidente do Tribunal de Justiça local	0,00/0,20
Endereçamento das Razões Recursais:	
Presidente do Supremo Tribunal Federal	0,00/0,20
Recorrente e Recorrido	
Partido Político "Frente Brasileira Unida" / Governador do Estado	0,00/0,20/0,40
Cabimento do Recurso Extraordinário	
Recurso Extraordinário contra decisão em Representação de Inconstitucionalidade (0,40), nos termos do disposto no Art. 102, III, c, da CRFB/88. (0,10) Obs.: A mera citação do dispositivo legal não pontua.	0,00/0,40/0,50
Possibilidade de controle concentrado tendo por objeto decreto estadual	
A despeito de se tratar de um Decreto, não é um ato de regulamentação da lei, mas sim de ato normativo primário, que extrai seu fundamento de validade da Constituição	0,00/0,50

PRÁTICA CONSTITUCIONAL – 8ª EDIÇÃO • PEÇAS PRÁTICO-PROFISSIONAIS | 203

Demonstração da Repercussão Geral	
Existência de questões relevantes do ponto de vista econômico, político, social ou jurídico, que ultrapassem os interesses subjetivos da causa (0,50), nos termos do disposto no Art. 102, § 3º, da CRFB/88. (0,10) Obs.: A mera citação do dispositivo legal não pontua.	0,00/0,50/0,60
Fundamentação para a pretensão de anulação	
1. violação ao princípio da legalidade (0,50) 2. violação ao Art. 5º, XVI, da CRFB (0,50) 3. violação ao Art. 5º, IV, da CRFB (0,50) 4. violação ao princípio da razoabilidade / proporcionalidade (0,50)	0,00/0,50/1,00/1,50/2,00
Pedidos	
Procedência da ação direta proposta no plano estadual / declaração da inconstitucionalidade da norma estadual	0,00/0,40
Requerimento de notificação do Ministério Público	0,00/0,10
Fechamento da Peça:	
Data, Local, Advogado, OAB ... nº...	0,00/0,10

3.14. Ação Civil Pública

3.14.1. Fundamento constitucional e legal

Art. 129, inciso III, da Constituição Federal e Lei nº 7.347, de 24 de julho de 1985. A Lei nº 8.078, de 11 de setembro de 1990 (Código de Defesa do Consumidor) prevê no Título III, a defesa do consumidor em juízo, em especial as ações coletivas.

3.14.2. Competência

A ação civil pública será proposta no foro do local onde ocorrer o dano (art. 2º da Lei nº 7.347/1985). O art. 93 do CDC dispõe que ressalvada a competência da Justiça Federal, é competente para a causa a justiça local: a) no foro do lugar onde ocorreu ou deva ocorrer o dano, quando de âmbito local; b) no foro da Capital do Estado ou no Distrito Federal, para os danos de âmbito nacional ou regional, aplicando-se as regras do Código de Processo Civil aos casos de competência concorrente. Se houver interessadas no feito a União, suas autarquias ou empresas públicas, a competência para processamento e julgamento da ação civil pública será da Justiça Comum Federal (CF, art. 109, I). Residualmente, a competência será da Justiça Comum Estadual.

3.14.3. Legitimado ativo

A Lei nº 7.347/1985 prevê que têm legitimidade ativa *ad causam* para propor a ação civil pública: a) o Ministério Público; b) a Defensoria Pública; c) a União, os Estados, o Distrito Federal e os Municípios; d) a autarquia, empresa pública, fundação ou sociedade de economia mista; e) a associação que, concomitantemente: esteja constituída há pelo menos um ano nos termos da lei civil e inclua, entre suas finalidades institucionais, a proteção ao patrimônio público e social, ao meio ambiente, ao consumidor, à ordem econômica, à livre concorrência, aos direitos de grupos raciais, étnicos ou religiosos ou ao patrimônio artístico, estético, histórico, turístico e paisagístico. O requisito da pré-constituição poderá ser dispensado pelo juiz, quando haja manifesto interesse social evidenciado pela dimensão ou característica do dano, ou pela relevância do bem jurídico a ser protegido. O Código de Defesa do Consumidor estabelece que são legitimados concorrentes para o ajuizamento das ações coletivas que têm por objeto a tutela dos interesses difusos, coletivos e individuais homogêneos: a) o Ministério Público; b) a União, os Estados, os Municípios e o Distrito Federal; c) as entidades e órgãos da Administração Pública, direta ou indireta, ainda que sem personalidade jurídica, especificamente destinados à defesa dos interesses e direitos protegidos pelo Código de Defesa do Consumidor; d) as associações legalmente constituídas há pelo menos um ano e que incluam entre seus fins institucionais a defesa dos interesses e direitos protegidos pelo Código de Defesa do Consumidor, dispensada a autorização da assembleia (art. 82). O requisito da pré-constituição pode ser dispensado pelo juiz quando haja manifesto interesse social evidenciado pela dimensão ou característica do dano, ou pela relevância do bem jurídico a ser protegido (CDC, art. 82, §1º).

3.14.4. Legitimado passivo

A legitimação passiva *ad causam* da ação civil pública pode ser qualquer sujeito, pessoa natural ou jurídica, a quem se atribua a responsabilidade pelo dano ou risco de dano aos bens objeto da ação civil pública.

3.14.5. Direitos protegidos pela ação civil pública

De acordo com o art. 1º, da Lei nº 7.347/1985, é cabível ação civil pública em caso de danos patrimoniais e morais causados: a) ao meio ambiente; b) ao consumidor; c) a bens e direitos de valor artístico, estético, histórico, turístico e paisagístico; d) a qualquer outro interesse difuso ou coletivo; e) por infração da ordem econômica; f) à ordem urbanística; g) à honra e à dignidade de grupos raciais, étnicos ou religiosos; h) ao patrimônio público e social.

3.14.6. Conteúdo da petição inicial

Para elaborar a petição inicial (arts. 75, VIII, 76, 77, V, 103, 104, 319 e 320 do CPC, e art. 1º, 2º, 3º, 7º, 8º, 11 e 12, da Lei nº 7.347/1985), o candidato ao exame da OAB deverá indicar: a) o juízo a que é dirigido de acordo com as regras de competência do CPC, da legislação ordinária, da lei de organização judiciária de cada Estado-membro ou do Distrito Federal e do art. 109 da CF; b) o nome, a qualificação endereço do demandante e do demandado; c) a representação processual (juntada de estatuto social quando o requerente for pessoa jurídica, como, a associação) e a capacidade postulatória do advogado com a juntada da procuração e endereço profissional, exceto se a capacidade postulatória já decorrer de lei, como, por exemplo, o Ministério Público; d) o fato e os fundamentos jurídicos do pedido; e) a concessão de liminar se estiverem presentes os requisitos do *fumus boni juris* e do *periculum in mora*; f) nas

PRÁTICA CONSTITUCIONAL – 8ª EDIÇÃO • PEÇAS PRÁTICO-PROFISSIONAIS **205**

ações que tenha por objeto o cumprimento de obrigação de fazer ou não fazer, o pedido de cominação de multa diária, se houver o descumprimento da determinação judicial; g) a citação do demandado para apresentar resposta no prazo de 15 (quinze) dias, exceto nas hipótese do prazo em dobro, como, por exemplo, nas hipóteses dos arts. 188 e 229, *caput*, do CPC; h) a intimação do Ministério Público, nas ações em que não for o demandante; i) o pedido, com suas especificações; j) as provas com que o demandante pretende demonstrar a verdade dos fatos alegados; e k) o valor da causa.

3.14.7. Caso prático

(OAB/ Exame Unificado- 2017.1- 2ª fase) A Associação Alfa, constituída há 3 (três) anos, cujo objetivo é a defesa do patrimônio social e, particularmente, do direito à saúde de todos, mostrou-se inconformada com a negativa do Posto de Saúde Gama, gerido pelo Município Beta, de oferecer atendimento laboratorial adequado aos idosos que procuram esse serviço. O argumento das autoridades era o de que não havia profissionais capacitados e medicamentos disponíveis em quantitativo suficiente. Em razão desse estado de coisas e do elevado número de idosos correndo risco de morte, a Associação resolveu peticionar ao Secretário municipal de Saúde, requerendo providências imediatas para a regularização do serviço público de Saúde.

O Secretário respondeu que a situação da Saúde é realmente precária e que a comunidade precisa ter paciência e esperar a disponibilização de repasse dos recursos públicos federais, já que a receita prevista no orçamento municipal não fora integralmente realizada. Reiterou, ao final e pelas razões já aventadas, a negativa de atendimento laboratorial aos idosos. Apesar disso, as obras públicas da área de lazer do bairro em que estava situado o Posto de Saúde Gama, nos quais eram utilizados exclusivamente recursos públicos municipais, continuaram a ser realizadas.

Considerando os dados acima, na condição de advogado(a) contratado(a) pela Associação Alfa, elabore a medida judicial cabível para o enfrentamento do problema, inclusive com providências imediatas, de modo que seja oferecido atendimento adequado a todos os idosos que venham a utilizar os serviços do Posto de Saúde. A demanda exigirá dilação probatória. (Valor: 5,00)

Obs.: a peça deve abranger todos os fundamentos de Direito que possam ser utilizados para dar respaldo à pretensão. A simples menção ou transcrição do dispositivo legal não confere pontuação.

GABARITO COMENTADO

A peça adequada nesta situação é a petição inicial de uma <u>Ação Civil Pública</u>.

A petição deve ser endereçada ao Juízo Cível da Comarca X ou ao Juízo de Fazenda Pública da Comarca X, já que os dados constantes do enunciado não permitem identificar a organização judiciária do local.

O (A) examinando(a) deve indicar, na qualificação das partes, a Associação Alfa como demandante, e o Município Beta, como demandado.

A legitimidade ativa da Associação Alfa decorre do fato de ter sido constituída há mais de 1 (um) ano e destinar-se à defesa do patrimônio social e do direito à saúde de todos, atendendo ao disposto no Art. 5º, inciso V, alíneas a e b, da Lei nº 7.347/85. A legitimidade passiva do Município Beta é justificada por ser o responsável pela gestão do Posto de Saúde Gama.

O cabimento da ação civil pública decorre do fato de o objetivo da demanda judicial ser a defesa de todos os idosos que procuram o atendimento do Posto de Saúde Gama, nos termos das finalidades estatutárias da Associação – defesa do patrimônio social e, particularmente, do direito à saúde de todos –, e não eventual defesa de direito ou interesse individual. Como se discute a qualidade do serviço público oferecido à população e esses idosos não podem ser individualizados, trata-se de típico interesse difuso, enquadrando-se no Art. 1º, incisos IV e VIII, da Lei nº 7.347/85.

O que se verifica, na hipótese, é a necessidade de defesa do direito à vida e à saúde dos idosos que procuram os serviços do Posto de Saúde Gama, bem como de sua dignidade, amparados pelo Art. 1º, inciso III, pelo Art. 5º, *caput*, pelo Art. 6º e pelo Art. 196, todos da CRFB/88. Na fundamentação, deve ser indicado que esses direitos estão sendo preteridos para a realização de obras públicas na área de lazer, o que é constitucionalmente inadequado em razão da maior importância dos referidos direitos. Afinal, sem vida e saúde, não há possibilidade de lazer. O Município tem o dever de assegurar o direito à saúde dos idosos e de cumprir a competência constitucional conferida para fins de prestação do serviço público de saúde (Art. 30, inciso VII, Art. 196 e Art. 230, todos da CRFB/88).

É importante que o(a) examinando(a) formule pedido de concessão de medida liminar, a fim de compelir o Município a regularizar o sistema de saúde e prestar o atendimento laboratorial adequado aos idosos na localidade abrangida pelo Posto de Saúde. O examinando deve indicar a proteção constitucional dos direitos à vida e à saúde, bem como da dignidade humana, e o risco de ineficácia da medida final, se a liminar não for deferida, tendo em vista a urgência da situação, uma vez que os idosos estão sujeitos a complicações de saúde e a risco de morte, caso não recebam o tratamento de saúde adequado. Deve ser demonstrada, portanto, a presença do *fumus boni iuris* e do *periculum in mora*.

Ao final, deve ser formulado pedido para que a medida pleiteada em caráter liminar seja tornada definitiva. Deve ser requerida a produção das provas necessárias à demonstração da narrativa inaugural.

Por fim, deve-se apontar o valor da causa.

PRÁTICA CONSTITUCIONAL – 8ª EDIÇÃO • PEÇAS PRÁTICO-PROFISSIONAIS **207**

ELABORAÇÃO DA PEÇA PRÁTICO-PROFISSIONAL

[O que estiver entre colchetes constitui observação – não deve constar da peça.]

início da peça

EXCELENTISSIMO SENHOR DOUTOR JUIZ DE DIREITO DA ... VARA DA FAZENDA PÚBLICA DA COMARCA ....

[Deixe espaço de aproximadamente 10 cm para eventual despacho ou decisão do juiz.]

ASSOCIAÇÃO ALFA, (qualificação e endereço), neste ato representada por..., conforme estatuto social anexo, por seu advogado constituído (instrumento de mandato anexo), com escritório na ..., local onde receberá as intimações, conforme determina o artigo 77, inciso V, do Código de Processo Civil (CPC), vem perante Vossa Excelência, com fundamento nos artigos 319 e 320 do CPC , combinado com os artigos 1º, inciso III, 5º, *caput*, 6º, 30, inciso VII, 196 e 230, da Constituição da República Federativa do Brasil (CRFB), artigos 15 e 18, da Lei nº 10.741/2003, e Lei nº 7.347/1985, ajuizar a presente **AÇÃO CIVIL PÚBLICA COM PEDIDO DE TUTELA ANTECIPADA** em face da **FAZENDA PÚBLICA DO MUNICÍPIO BETA,** pessoa jurídica de direito público, com endereço ..., pelos motivos fáticos e jurídicos que passará a expor.

I – DA LEGITIMIDADE ATIVA

1 – O demandante possui legitimidade ativa para o ajuizamento da presente ação civil pública, nos termos do artigo 5º, inciso V, da Lei nº 7.347, de 24 de julho de 1985, pois está constituída há três anos e tem como objetivo a defesa do patrimônio social e, particularmente, do direito à saúde de todos, conforme comprova o estatuto social anexo.

II – DOS FATOS

2 – A demandante constatou a negativa do Posto de Saúde Gama, gerido pela demandada, de oferecer atendimento laboratorial adequado aos idosos que procuram esse serviço.

3 – A demandada argumenta que não há profissionais capacitados e medicamentos disponíveis em quantitativo suficiente. Em razão desse estado de coisas e do elevado número de idosos correndo risco de morte, a demandante resolveu peticionar ao Secretário municipal de Saúde, requerendo providências imediatas para a regularização do serviço público de saúde (documento nº 1).

4 – Em resposta, o Secretário reconheceu que a situação da saúde é realmente precária e que a comunidade precisa ter paciência e esperar a disponibilidade de repasse dos recursos públicos federais, já que a receita prevista no orçamento municipal não fora integralmente realizada. Reiterou, ao final e pelas razões já aventadas, a negativa de atendimento laboratorial aos idosos (documento nº 2).

5 – Apesar dessa situação, as obras públicas da área de lazer do bairro em que está situado o Posto de Saúde Gama, nos quais são utilizados exclusivamente recursos públicos municipais, continuam a ser realizadas.

6 – Diante do descaso demonstrado pela demandada, não resta outra alternativa a não ser o ajuizamento da presente ação civil pública para garantir o acesso dos idosos à saúde.

III – DA LIMINAR

7 – Impõe-se a concessão de liminar na presente demanda. O artigo 12, *caput*, da Lei nº 7.347/1985 prescreve que:

"Art. 12. Poderá o juiz conceder mandado liminar, com ou sem justificação prévia, em decisão sujeita a agravo".

8 – Com efeito há elementos que evidenciam a probabilidade do direito do demandante (*fumus boni juris*), consistente na necessidade de observância do princípio constitucional da dignidade da pessoa humana, a observância do mínimo existencial, o direito à vida, o direito social à saúde e a proteção constitucional dos idosos.

9 – O perigo de dano ou o risco ao resultado útil do processo (*periculum in mora*) também está presente, pois a não concessão da liminar prejudicará a saúde de milhares de idosos que necessitam de amparo do hospital, inclusive com o risco de morte de número elevado de idosos.

IV – DO DIREITO

10 – A presente ação civil pública tem fundamento na Constituição da República Federativa do Brasil e na legislação ordinária vigente.

11 – Inicialmente, a demandada viola um dos princípios fundamentais da República Federativa do Brasil estampado no artigo 1º, inciso III, da Constituição, ou seja, a dignidade da pessoa humana. Ao negar atendimento laboratorial adequado aos idosos que procuram esse serviço no Posto de Saúde Gama, a demandada causa preocupação, dor e humilhação aos cidadãos que têm expectativas de acolhimento digno na saúde. Aliás, o atendimento laboratorial adequado é o mínimo existencial que os idosos merecem e necessitam, pois já contribuíram com seu trabalho durante anos à comunidade em que vivem.

12 – Os direitos à vida e à saúde estão protegidos constitucionalmente. Dispõe o artigo 5º, *caput*, da CRFB, que "todos são iguais perante a lei, sem distinção de qualquer natureza, garantindo-se aos brasileiros e aos estrangeiros residentes no País a inviolabilidade do direito à vida (...)". Portanto, o atendimento digno à saúde visa justamente a proteção ao direito à vida das pessoas idosas. Já o artigo 6º, *caput*, da CRFB, prevê que a saúde é direito social e é completado pelo artigo 196 que prevê a saúde como direito de todos e dever do Estado, "garantido mediante políticas sociais e econômicas que visem à redução do risco de doença e de outros agravos e ao acesso universal igualitário às ações e serviços para sua promoção, proteção e recuperação". Acrescente-se que o Estado tem "o dever de amparar as pessoas idosas, assegurando sua participação na comunidade, defendendo sua dignidade e bem-estar e garantindo-lhes o direito à vida". Esses direitos estão sendo preteridos para a realização de obras públicas na área

PRÁTICA CONSTITUCIONAL – 8ª EDIÇÃO • PEÇAS PRÁTICO-PROFISSIONAIS **209**

de lazer, o que é constitucionalmente inadequado em razão da maior importância daqueles referidos direitos. Afinal, sem vida e saúde, não há possibilidade de lazer.

13 – O dever do município em prestar serviço de saúde encontra-se entre as competências estabelecidas no artigo 30 da CRFB, no inciso VII, onde se prevê: "prestar, com cooperação técnica e financeira da União e do Estado, serviços de atendimento à saúde da população". Portanto, a demandada não pode se furtar ao adequado atendimento ambulatorial às pessoas idosas.

14 – Por fim, a legislação ordinária também fundamenta a proteção à saúde dos idosos. O artigo 1º, incisos IV e VIII, da Lei nº 7.347/1985, prescreve que é cabível ação civil pública de responsabilidade por danos morais e patrimoniais causados a qualquer direito difuso e ao patrimônio público e social. A presente ação pretende a proteção de todos os idosos que necessitam de atendimento adequando no Posto de Saúde Gama, sendo um direito transindividual, de natureza indivisível, em que são titulares pessoas indeterminadas e ligadas por uma circunstância de fato.

15 – A Lei nº 10.741, de 1º de outubro de 2003, que dispõe sobre o Estatuto do Idoso, prescreve no artigo 15, *caput*, que:

"Art. 15. É assegurada a atenção integral à saúde do idoso, por intermédio do Sistema Único de Saúde – SUS, garantindo-lhe o acesso universal e igualitário, em conjunto articulado e contínuo das ações e serviços, para a prevenção, promoção, proteção e recuperação da saúde, incluindo a atenção especial às doenças que afetam preferencialmente os idosos".

16 – Como se vê, o Estatuto do Idoso, que é norma cogente, assegura a atenção integral à saúde do idoso e destaca a necessidade de atenção especial às doenças que afetam os idosos. O argumento que não há profissionais capacitados e medicamentos disponíveis em quantitativo suficiente não se sustenta, conforme se depreende do que dispõe o artigo 18 do Estatuto do Idoso, *verbis*:

"Art. 18. As instituições de saúde devem atender aos critérios mínimos para o atendimento às necessidades do idoso, promovendo o treinamento e a capacitação dos profissionais, assim como orientação a cuidadores familiares e grupos de autoajuda".

17 – Além disso, o artigo 15, § 2º, do Estatuto do Idoso, prescreve que incumbe ao Poder Público fornecer aos idosos, gratuitamente, medicamentos, especialmente os de usos continuado.

18 – Portanto, restou demonstrado que o atendimento laboratorial aos idosos por parte do Posto de Saúde Gama tem amparo na Constituição Federal e na legislação ordinária, não podendo a demandada recusar esse serviço.

V – DO PEDIDO

Diante do exposto, requer a Vossa Excelência o seguinte:

a) a concessão, *inaudita altera parte*, de liminar para compelir a demandada a regularizar o sistema de saúde e prestar atendimento laboratorial adequado aos idosos na localidade abrangida pelo Posto de Saúde Gama, sob pena de aplicação de multa de R$ ..., por cada idoso não atendido, nos termos do artigo 12, § 2º, da Lei nº 7.347/1985, uma vez que estão presentes os requisitos do *fumus boni juris* e do *periculum in mora*;

b) a citação da demandada para que ofereça resposta no prazo de 30 (trinta) dias, nos termos do artigo 188 do Código de Processo Civil;

ADOLFO NISHIYAMA • BRUNA VIEIRA • TERESA MELO

c) a oitiva do Douto representante do Ministério Público para se manifestar, conforme disposto no artigo 5°, § 1°, da Lei n° 7.347/1985;

d) ao final, a procedência da ação, com a confirmação da cautelar anteriormente concedida, para compelir a demandada a regularizar o sistema de saúde e prestar o atendimento laboratorial adequado aos idosos na localidade abrangida pelo Posto de Saúde Gama, sob pena de aplicação de multa de R$ ..., por cada idoso não atendido, bem como a condenação aos ônus da sucumbência;

Protesta provar o alegado por todos os meios em direito admitidos, em especial, depoimento pessoal do representante legal da demandada, oitiva de testemunhas e novos documentos.

Dá-se à presente causa o valor de R$ ...

Local e data ...

Advogado ...

OAB n° ...

Distribuição dos pontos

ITEM	PONTUAÇÃO
Endereçamento da petição	
(Juízo Cível da Comarca X ou Juízo de Fazenda Pública da Comarca X (0,10).	0,00/0,10
Qualificação das partes	
A demandante é a Associação Alfa (0,10), figurando como demandado o Município Beta (0,10)	0,00/0,10/0,20
Legitimidade	
A legitimidade ativa da Associação Alfa decorre do fato de ter sido constituída há mais de 1 (um) ano (0,10) e destinar-se à defesa do patrimônio social e do direito à saúde de todos (0,10), atendendo ao disposto no Art. 5°, inciso V, alíneas 'a' e 'b', da Lei n° 7.347/85 (0,10). A legitimidade passiva do Município Beta é justificada por ser o responsável pela gestão do Posto de Saúde Gama (0,10).	0,00/0,10/0,20/0,30/0,40
Cabimento da ação civil pública	
O cabimento exclusivo da ação civil pública decorre do fato de o objetivo da demanda judicial ser a defesa de <u>todos</u> os idosos que procuram o atendimento do Posto de Saúde Gama, nos termos das finalidades estatutárias da Associação defesa do patrimônio social e, particularmente, do direito à saúde de todos –, e não eventual defesa de direito ou interesse individual. (0,20). Como se discute a qualidade do serviço público oferecido à população e esses idosos não podem ser individualizados, trata-se de típico interesse difuso (0,10), enquadrando-se no Art. 1°, incisos IV **OU** VIII, da Lei n° 7.347/85 (0,10).	0,00/0,10/0,20/0,30/0,40

PRÁTICA CONSTITUCIONAL – 8ª EDIÇÃO • PEÇAS PRÁTICO-PROFISSIONAIS 211

Fundamentação do mérito:	
1. proteção da dignidade humana (0,30), consagrada no Art. 1º, inciso III, da CRFB/1988 (0,10);	0,00/0,30/0,40
2. efetivação do direito fundamental à saúde (0,30), prevista no Art. 6º OU Art. 196 e ss. da CRFB/88 (0,10);	0,00/0,30/0,40
3. proteção do direito fundamental à vida (0,30), prevista no Art. 5º, caput, da CRFB/1988 (0,10);	0,00/0,30/0,40
4. competência do Município para a prestação do serviço público de saúde (0,30), prevista no Art. 23, II **OU** Art. 30, inciso VII, da CRFB/88 (0,10);	0,00/0,30/0,40
5. proteção constitucional **OU** legal ao idoso (0,30), prevista no Art. 230 da CRFB/88 **OU** no Estatuto do Idoso (Lei 10.741/03) (0,10).	0,00/0,30/0,40
Fundamentação do pedido liminar	
- demonstrar a presença do *fumus boni iuris* (0,30);	0,00/0,30
- demonstrar a presença do *periculum in mora* (0,30).	0,00/0,30
Pedidos	
- opção pela realização ou não de audiência de conciliação ou de mediação (0,20), nos termos do Art. 319, inciso VII, do CPC/15 (0,10) **OU** indicação do não cabimento de conciliação (0,20), nos termos do Art. 334, parágrafo 4º, II, do CPC/15 (0,10)	0,00/0,20/0,30
- pedido de produção de provas (0,20);	0,00/0,20
- liminar para impor ao Município a prestação adequada do serviço público de saúde pelo Posto Gama (0,30);	0,00/0,30
- pedido final de que o pleito liminar seja tornado definitivo **OU** pedido de procedência da ação civil pública para impor definitivamente ao Município a prestação adequada do serviço público de saúde pelo Post Gama (0,30).	0,00/0,30
Valor da causa:	
De acordo com o Art. 291 do CPC/15 (0,10)	0,00/0,10
Fechamento da peça	
Local ou Município ..., Data..., Advogado(a)... e OAB... (0,10)	0,00/0,10

3.15. Petição Inicial

3.15.1. Estrutura básica

REQUISITOS	Art. 319, do CPC
COMPETÊNCIA	– Verificar se a competência para conhecer da ação é originária de primeiro grau ou se deve ser aforada em Tribunal. – Quanto à primeira instância, verificar o art. 109 da Constituição, a fim de apurar se a competência é da Justiça Federal. Não sendo, será da Justiça Estadual, desde que não se trate de caso afeto à Justiça especializada (trabalhista – art. 114 da CF, e eleitoral – art. 121 da CF). – No caso de competência da Justiça Federal, verificar se a ação pode ser aforada no Juizado Especial Cível Federal (Lei 10.259/2001). – Verificar lei de organização judiciária local. – A respeito da competência originária dos Tribunais, devem ser observados os dispositivos da Constituição Estadual local e também os da Constituição Federal – arts. 102 (STF), 105 (STJ), 108 (TRFs), 113 e 114 (TRTs), 118 a 121 (TREs).
QUALIFICAÇÃO	Inserir nomes, prenomes, estado civil, existência de união estável, profissão, número de inscrição no Cadastro de Pessoas Físicas ou Cadastro Nacional da Pessoa Jurídica, endereço eletrônico e domicílio e residência do autor e do réu.
TRATAMENTO DAS PARTES	a) ações em geral: "autor" e "réu"; não há problema em se repetir várias vezes as palavras "autor" e "réu" ou "demandante" e "demandado"; b) ações cautelares: "requerente" e "requerido"; não use essas expressões nas ações em geral, mas apenas nas tutelas cautelares; c) mandado de segurança: "impetrante" e "impetrado"; este também é chamado de autoridade coatora; d) execução: "exequente" e "executado ou "credor" e "devedor""; e) ação trabalhista: "reclamante" e "reclamado".
FUNDAMENTOS FÁTICOS E JURÍDICOS	Estes requisitos tratam do seguinte: "DOS FATOS" (fundamentos de fato) e "DO DIREITO" (fundamentos jurídicos). A indicação dos **fundamentos fáticos** consiste na narrativa de fatos que constituam lesão ou ameaça de lesão a direito. Deve-se tomar cuidado para não falar do direito, mas apenas dos fatos que violam o direito. No exame da OAB estes fatos estão descritos no enunciado.
FUNDAMENTOS FÁTICOS E JURÍDICOS	A indicação dos **fundamentos jurídicos** consiste na exposição dos dispositivos legais em que os fatos narrados se enquadram e que servirão de fundamento para fazer os pedidos, ao final. Assim, deve-se fazer a conexão dos fatos narrados com o direito aplicável. A melhor técnica é primeiro citar os dispositivos legais, e os princípios aplicáveis, para depois trazer a doutrina e a jurisprudência, nessa ordem. A parte dos fundamentos jurídicos ("DO DIREITO") assemelha-se a uma dissertação. Começa com uma tese, passa para o desenvolvimento e termina com uma conclusão, independentemente do pedido que se fará no outro capítulo da petição.

PRÁTICA CONSTITUCIONAL – 8ª EDIÇÃO • PEÇAS PRÁTICO-PROFISSIONAIS 213

PEDIDO	O pedido deve ser certo e determinado. Mesmo nas ações que pedem dano moral, o autor deve indicar o valor que pretende (em reais, e não em salários mínimos). O pedido deve conter todas as pretensões do autor, pois, de acordo com a lei, "os pedidos são interpretados restritivamente" (art. 322, do CPC).
VALOR DA CAUSA	A lei determina que a toda causa será atribuído um valor certo, ainda que não tenha conteúdo econômico imediato (art. 291, do CPC). O valor deve corresponder ao proveito econômico que o autor terá com a procedência da demanda. Há regras específicas sobre sua atribuição nos arts. 292 e 293, do CPC. Quando se tiver de atribuir um valor da causa apenas para fins de alçada, sem que se tenha como mensurar o proveito econômico que o autor teria com a ação, pode-se indicar o valor do salário mínimo vigente no momento como valor da causa.
PROVAS	O autor deve protestar pela produção de todos os tipos de prova admitidas no Direito, especificando desde já as provas que tem interesse em produzir, tais como testemunhal, documental, pericial etc.
PROVAS	É neste momento em que o autor, em qualquer procedimento, pode pedir a inversão do ônus da prova, cabível quando se está diante de uma relação de consumo. *Vide* art. 6º, VIII, do CDC (inversão do ônus da prova) e art. 22 também do CDC (aplicação do CDC a órgãos públicos, quanto aos serviços públicos). De acordo com os elementos trazidos no problema ou no caso a resolver, o autor deve indicar com as expressões "DOC.1", "DOC.2" os documentos que detém para provar os fatos constitutivos do seu direito.
AUDIÊNCIA	O autor deve optar pela realização ou não de audiência de conciliação ou de mediação.

3.15.2. Modelo

EXCELENTÍSSIMO SENHOR DOUTOR JUIZ DE DIREITO DA ... VARA ... DA COMARCA DE ... – ...

Pular 10 linhas

_____ *(qualificação do autor – nome, estado civil, profissão, endereço eletrô-nico, CPF ou CNPJ, endereço)*, vem mui respeitosamente à presença de Vossa Excelência, por meio de seu advogado e bastante procurador que esta subscreve (instrumento de mandato anexo), com escritório na..., onde receberá as intimações, com fundamento no art. _____ da Lei/Constituição, propor a presente

AÇÃO _____ *(indenizatória, anulatória, declaratória de nulidade, de revisão contratual etc.)*

em face da **FAZENDA DO ESTADO DE** _____, Pessoa Jurídica de Direito Público, com sede na _____, em virtude dos fatos elencados a seguir:

I – DOS FATOS

a) Tentar repetir, ao máximo, os fatos descritos na questão;

b) Relatar os acontecimentos em ordem cronológica, especificando cada ponto;

c) Tentar deixar o mais claro possível;

d) Mostrar de forma evidente o ato/fato causador do dano.

II – DO DIREITO *(Citar a lei, amarrada com os fatos, bem como legislação, doutrina e jurisprudência.)*

1. Da violação ao princípio da legalidade

(...)

2. Da violação ao princípio da moralidade

(...)

3. Da violação ao art. _____ da Lei _____

(...)

III – DO PEDIDO

Ante o exposto, é o presente para requerer a Vossa Excelência o quanto segue:

1. A citação da ré, no endereço declinado no pórtico desta inicial, para, querendo, contestar a presente ação no prazo legal, sob as penas da lei processual civil.

2. A procedência da ação para condenar ou anular ou revisar o contrato etc. ...

3. O protesto pela produção de prova documental e pericial, e de todos os meios probatórios em direito admitidos, ainda que não especificados na Lei processual civil, desde que moralmente legítimos (art. 369, CPC).

4. A opção ou não pela realização da audiência de conciliação ou de mediação.

(Se for o caso, deve-se pedir antecipação de tutela já no primeiro item do pedido.)

(Se for aplicável o CDC – art. 22 e art. 6º, VIII, deve-se pedir a inversão do ônus da prova.)

(A depender da condição econômica dos autores, deve-se pedir os benefícios da justiça gratuita.)

Dá-se à causa o valor de R$ _____ (valor por extenso).

Termos em que pede deferimento.

Local ..., data...

Advogado ...

OAB ....

PRÁTICA CONSTITUCIONAL – 8ª EDIÇÃO • PEÇAS PRÁTICO-PROFISSIONAIS | **215**

3.15.3. Casos práticos

(OAB/Exame Unificado – 2011.2 – 2ª fase) Mévio, brasileiro, solteiro, estudante universitário, domiciliado na capital do Estado W, requereu o seu ingresso em programa de bolsas financiado pelo Governo Federal, estando matriculado em Universidade particular. Após apresentar a documentação exigida, é surpreendido com a negativa do órgão federal competente, que aduz o não preenchimento de requisitos legais. Entre eles, está a exigência de pertencer a determinada etnia, uma vez que o programa é exclusivo de inclusão social para integrantes de grupo étnico descrito no edital, podendo, ao arbítrio da Administração, ocorrer integração de outras pessoas, caso ocorra saldo no orçamento do programa. Informa, ainda, que existe saldo financeiro e que, por isso, o seu requerimento ficará no aguardo do prazo estabelecido em regulamento. O referido prazo não consta na lei que instituiu o programa, e o referido ato normativo também não especificou a limitação do financiamento para grupos étnicos. Com base na negativa da Administração Federal, a matrícula na Universidade particular ficou suspensa, prejudicando a continuação do curso superior. O valor da mensalidade por ano corresponde a R$ 20.000,00, sendo o curso de quatro anos de duração. O estudante pretende produzir provas de toda a espécie, receoso de que somente a prova documental não seja suficiente para o deslinde da causa. Isso foi feito em atendimento à consulta respondida pelo seu advogado Tício, especialista em Direito Público, que indicou a possibilidade de prova pericial complexa, bem como depoimentos de pessoas para comprovar a sua necessidade financeira e outros depoimentos para indicar possíveis beneficiários não incluídos no grupo étnico referido pela Administração. Aduz ainda que o pleito deve restringir-se no reconhecimento do seu direito constitucional e que eventuais perdas e danos deveriam ser buscadas em outro momento. Há urgência, diante da proximidade do início do semestre letivo.

Na qualidade de advogado contratado por Mévio, elabore a peça cabível ao tema, observando: a) competência do juízo; b) legitimidade ativa e passiva; c) fundamentos de mérito constitucionais e legais vinculados; d) os requisitos formais da peça inaugural. (Valor: 5,0)

GABARITO COMENTADO

O tema envolve, de início, o exame da competência para julgamento da causa que envolve a União Federal e Universidade particular havendo fatos encadeados que indicam a atuação conjunta dessas pessoas no polo passivo da demanda, o que indica a competência por atração da Justiça Federal da capital do Estado W, domicílio do autor (CRFB, art. 109, §2º).

Por outro lado, atuará no polo ativo o estudante Mévio e no polo passivo a União Federal, que negou o financiamento e a Universidade que suspendeu a matrícula, por força do primeiro ato. Esse litisconsórcio se afigura necessário para solver a situação do autor, de forma definitiva, condenando ambos os sujeitos passivos, nos limites das suas responsabilidades.

A petição inicial será obediente ao rito comum pela complexidade da questão envolvida e por envolver a possibilidade de prova pericial complexa.

Quanto aos fundamentos que devem servir de supedâneo para a peça exordial deve o candidato indicar: a) ofensa ao princípio da isonomia pois esse tipo de financiamento não pode beneficiar somente determinado grupo étnico; b) ofensa ao princípio da legalidade vez que há confronto entre o regulamento e o texto legal; c) ofensa aos princípios constitucionais

ADOLFO NISHIYAMA • BRUNA VIEIRA • TERESA MELO

da Administração Pública pois o ato da Administração não pode ser arbitrário podendo ser discricionário. d) ofensa ao direito constitucional à educação.

No caso em exame, o valor da causa corresponderá ao benefício econômico postulado, que será de 20.000,00 vezes 4, devendo ser fixado em 80.000,00.

Diante da urgência da medida, deverá o autor apresentar requerimento de tutela antecipada caracterizando os requisitos do art. 300 do CPC.

Alternativamente, aceitando a ideia de que a atitude do novo advogado seria recusar a produção de provas, caberia mandado de segurança.

ELABORAÇÃO DA PEÇA PRÁTICO-PROFISSIONAL

[O que estiver entre colchetes constitui observação – não deve constar da peça.]

Início da peça

EXCELENTÍSSIMO SENHOR DOUTOR JUIZ FEDERAL DA ... VARA CÍVEL FEDERAL DA CAPITAL DO ESTADO – SEÇÃO JUDICIÁRIA DO ESTADO W

[Deixe espaço de aproximadamente 10 cm para eventual despacho ou decisão do juiz.]

MÉVIO ..., brasileiro, solteiro, estudante universitário, inscrito no Cadastro de Pessoas Físicas nº ..., com endereço eletrônico ..., domiciliado na capital do Estado W, por seu advogado constituído (instrumento de mandato anexo), com escritório na ..., local onde receberá as intimações, conforme determina o artigo 77, inciso V, do Código de Processo Civil, vem perante Vossa Excelência ajuizar

AÇÃO DE OBRIGAÇÃO DE FAZER COM PEDIDO DE TUTELA ANTECIPADA,

sob o rito comum, com fundamento nos artigos 294 e seguintes e 319 do Código de Processo Civil, combinados com os artigos 5º, *caput*, e inciso I, 37, *caput*, e 205 da Constituição da República Federativa do Brasil, em face da **UNIÃO FEDERAL**, pessoa jurídica de direito público interno, com endereço ... e a **UNIVERSIDADE** ..., pessoa jurídica de direito privado, inscrita no Cadastro Nacional da Pessoa Jurídica sob o nº ..., endereço eletrônico ..., com sede na ..., representado por seu Reitor, nome ..., estado civil ..., profissão ... , inscrito no Cadastro de Pessoas Físicas sob o nº ..., endereço eletrônico ..., residente e domiciliado na ..., pelas razões de fato e de direito a seguir expostas:

I – DOS BENEFÍCIOS DA ASSISTÊNCIA JUDICIÁRIA GRATUITA

1 – O artigo 5º, inciso LXXIV, da Constituição da República Federativa do Brasil prevê a possibilidade de assistência jurídica integral e gratuita aos que comprovarem insuficiência de recursos. O demandante é estudante e não possuindo condições financeiras de arcar com os custos do processo (documento nº 1). Por essa razão, necessita dos benefícios da assistência judiciária gratuita.

2 – O artigo 98, *caput*, do Código de Processo Civil, também estabelece que a pessoa natural ou jurídica com insuficiência de recursos para pagar as custas, as despesas

PRÁTICA CONSTITUCIONAL – 8ª EDIÇÃO • PEÇAS PRÁTICO-PROFISSIONAIS **217**

processuais e os honorários advocatícios tem direito à gratuidade da justiça. No caso das pessoas naturais, basta a alegação da insuficiência de recursos para que se configure a presunção da necessidade da assistência judiciária gratuita. No entanto, o demandante prova com documentos a sua condição de estudante, que está pleiteando bolsa para cursar uma universidade por ser pessoa hipossuficiente. Requer, portanto, a concessão dos benefícios da assistência judiciária integral e gratuita.

II – DOS FATOS

3 – O demandante requereu o seu ingresso em programa de bolsas financiado pelo Governo Federal e matriculou-se na instituição da segunda demandada (documento nº 2).

4 – Ocorre, porém, que após apresentar a documentação exigida, o autor foi surpreendido com a negativa da bolsa pela primeira demandada sob o argumento de não preenchimento de requisitos legais (documento nº 3). Entre eles, está a exigência de pertencer a determinada etnia, uma vez que o programa é exclusivo de inclusão social para integrantes de grupo étnico descrito no edital, podendo, ao arbítrio da Administração, ocorrer integração de outras pessoas, caso ocorra saldo no orçamento do programa.

5 – Por outro lado, a primeira demandada informou, ainda, que existe saldo financeiro e que, por isso, o requerimento feito pelo demandante ficará no aguardo do prazo estabelecido em regulamento (documento nº 4).

6 – Com a negativa apresentada, a matrícula na instituição da segunda demandada ficou suspensa, o que prejudica o demandante na continuação do curso superior, não restando outra alternativa a não ser o ajuizamento da presente demanda.

III – DA TUTELA ANTECIPADA

7 – Impõe-se a concessão de tutela de urgência de natureza antecipada na presente demanda. O artigo 300, *caput*, do Código de Processo Civil prescreve que:

"Art. 300. A tutela de urgência será concedida quando houver elementos que evidenciem a probabilidade do direito e o perigo de dano ou o risco ao resultado útil do processo".

8 – Com efeito há elementos que evidenciam a probabilidade do direito do demandante (*fumus boni juris*), consistente na violação do princípio constitucional da isonomia previsto no art. 5º, *caput*, da Constituição da República Federativa do Brasil, pois o financiamento não pode beneficiar somente determinado grupo étnico, em detrimento de outro, e, além disso, há ofensa ao princípio da legalidade porque há confronto entre o regulamento (edital) e o texto legal, uma vez que há saldo financeiro para a concessão da bolsa e o prazo estabelecido no edital não está contemplado na lei e também não especificou a limitação do financiamento para grupos étnicos.

9 – O perigo de dano ou o risco ao resultado útil do processo (*periculum in mora*) também está presente, pois a não concessão da tutela antecipada prejudicará o demandante que não poderá frequentar as aulas e nem realizar as avaliações perdendo o ano letivo e, quiçá, o curso inteiro.

IV – DO DIREITO

10 – O demandante faz jus ao recebimento do financiamento estabelecido na Lei nº ..., mas a primeira demandada negou-lhe o pedido. O curso pretendido pelo demandante tem custo anual de R$ 20.000,00 (vinte mil reais) e a duração de quatro anos, o que corresponde a um valor total de R$ 80.000,00 (oitenta mil reais). Assim, o demandante não possui nenhuma condição financeira de arcar com os custos financeiros da universidade.

11 – O edital prevê que o financiamento é destinado apenas a determinada etnia, uma vez que o programa é exclusivo de inclusão social para integrantes de grupo étnico, podendo, ao arbítrio da Administração, ocorrer integração de outras pessoas, caso ocorra saldo no orçamento do programa.

12 – Essa previsão de financiamento apenas a determinada etnia viola frontalmente o que dispõe o artigo 5º, *caput*, da Constituição da República Federativa do Brasil, uma vez que todos são iguais perante a lei, sem distinção de qualquer natureza. A inclusão social na educação deve contemplar todas as pessoas que necessitam do financiamento e não apenas determinado grupo étnico. Não há razoabilidade nesse tipo de discriminação. O demandante pertence a grupo vulnerável, pois não possui nenhuma condição financeira de frequentar uma universidade particular, sem financiamento público, apesar de não se enquadrar no grupo étnico previsto no edital. Não pode haver diferença entre o demandante e outras etnias, pois ambos são excluídos socialmente. Assim, deve-se tratar igualmente os iguais e desigualmente os desiguais, na exata medida de suas desigualdades.

13 – Por outro turno, deixar ao arbítrio da Administração a integração de outras pessoas, caso ocorra saldo no orçamento do programa é uma temeridade. O artigo 37, *caput*, da Constituição Federal prevê o princípio da legalidade que deve pautar a atuação da Administração Pública. Nesse sentido, cabe ao administrador público atuar de forma vinculada ou discricionária, nunca de forma arbitrária. Isso significa, que o poder discricionário confere ao administrador agir de acordo com a conveniência e a oportunidade e não de modo arbitrário. Há saldo financeiro suficiente para ser utilizado pela primeira demandada e o demandante se enquadra na condição de vulnerável para o recebimento da bolsa, não podendo ser recusada arbitrariamente pela demandada.

14 – Destaque-se também a primeira demandada informou que como há saldo financeiro, e, por isso, o requerimento de bolsa do demandante ficará no aguardo do prazo estabelecido no edital. No entanto, esse prazo não consta na lei que instituiu o programa, e o referido ato normativo também não especificou a limitação do financiamento para grupos étnicos. Há, portanto, ilegalidade do regulamento. O artigo 5º, inciso II, prevê que *"ninguém será obrigado a fazer ou deixar de fazer alguma coisa senão em virtude de lei"*. Não há previsão legal do mencionado prazo e nem a especificação de concessão do financiamento para certos grupos étnicos, o que não pode ser modificado pelo edital. O administrador público deve pautar a sua conduta no que está estabelecido na lei, sendo que o regulamento é totalmente ilegal.

PRÁTICA CONSTITUCIONAL – 8ª EDIÇÃO • PEÇAS PRÁTICO-PROFISSIONAIS

219

15 – Por fim, há flagrante violação ao direito à educação previsto no artigo 205 da Constituição. A educação é direito de todos e dever do Estado. A demandada tem o dever constitucional de conceder o financiamento para grupos vulneráveis, que é o caso do demandante. O acesso universal à educação aos excluídos socialmente só é possível mediante a concessão de financiamento previsto na lei.

V – DO PEDIDO

Diante do exposto requer a Vossa Excelência o seguinte:

a) a concessão, *inaudita altera parte*, de tutela antecipada de obrigação de fazer para que a primeira demandada conceda o financiamento previsto em lei e no regulamento até decisão final e, para que, a segunda demandada efetive a sua matrícula para que possa frequentar as aulas e realizar as avaliações, sob pena de multa diária de R$ ..., se houver descumprimento da determinação judicial;

b) ao final, a procedência da ação de obrigação de fazer, confirmando-se a tutela antecipada anteriormente concedida para que a primeira demandada conceda o financiamento previsto em lei e no regulamento e, para que, a segunda demandada efetive definitivamente a sua matrícula, sob pena de multa diária de R$ ..., se houver descumprimento da determinação judicial;

c) a condenação das demandadas em custas, despesas e honorários advocatícios de 20% (vinte por cento) sobre o valor da causa;

d) o demandante opta pela realização da audiência de mediação, na forma dos artigos 319, inciso VII, e 334 do Código de Processo Civil.

Protesta provar o alegado por todos os meios em direito admitidos, em especial, novos documentos, depoimento pessoal dos representantes legais das demandadas, oitiva de testemunhas e perícia judicial.

Dá à causa o valor de R$ 80.000,00 (oitenta mil reais).

Termos em que,

pede deferimento.

Local e data ...

Advogado ...

OAB n° ...

Distribuição dos pontos pela FGV – Espelho 1

ITEM	PONTUAÇÃO
Item um – 1 cabeçalho (competência)	0 / 1,0
Item dois – legitimidade ativa (0,15) e passiva (0,15) – litisconsórcio (0,20)	0 / 0,15 / 0,30 / 0,35 / 0,50
Item três – fundamentação – ofensa ao princípio da isonomia, pois esse tipo de financiamento não pode beneficiar somente determinado grupo étnico; b) ofensa ao princípio da legalidade vez que há confronto entre o regulamento e o texto legal; c) ofensa aos princípios constitucionais da Administração Pública pois o ato da Administração não pode ser arbitrário podendo ser discricionário. d) ofensa ao direito constitucional à educação. (0,25 para cada item)	0 / 0,25 / 0,50 / 0,75 / 1,0
Item quatro – requerimento de provas (geral – 0,25; específicas – 0,25).	0 / 0,25 / 0,5
Item cinco – valor da causa (0,25) – R$ 80.000,00 (0,25).	0 / 0,25 / 0,5
Item seis – postulação – procedência do pedido. (completo = 0,5 / incompleto = 0,25)	0 / 0,25 / 0,5
Item sete – requerimento de citação dos réus.	0 / 0,25
Item oito – tutela de urgência. Verossimilhança (0,25) – Urgência (0,25) –Postulação de tutela antecipada (0,25)	0 / 0,25 / 0,5 / 0,75

Distribuição dos pontos pela FGV – Espelho 2

ITEM	PONTUAÇÃO
Item um – 1 cabeçalho (competência)	0 / 1,0
Item dois – legitimidade ativa (0,15) e passiva (0,15) – litisconsórcio (0,20)	0 / 0,15 / 0,30 / 0,35 / 0,50
Item três – fundamentação – ofensa ao princípio da isonomia, pois esse tipo de financiamento não pode beneficiar somente determinado grupo étnico; b) ofensa ao princípio da legalidade vez que há confronto entre o regulamento e o texto legal; c) ofensa aos princípios constitucionais da Administração Pública pois o ato da Administração não pode ser arbitrário podendo ser discricionário. d) ofensa ao direito constitucional à educação. (0,25 para cada item)	0 / 0,25 / 0,50 / 0,75 / 1,0
Item quatro – Notificação da autoridade coatora (uma autoridade – 0,25; segunda autoridade – 0,25).	0 / 0,25 / 0,5
Item cinco – valor da causa (0,25) – qualquer valor (fixar um)(0,25).	0 / 0,25 / 0,5
Item seis – postulação – procedência do pedido. (completo = 0,5 / incompleto = 0,25)	0 / 0,25 / 0,5
Item sete – requerimento de intervenção do MP.	0 / 0,25
Item oito – requerimento de liminar (0,25). Pressupostos: fumus boni juris (0,25) e periculum in mora (0,25)	0 / 0,25 / 0,5 / 0,75

PRÁTICA CONSTITUCIONAL – 8ª EDIÇÃO • PEÇAS PRÁTICO-PROFISSIONAIS **221**

3.16. Apelação

3.16.1. Fundamento

Arts. 1009 a 1014 do Código de Processo Civil

3.16.2. Cabimento

É cabível contra sentença que não resolve o mérito (CPC, art. 485) ou que resolve o mérito (CPC, art. 487).

3.16.3. Prazo

3.16.4. Tratamento das partes

Apelante e apelado

3.16.5. Interposição e as razões de recurso

A apelação é interposta por petição dirigida ao juízo de primeiro grau e conterá:

(1) Os nomes e a qualificação das partes,

(2) A exposição do fato e do direito;

(3) As razões do pedido de reforma ou de decretação de nulidade.

(4) O pedido de nova decisão.

3.16.6 Caso prático

(OAB/Exame Unificado – 2013.2– 2ª fase) Fábio é universitário, domiciliado no Estado K e pretende ingressar no ensino superior através de nota obtida pelo Exame Nacional, organizado pelo Ministério da Educação. Após a divulgação dos resultados, Fábio é surpreendido com seu baixo desempenho nas questões discursivas, a transparecer que não corrigiram adequadamente sua prova, ou deixaram de lançar ou somar as notas das questões, o que inviabiliza seu ingresso na entidade preferida. Não há previsão de vista de prova e nem de recurso administrativo no edital, sendo certo que existe agente público do Ministério da Educação responsável pelo exame em cada estado da federação, denominado de Coordenador Estadual do Exame Nacional, sediado na capital. Fábio requereu vista de prova e revisão da mesma ao Coordenador Estadual do Exame Nacional, tendo o seu pedido sido indeferido, por ausência de previsão editalícia. Inconformado, Fábio contrata advogado que impetra mandado de segurança, objetivando ter vista da prova, tendo a liminar sido indeferida, sem interposição de recurso. Após trinta dias de tramitação, surge sentença que julga improcedente o pedido, confirmando a legalidade da recusa de acesso à prova por falta de previsão no edital. A decisão restou clara, sem qualquer vício de omissão, contradição ou obscuridade. Foram opostos embargos de declaração, os quais foram rejeitados. Fábio, por meio do seu advogado, apresenta o recurso pertinente.

ADOLFO NISHIYAMA • BRUNA VIEIRA • TERESA MELO

Redija a peça recursal cabível ao tema.

A simples menção ou transcrição do dispositivo legal não pontua. (Valor: 5,0)

PADRÃO DE RESPOSTA – PEÇA PROFISSIONAL – FGV

A ação proposta foi o Mandado de Segurança regulado pela Lei n. 12.016/09 e prevista no Art. 5º, LXIX, da CF (*Conceder-se-á mandado de segurança para proteger direito líquido e certo, não amparado por "habeas corpus" ou "habeas data", quando o responsável pela ilegalidade ou abuso de poder for autoridade pública ou agente de pessoa jurídica no exercício de atribuições do Poder Público*).

O impetrante foi Fábio e o impetrado, o Coordenador Estadual do Exame Nacional, autoridade coatora.

Sendo o pedido julgado improcedente por sentença, o recurso cabível é o de apelação (*LMS, Art. 14. Da sentença, denegando ou concedendo o mandado, cabe apelação. § 1º Concedida a segurança, a sentença estará sujeita obrigatoriamente ao duplo grau de jurisdição. § 2º Estende-se à autoridade coatora o direito de recorrer.*).

O recorrente será Fábio e o recorrido, a autoridade coatora.

Os fundamentos do recurso de apelação serão os mesmos deduzidos na ação:

a) princípio da legalidade (CFRB, *Art. 5º, II – ninguém será obrigado a fazer ou deixar de fazer alguma coisa senão em virtude de lei.*);

b) princípio da publicidade (CFRB, *Art. 37, caput*);

c) direito de petição (CFRB, Art. 5º, XXXIV).

A petição é dirigida ao Juízo da sentença. Assim, tendo em vista que a autoridade coatora é federal, a petição é dirigida ao Juízo Federal vinculado à Seção Judiciária do Estado K para encaminhamento a instância de revisão, no caso o Tribunal Regional Federal.

As razões recursais são dirigidas ao Tribunal Regional Federal.

O recurso deve conter a postulação de reforma da sentença com a procedência do pedido.

No caso de mandado de segurança, não existe condenação em honorários e nem em custas, consoante determinação legal e jurisprudência assente.

ELABORAÇÃO DA PEÇA PRÁTICO-PROFISSIONAL

[O que estiver entre colchetes constitui observação – não deve constar da peça.]

Início da peça – Petição de interposição do recurso

EXCELENTÍSSIMO SENHOR DOUTOR JUIZ FEDERAL DA ... VARA CÍVEL DA JUSTIÇA FEDERAL DA SEÇÃO JUDICIÁRIA EM K

[Deixe espaço de aproximadamente 10 cm para eventual despacho ou decisão do juiz.]

Processo nº ...

FÁBIO (qualificação), por seu advogado constituído, nos autos do **MANDADO DE SEGURANÇA** impetrado contra ato praticado pelo **SENHOR COORDENADOR ESTADUAL DO EXAME NACIONAL**, vem perante Vossa Excelência, não se conformando, *data venia*, com a respeitável sentença de folhas ..., que denegou a ordem, oferecer o recurso de **APELAÇÃO**, com fundamento nos artigos 1.009 e seguintes do Código de Processo Civil, para ser encaminhado ao Egrégio Tribunal Regional Federal da ... Região, nos termos das inclusas razões.

Para tanto, junta à presente o valor das custas referentes ao preparo, porte de remessa e de retorno, nos termos do artigo 1.007 do Código de Processo Civil.

Requer a intimação da autoridade apelada para apresentar contrarrazões no prazo de 15 (quinze) dias, nos termos do artigo 1.010, § 1º, do Código de Processo Civil, e após as formalidades legais, a remessa dos autos ao juízo *ad quem*, independentemente de juízo de admissibilidade, conforme dispõe o artigo 1.010, § 3º, do Código de Processo Civil.

Termos em que,

Pede deferimento.

Local e data ...

Advogado ...

OAB nº ...

[Razões do recurso que serão analisadas pelo tribunal]

RAZÕES DE APELAÇÃO

Apelante: Fábio ..., estado civil ..., profissão ..., inscrito no Cadastro de Pessoas Físicas sob o nº ...

Apelado: Senhor Coordenador Estadual do Exame Nacional

Referente: Processo nº ..., mandado de segurança impetrado pelo apelante contra ato praticado pelo apelado, em trâmite perante a ... Vara Cível da Justiça Federal em K

Egrégio Tribunal Regional Federal da ... Região

Colenda Turma

I – EXPOSIÇÃO DO FATO E DO DIREITO

1 – O apelante impetrou mandado de segurança contra ato praticado pelo apelado perante a ... Vara Cível da Justiça Federal em K, cuja ordem foi denegada.

2 – O impetrante pretende ingressar no ensino superior por meio de nota obtida pelo Exame Nacional, organizado pelo Ministério da Educação.

3 – Ocorre, porém, que após a divulgação dos resultados, o apelante foi surpreendido com seu baixo desempenho nas questões discursivas, a transparecer que não corrigiram adequadamente sua prova, ou deixaram de lançar ou somar as notas das questões, o que inviabiliza seu ingresso na entidade preferida.

4 – No entanto, não há previsão de vista de prova e nem recurso administrativo no edital, mas mesmo assim o apelante requereu vista de prova e a sua revisão ao apelado, tendo o seu pedido sido indeferido, por ausência de previsão editalícia.

5 – Inconformado, o apelante impetrou mandado de segurança com o objetivo de ter vista da prova, sendo que a liminar foi indeferida. O apelante fundamentou seu pedido nos artigos 5º, incisos II, XXXIV e LXIX, e 37 da Constituição da República Federativa do Brasil, e na Lei nº 12.016/2009. Ao final, a ordem foi denegada sob o fundamento da legalidade da recusa de acesso à prova por falta de previsão no edital. Posteriormente, o apelante opôs embargos de declaração, os quais foram rejeitados.

II – RAZÕES DO PEDIDO DE REFORMA

6 – Em que pese a sentença ter sido proferida por magistrado de escol, o juízo *a quo* não agiu com o costumeiro acerto, conforme restará demonstrado.

7 – O edital é regulamento que tem como fundamento a lei. O artigo 5º, inciso II, da Constituição prescreve que ninguém é obrigado a fazer ou deixar de fazer alguma coisa senão em virtude de lei. Assim, não há previsão legal impedindo a vista da prova realizada pelo apelante no Exame Nacional. O edital não se confunde com a lei. Apesar de não haver previsão de vista naquele regulamento, ela não pode ser negada aos candidatos. O edital não proíbe a vista da prova. Simplesmente não prevê essa possibilidade, o que não a inviabiliza. Portanto, o apelado não poderia ter recusado o requerimento do apelante.

8 – Por outro lado, a publicidade dos atos praticados pelo administrador público é de rigor. Dispõe o artigo 37, *caput*, da Constituição Federal que:

"Art. 37. A administração pública direta e indireta de qualquer dos Poderes da União, dos Estados, do Distrito Federal e dos Municípios obedecerá aos princípios de legalidade, impessoalidade, moralidade, publicidade e eficiência e, também, ao seguinte:"

9 – Assim, a publicidade dos atos praticados pela administração pública é princípio constitucional obrigatório. Não há razão para o indeferimento de vista da prova. O sigilo só se justifica se for imprescindível à segurança da sociedade e do Estado, o que não é o caso dos autos. O apelante tem o direito subjetivo de vista da prova para controlar e fiscalizar os atos praticados pela administração e também para a defesa de direitos.

PRÁTICA CONSTITUCIONAL – 8ª EDIÇÃO • PEÇAS PRÁTICO-PROFISSIONAIS

10 – Não foi por outra razão que o apelante se utilizou do direito de petição previsto no artigo 5º, inciso XXXIV, da Magna Carta, em que dispõe:

"XXXIV – são a todos assegurados, independentemente do pagamento de taxas:

a) o direito de petição aos Poderes Públicos em defesa de direitos ou contra ilegalidade ou abuso de poder".

11 – Portanto, o apelante utilizou-se corretamente do direito de petição para a defesa de um direito, no caso a vista da prova, o que se coaduna com o princípio da publicidade dos atos da administração pública.

III – DO PEDIDO DE NOVA DECISÃO

Diante do exposto, vem requerer a esse Egrégio Tribunal Regional Federal da ... Região o provimento do presente recurso de apelação, para que a respeitável sentença seja reformada com a concessão da ordem e que o apelante tenha vista da prova do Exame Nacional, conforme pedido na exordial, por ser medida de inteira

JUSTIÇA!

Local e data ...

Advogado ...

OAB

OUTRAS PEÇAS
ESTRUTURA BÁSICA E MODELOS

1. EXCEÇÃO DE IMPEDIMENTO

1.1. Estrutura básica

REQUISITOS	Art. 146, do CPC. A exceção é processada em apenso.
ENDEREÇAMENTO	Juízo ou Tribunal que efetivou a citação.
IDENTIFICAÇÃO DO PROCESSO	Indicação das partes, do número do processo e do nome da ação.
TRATAMENTO DAS PARTES	Excipiente (quem propõe a exceção) e excepto (que no caso da exceção de impedimento é o próprio juiz)
FUNDAMENTOS FÁTICOS E JURÍDICOS	Narrar o ocorrido, mas sem debater o mérito da ação, apenas desenvolvendo os fundamentos jurídicos com base em uma das hipóteses do art. 144, do CPC.
PEDIDO	O excipiente deverá pedir o recebimento e processamento da exceção para que o juiz se declare impedido e remeta os autos ao seu substituto legal.
PROVAS	O excipiente deverá protestar pela produção de provas capazes de comprovar os fatos alegados.

1.2. Modelo – Exceção de impedimento

Excelentíssimo Senhor Doutor Juiz De Direito Da ... Vara ... Da Comarca De ... .

Pular 10 linhas

_____(*qualificação do réu – nome, estado civil, profissão, endereço, CNPJ, endereço*), vem mui respeitosamente a presença de Vossa Excelência, por meio de seu advogado e bastante procurador que esta subscreve (doc. 01 – mandato), com fundamento no art. 146, do CPC, oferecer **EXCEÇÃO DE IMPEDIMENTO,** nos termos dos fundamentos de fato e de direito a seguir aduzidos:

I – DOS FATOS

Trazer um resumo dos fatos.

II – DO DIREITO

Expor as razões que fundamentam o pedido, com fundamento no art. 144 do CPC.

(Citar a lei, amarrada com os fatos, bem como legislação, doutrina e jurisprudência)

III – DO PEDIDO

Ante o exposto, é o presente para requerer que Vossa Excelência se digne em reconhecer o impedimento, determinando-se a remessa dos presentes autos ao substituto legal, ou, se assim não entender Vossa Excelência, que determine a sua remessa ao E. Tribunal de Justiça (ou Tribunal Regional Federal ou Superior Tribunal de Justiça), nos termos do art. 146, §1º, do CPC.

Protesta pela produção de prova documental e pericial, e de todos os meios probatórios em direito admitidos, ainda que não especificados no Código de Processo Civil, desde que moralmente legítimos (CPC, art. 369).

Termos em que, pede deferimento.

Local ..., data...

Advogado ...

OAB ....

2. EXCEÇÃO DE INCOMPETÊNCIA

A exceção de incompetência deve ser alegada como preliminar de contestação, conforme disposto no art. 64, CPC, que assim dispõe: "a incompetência, absoluta ou relativa, será alegada como questão preliminar de constestação."

Portanto, não temos mais uma peça própria (em separado) para esse instituto, estando revogados os arts 308 a 311, do Código de Processo civil de 1973.

3. EXCEÇÃO DE SUSPEIÇÃO

3.1. Estrutura básica

REQUISITOS	Art. 146, do CPC. A exceção é processada em apenso.
ENDEREÇAMENTO	Juízo ou Tribunal que efetivou a citação.
IDENTIFICAÇÃO DO PROCESSO	Indicação das partes, do número do processo e do nome da ação.
TRATAMENTO DAS PARTES	Excipiente (quem propõe a exceção) e excepto (no caso da exceção de suspeição é o próprio juiz).

PRÁTICA CONSTITUCIONAL – 8ª EDIÇÃO • OUTRAS PEÇAS – ESTRUTURA BÁSICA E MODELOS **229**

FUNDAMENTOS FÁTICOS E JURÍDICOS	Narrar o ocorrido, mas sem debater o mérito da ação, apenas desenvolvendo os fundamentos jurídicos com base em uma das hipóteses do art. 145, do CPC.
PEDIDO	O excipiente deverá pedir o recebimento e processamento da exceção para que o juiz acolha a exceção de incompetência, determinando, primeiramente, a suspensão do processo (art. 313, III, do CPC), o apensamento aos autos principais e a intimação do excepto para se manifestar em 10 dias, e, ao final, a remessa dos autos à Vara, Câmara ou Tribunal competente.
PROVAS	O excipiente deverá protestar pela produção de provas capazes de comprovar os fatos alegados.

3.2. Modelo – Exceção de suspeição

Excelentíssimo Senhor Doutor Juiz de Direito da ... Vara ... Da Comarca de ... .

Pular 10 linhas

_____(*qualificação do réu – nome, estado civil, profissão, endereço, CNPJ, endereço*), vem mui respeitosamente a presença de Vossa Excelência, por meio de seu advogado e bastante procurador que esta subscreve (doc. 01 – mandato), com fundamento no art. 146, do CPC, oferecer **EXCEÇÃO DE SUSPEIÇÃO,** nos termos dos fundamentos de fato e de direito a seguir aduzidos:

I – DOS FATOS

Trazer um resumo dos fatos.

II – DO DIREITO

Expor as razões que fundamentam o pedido, com fundamento no art. 145, do CPC.

(citar a lei, amarrada com os fatos, bem como legislação, doutrina e jurisprudência)

III – DO PEDIDO

Ante o exposto, é o presente para requerer que Vossa Excelência se digne em reconhecer a suspeição, determinando-se a remessa dos presentes autos ao substituto legal, ou, se assim não entender Vossa Excelência, que determine a sua remessa ao E. Tribunal de Justiça (ou Tribunal Regional Federal ou Superior Tribunal de Justiça), nos termos do art. 146, §1º do CPC.

Protesta pela produção de prova documental e pericial, e de todos os meios probatórios em direito admitidos, ainda que não especificados no Código de Processo Civil, desde que moralmente legítimos (CPC, art. 369).

Termos em que, pede deferimento.

Local ..., data...

Advogado ...

OAB ....

4. RECONVENÇÃO

4.1. Estrutura básica

REQUISITOS	Os mesmos da petição inicial (art. 319, do CPC). Poderá ser oferecida em peça autônoma ou como preliminar em contestação e o prazo é o mesmo da contestação (15 dias – art. 335, do CPC).
ENDEREÇAMENTO	Juízo ou Tribunal que efetivou a citação.
IDENTIFICAÇÃO DO PROCESSO	Indicação das partes, do número do processo e do nome da ação.
TRATAMENTO DAS PARTES	Reconvinte (aquele que apresenta a reconvenção) e reconvindo (o autor da ação).
FUNDAMENTOS FÁTICOS E JURÍDICOS	Estes requisitos tratam do seguinte: "DOS FATOS" (fundamentos de fato) e "DO DIREITO" (fundamentos jurídicos). Quanto à parte "I – DOS FATOS", pode se fazer a seguinte subdivisão: "1) Dos fatos alegados pelo autor" (aqui faz-se um breve resumo da petição inicial); "2) Da verdade dos fatos" (aqui conta-se a versão do réu sobre os fatos). Essa divisão é pertinente, principalmente quando houver controvérsia sobre como os fatos ocorreram.
FUNDAMENTOS FÁTICOS E JURÍDICOS	Quanto à parte "II – DO DIREITO", pode-se fazer a seguinte divisão: 1) Do cabimento da reconvenção; 2) Do mérito. Deverá o reconvinte no item "Do cabimento da reconvenção" demonstrar a conexão e justificar o cabimento da reconvenção. Por último deve o réu tratar do item "Do mérito". Deverá o reconvinte citar legislação, doutrina e jurisprudência, nessa ordem.
PEDIDO	O reconvinte deverá requerer a intimação do autor reconvindo para contestar a reconvenção no prazo legal; a procedência da ação; bem como os ônus da sucumbência.
PROVAS	O réu reconvinte deverá requerer a produção das provas pertinentes para comprovar as suas alegações.
VALOR DA CAUSA	Seguirá a regra dos arts. 291 a 293, do CPC.

4.2. Modelo – Reconvenção

Observação em relação ao novo Código de Processo Civil: Conforme disposto no art. 343, CPC, é possível (lícito) ao réu propor reconvenção na contestação. Desta forma, o autor deverá contestar o pedido, opondo-se a ele, somando à conduta de contra-ataque ao autor, por meio da reconvenção, sendo necessário que deixe muito especificado na contestação esse pedido de reconvenção. Abaixo temos um modelo de reconvenção como peça autônoma.

PRÁTICA CONSTITUCIONAL – 8ª EDIÇÃO • OUTRAS PEÇAS – ESTRUTURA BÁSICA E MODELOS **231**

Excelentíssimo Senhor Doutor Juiz de Direito da ... Vara ... da Comarca de ... .

Pular 10 linhas

_____(*qualificação do réu – nome, estado civil, profissão, endereço, CNPJ, endereço*), vem mui respeitosamente a presença de Vossa Excelência, por meio de seu advogado e bastante procurador que esta subscreve (doc. 01 – mandato), oferecer **RECONVENÇÃO** à ação que lhe promove a **FAZENDA DO ESTADO DE** _____, Pessoa Jurídica de Direito Público, com sede na _____, nos termos dos fundamentos de fato e de direito a seguir aduzidos:

I – DOS FATOS

1. Dos fatos alegados pelo autor reconvindo

(...)

2. Da verdade dos fatos

(...)

II – DO DIREITO

1. Do cabimento da reconvenção

(vide art. 343 do CPC)

2. Do mérito

(Citar a lei, amarrada com os fatos, bem como legislação, doutrina e jurisprudência)

III – DO PEDIDO

Ante o exposto, é o presente para requerer que Vossa Excelência se digne em:

a) determinar a intimação do autor reconvindo para contestar a presente reconvenção no prazo legal;

b) julgar a presente reconvenção procedente, condenando-se o autor reconvindo ao pagamento de ..., além do pagamento das custas e despesas processuais, bem como dos honorários advocatícios.

(A depender da condição econômica do réu reconvinte, deve-se pedir os benefícios da justiça gratuita)

Protesta pela produção de prova documental e pericial, e de todos os meios probatórios em direito admitidos, ainda que não especificados no Código de Processo Civil, desde que moralmente legítimos (CPC, art. 369).

Dá-se à causa o valor de R$ ... (valor por extenso).

Termos em que, pede deferimento.

Local ..., data...

Advogado ...

OAB ....

232 ADOLFO NISHIYAMA • BRUNA VIEIRA • TERESA MELO

5. IMPUGNAÇÃO AO CUMPRIMENTO DE SENTENÇA

5.1. Estrutura básica

REQUISITOS	O Código de Processo Civil não trouxe requisitos, trata-se de mera petição. O prazo para apresentação da impugnação é de 15 dias (art. 523, do CPC).
ENDEREÇAMENTO	Juízo ou Tribunal da causa.
IDENTIFICAÇÃO DO PROCESSO	Indicação das partes, do número do processo e do nome da ação.
TRATAMENTO DAS PARTES	Autor e réu (credor e devedor).
FUNDAMENTOS FÁTICOS E JURÍDICOS	Estes requisitos tratam do seguinte: "DOS FATOS" (fundamentos de fato) e "DO DIREITO" (fundamentos jurídicos). Quanto à parte "I – DOS FATOS" far-se-á um resumo do ocorrido.
FUNDAMENTOS FÁTICOS E JURÍDICOS	Quanto à parte "II – DO DIREITO", o devedor deverá trazer os fundamentos jurídicos conforme dispõe o art. 525, do CPC. Deverá o réu citar legislação, doutrina e jurisprudência, nessa ordem.
PEDIDO	O réu deverá requerer o recebimento da impugnação nos próprios autos com a suspensão da ação, demonstrando os requisitos legais e o pedido principal de acordo com os fundamentos jurídicos.
VALOR DA CAUSA	Não há.

5.2. Modelo – Impugnação ao Cumprimento de Sentença

Excelentíssimo Senhor Doutor Juiz de Direito da ... Vara ... da Comarca de ... .

Pular 10 linhas

_____*(qualificação do réu – nome, estado civil, profissão, endereço, CNPJ, endereço)*, vem mui respeitosamente a presença de Vossa Excelência, por meio de seu advogado e bastante procurador que esta subscreve (doc. 01 – mandato), oferecer **IMPUGNAÇÃO AO CUMPRIMENTO DE SENTENÇA COM PEDIDO DE EFEITO,** nos termos dos fundamentos de fato e de direito a seguir aduzidos:

I – DOS FATOS

Trazer um resumo do processo.

PRÁTICA CONSTITUCIONAL – 8ª EDIÇÃO • OUTRAS PEÇAS – ESTRUTURA BÁSICA E MODELOS **233**

II – DO DIREITO

Trazer os fundamentos jurídicos de acordo com o disposto no art. 525, do CPC.

(citar a lei, amarrada com os fatos, bem como legislação, doutrina e jurisprudência)

III – DO EFEITO SUSPENSIVO

Trazer os fundamentos para justificar o pedido, nos termos do art. 525, § 6º, do CPC.

IV – DO PEDIDO

Ante o exposto, é o presente para requerer de Vossa Excelência a:

a) concessão de efeito suspensivo com o intuito de obstar o prosseguimento do cumprimento de sentença, nos termos do art. 525, § 6º, do CPC;

b) intimação do credor, na pessoa de seu advogado, para que se manifeste acerca da presente impugnação;

c) o acolhimento da presente impugnação, condenando-se o credor ao pagamento das custas e despesas processuais, bem como dos honorários advocatícios.

Termos em que, pede deferimento.

Local ..., data...

Advogado ...

OAB ....

6. PETIÇÃO INICIAL DE EXECUÇÃO CONTRA A FAZENDA PÚBLICA

6.1. Estrutura básica

REQUISITOS	Os mesmos da petição inicial (art. 319, do CPC), que compatíveis com a execução (art. 598 do CPC). O procedimento será aquele previsto nos arts. 910, e seguintes, do CPC.
ENDEREÇAMENTO	Juiz da causa.
TRATAMENTO DAS PARTES	Exequente e executado.
FUNDAMENTOS FÁTICOS E JURÍDICOS	Demonstrar o débito da Fazenda Pública, em geral com uma sentença condenatória transitada em julgado.
PEDIDO	Citação, por oficial de justiça, da Fazenda Pública para opor embargos no prazo legal.
	Caso a Fazenda não apresente embargos, pedir que o juiz requisite o pagamento por intermédio do Presidente do Tribunal competente (art. 100 da CF).
	Vide também a Lei de Juizados Especiais Federais (art. 17, § 1º, da Lei 10.259/2001) e Lei do Juizado Especial da Fazenda Pública (Lei 12.153/2009).
VALOR DA CAUSA	Valor do título.

6.2. Modelo – Petição Inicial de Execução contra a Fazenda Pública

Excelentíssimo Senhor Doutor Juiz de Direito da ... Vara ... da Comarca de ... .

Pular 10 linhas

_____*(qualificação do réu – nome, estado civil, profissão, endereço, CNPJ, endereço)*, vem mui respeitosamente a presença de Vossa Excelência, por meio de seu advogado e bastante procurador que esta subscreve (doc. 01 – mandato), oferecer **EXECUÇÃO, com fundamento no art. 910, do CPC, em face da FAZENDA DO ESTADO DE** _____, Pessoa Jurídica de Direito Público, com sede na _____, nos termos dos fundamentos de fato e de direito a seguir aduzidos:

I – DOS FATOS

Demonstrar a existência de título contra a Fazenda Pública.

II – DO DIREITO

Demonstrar que a hipótese se enquadra no art. 910, do CPC.

(Citar a lei, amarrada com os fatos, bem como legislação, doutrina e jurisprudência)

III – DO PEDIDO

Ante o exposto, é o presente para requerer que Vossa Excelência se digne em:

a) determinar a citação, por oficial de justiça, da Fazenda Pública... para, querendo, opor embargos no prazo legal;

b) caso não sejam opostos embargos ou estes sejam julgados improcedentes, seja expedido ofício ao Presidente do Tribunal... para expedição do respectivo precatório, de acordo com o art. 100 da CF..., para pagamento do valor aqui pleiteado, além do pagamento das custas e despesas processuais, bem como dos honorários advocatícios.

(A depender da condição econômica do réu reconvinte, deve-se pedir os benefícios da justiça gratuita)

Dá-se à causa o valor de R$ ... (valor por extenso).

Termos em que, pede deferimento.

Local ..., data...

Advogado ...

OAB ....